皓月繁星

24位大咖的心理课堂

主　编 ● 林赞歆
副主编 ● 杜志南　魏长波

中国水利水电出版社
· 北京 ·

内 容 提 要

《心灵绿洲》广播节目是由厦门市集美区委宣传部、集美大学心理咨询中心和集美区心理学会共同策划并推动的心理学科普平台。该平台以专业为基石，以传播为核心，经过精心策划、录制与呈现，成功推出了一系列影响深远、实用性强的佳作。

本书从广播节目中精选了一线心理学专家的部分优秀作品，内容按照"心理学原来这么有趣""家庭教育和青少年成长"以及"心理调节方法"三大板块进行整理。书中涵盖了专业心理疾病的预防与诊治、提升群众心理能量以及艺术心理等多个领域，旨在让更多的读者受益，开启心灵的成长之旅。

图书在版编目（CIP）数据

皓月繁星：24位大咖的心理课堂 / 林赞歌主编. -- 北京：中国水利水电出版社，2024.6
ISBN 978-7-5226-2485-3

Ⅰ．①皓… Ⅱ．①林… Ⅲ．①青少年－心理健康－健康教育 Ⅳ．①G444

中国国家版本馆CIP数据核字(2024)第108536号

策划编辑：陈艳蕊　责任编辑：邓建梅　加工编辑：李发展　封面设计：苏敏

书　名	皓月繁星：24位大咖的心理课堂 HAOYUE FANXING: 24 WEI DAKA DE XINLI KETANG
作　者	主　编　林赞歌 副主编　杜志南　魏长波
出版发行	中国水利水电出版社 （北京市海淀区玉渊潭南路1号D座 100038） 网址：www.waterpub.com.cn E-mail: mchannel@263.net（答疑） 　　　　sales@mwr.gov.cn 电话：（010）68545888（营销中心）、82562819（组稿）
经　售	北京科水图书销售有限公司 电话：（010）68545874、63202643 全国各地新华书店和相关出版物销售网点
排　版	北京万水电子信息有限公司
印　刷	三河市德贤弘印务有限公司
规　格	170mm×240mm　16开本　17印张　314千字
版　次	2024年6月第1版　2024年6月第1次印刷
定　价	59.00元

凡购买我社图书，如有缺页、倒页、脱页的，本社营销中心负责调换

版权所有·侵权必究

序

厦门，大厦之门，诗意之门；集美，天下之美，人文之美。单从名字就足以让人羡慕不已流连忘返。无论春夏秋冬，还是酷暑寒冬，吸引了无数学者专家前来这里参加各种会议，吸引了无数富商巨贾来这里寻找商机洽谈商务，吸引了无数男女游客来这里观光旅游休闲度假……越来越多的人喜欢来这里作短暂或者一段时间的闲居，他们有一个共同的体会，那就是在四季如春的东海之滨——厦门集美过日子，过得幸福美满，过得舒心惬意，过得心情舒畅，过得开心放松！

集美之美，不仅仅在人文之美，文化之美，更在于山海林湖，集美有青翠的山边、有深蓝的湖海、有金黄的沙滩，面向大海，春暖花开。

集美之美，还在于吃住行游娱购，商家笑脸相迎，桌椅干净卫生，老字号遍地都是，环境文明舒适。

集美之美，一年四季如春，气候宜人，绿树成荫，繁花似锦，公园、绿地、树林点缀其间，与干净整洁交相辉应！

集美之美，还在于这里有一个水上大观园——园博苑，水上有园，园中有湖，湖园相扣，桥桥连通。在这里，可以饱览古今中外的历史胜迹、同地异域的风土人情和无奇不有的海上风光。

集美之美，也在于有厦门大学、集美大学等高等学府，还有可以从幼儿园读到研究生的令人向往的学村。

集美的发展离不开来这里的能工巧匠，离不开他们的领路人。如今，在建设者们的辛勤耕耘下，厦门从海岛型城市向海湾型城市转变，还有善良和富有爱心的厦门人，给人热情，令人温暖。所有这些客观外在作用于人，作用于人心，使人产生情绪心理吸引力和黏性力，形成安全、舒服自在的连接。从一定意义上说，也筑就了厦门集美这方水土，一块特别适合心理建设、心灵成长、开心快乐的土壤。

心灵这东西，主客观存在，每个人都有喜怒哀乐，有的品性暴躁，有的多愁善感，心绪情感，都在变化发展。每个人都有自己的心路历程，也有自己的处置方式，喜怒哀乐正常，这就是人文的主要成分，也是人作为高级灵性动物的价值优势所在。它每时每刻发生在人的身上，影响着人的言行举止，体现了每个人的不同品格思想感情。由此延展到家庭、群体和社会，就形成了各类精彩纷呈的家庭、群体和社会的心理特征和心灵现象。由心理心灵衍生的各种行为和结果客观地无时无刻体现着反映着，作用在具体个体群体上面，从而不断影响了每个人的人生，影响着每个家庭的结构组合形态和生命，影响着整个社会的生态和文明。为了解决这个无形却又极为重大的问题，人们归纳产生了各类学科，包括哲学、各种教派、民间信仰等，心理科学也应运而生，并发挥着越来越重要的作用。那些长期耕耘在心理科学理论、实践、教学咨询、辅导干预，包括心理科技领域的人群，为此付出很多甚至终身，其中的佼佼者对社会贡献更大，影响更深远。

就像集美吧，有一个响亮的名字叫"集美学村"，被誉为"华侨旗帜、民族光辉"的陈嘉庚先生给教育下了一个很明确的结论"教育非仅读书识字而已，而是以养成德性，裨益社会"，嘉庚年代的集美学村就推行德智体美劳五育教育，特别重视心理教育。集美学校从20世纪20年代就开设心理学课程，关注学生心理建设，对孩子的心理进行科学研究，引导教育人们科学认识自己，把握心理，惠及他人，造福社会。1930年，集美学校将心理学及教育心理学同国文、生物学一样列为全校必修科目。1931年5月9日集美儿童心理研究会成立，这在当时的基层社会应该是一个创举，给了当时的中国社会有用有效有趣的精神食粮，也给集美这块"心灵绿洲"留下了很好的种子。

人的心理成长伴随人的终生，每一代人都在不断地寻求心理力量，形成自己的方法和途径。

2008年5月9日，集美区团委、妇联、教育局联合成立集美区青少年心理咨询指导中心和集美区家庭教育指导中心，我兼任这两个中心主任，开始了积极推动集美区青少年心理健康教育工作。2010年7月，富士康事件发生后，为了赋能个人、家庭、社会发展力量，科学引导和解决各类主体在面对机遇和应对挑战时产生的各种心理问题，集美区委宣传部、人社局、工会、团委等部门和我一起联手开启关爱职工"心"健康活动，仅仅一个暑假我就走进集美34家企业为5000多名职工开展了50多场心理讲座和"心理体检"活动。自此，集美大地逐步构建起包含集美区心理学会等19个社会心理服务平台，搭建起一片新时期的"心灵绿洲"，开展了不同群体丰富多彩的"健心"活动。集美区历任区长、区委书记都非常重视心理工作，许多基层干部直接参与其中。在一段时间内，集美社会各界形成了由区委宣传部牵头，各部门共同参与，大家重视心理健康，积极主动提升心理素质，科学应对学习、家庭、工作、情感、身体健康等各种生活的刺激和事件，形成了向上向善的积极心理氛围。集美心理工作还得到了全国各省、市、区以及香港、台湾等心理专家的爱心支持，他们前来集美为百姓授课。这种超前做法后来被清华大学心理学博导樊富珉教授归纳总结为心理建设的"集美模式"！

心理建设的"集美模式"通过各种媒介传播出去，引起清华大学樊富珉教授的关注，她多次到集美调研，办讲座，指导我开展系列"健心"工作和活动。福建师范大学的连榕教授，把集美作为一处心理研究、教育实践的试验田，邀请在全国各个领域有影响力的心理学大咖到集美来调研，举办各类全国性心理学学术会议，派出一批又一批的心理学专业毕业生到集美各个岗位实习并传播心理学，有力加强了集美的基础心理力量，推动了集美"心灵绿洲"由浅到深，由低到高，形成体系和影响力。

特别是在当时新媒体还不够成熟，直播还没有发展起来，要在更大范围普及心理健康知识，要让更多的人重视心理知识主动"健心"，从"心"开始过好每个时间节点，过上更美好的生活，单是一方面的力量是远远不够的，单是课堂上开讲座的普及面是不够的。能不能请更多的心理学家和老师参与进来？能不能让更多的人在不同的时间点接受心理学知识，甚至可以实现互动？

2015年7月，时任集美区委常委、宣传部部长赖朝晖想到了广播，用这个伴随着很多人的成长，通过声音空中传递，可以进行互动，充满着人性温暖，同时又可以回放和储存的古老又现代的传播方式，来解决集美"心灵绿洲"普及面受限的问题。他特别邀请我来负责此项工作，同时让集美广播电视台的阿杜做主持人，并由时任集美区委宣传部副部长周国治具体协调相关工作。我们为此专门开设了调频FM89.2MHz心理教育广播专栏，商定每周日21:00－22:00为集美《心灵绿洲》广播节目时间，将邀请心理学专家开展空中心理讲座。这在区一级的媒体传播来说是绝无仅有的。自此，由我负责邀请全国省市区心理学专家参加集美《心灵绿洲》广播录制，并与专家探讨每一期录制主题，阿杜负责主持。2015年8月30日，第一期集美《心灵绿洲》广播特别邀请时任厦门市仙岳医院心理科主任张晓阳作为嘉宾进行首播，与听众在空中见面。该广播还可以使用手机便捷收听，是心理科普的一个重要窗口，受到大家的喜爱。随后，越来越多的心理学专家积极参与广播的录制。在录播的实践探索过程中大家发现，虽然是短短的一期节目，但涉及心理学方方面面，特别考验老师的知识功底、认知水准以及深入浅出的表达能力等，这与接听热线电话的要求完全不一样。

每一期广播我们往往都会向全国各个心理学专业群推荐，越来越多地受到大家的喜爱，尤其是来自全国各大高校、在心理学领域深有造诣的心理学大咖，直接参与到集美《心灵绿洲》广播的录制，提升了广播的品质和品牌效应。当然，在刚刚准备邀请他们参与广播录制时，我也十分忐忑不安，担心集美区区一级小小的广播节目，能否请到这些大咖？他们出场的费用会不会很高？结果证明，我所有的这些担心和忧虑都是多余的。所有经过厦门或在厦门短暂停留的心理学大咖，一旦被我"发现"，被集美调频FM89.2MHz心理教育广播邀请，都十分愿意"路过留声"，从不谈费用，他们完全以公益心积极参与进来，支持我们的工作。他们有的提着行李箱录完就赶路，有的分不同专题讲了3次，有的在广播中留下自己的咨询电话给听众……他们想方设法用最浅显的语言，给听众最有效的讲解，回答不是心理专业毕业的电台主持人阿杜的各种追问，演绎了一场场大咖大家与普通大众心心相印、同心同德、其乐融融的"心理磁场"感应。张侃教授的"心理学大视野"，韩布新教授的"颜色心理学"，徐凯文先生的"为心灵升级"，岳晓东博士的"幸福元素表"，格桑泽仁的"生活的智慧，智慧的生活"，樊富珉教授的"了解EAP，幸福职场路"……心灵之声形成了讲者与听者心灵的高光时刻，精神富养。很多人现在提及，都心怀欢喜，终生难忘。集美《心灵绿洲》广播共录播250期空中心理讲座，现在这些专家们录播的空中心理讲座成为集美"心灵绿洲"工作的一份珍贵的财富。厦门集美，因为有了这档节目，也被全国各地的很多听众称为"海上花园，人文集美，心灵绿洲"，并获得了各种荣誉，如集美区2016年7月荣获"全国心理科普基地"、2021年11月荣获"全国十佳社会心理服务地区"等称号。

  社会总是在不断发展进步，特别是互联网的不断升级换代，信息传递的方式也在换新迭代，人们开始采用了诸如直播的方式，插入了PPT、漫画和各类的视频、沉浸式短剧，把自己摆进去，等等。此外，人工智能、ChatGPT又可以替代人们的众多功能，未来的心理健康的普及会越来越好。集美学村"心灵绿洲"耕耘者的探索都值得肯定。十年前在集美《心灵绿洲》广播里发出来的声音仍然可以不断指导现在的你我他继续前行在各自的人生之路上。

  把过去的积累有效整理和固定下来是一种智慧，也会成为一种财富，因此，我们找出了当时的音频资料，先是委托厦门音像出版社林慧君等团队一句句导成文字，在保持口头语言真实性的基础上转化为可读性更强的书面语言，再由集美大学学生们逐句校对，并附之以"心灵绿洲"小课堂和音频，数易其稿终于形成初稿。与出版社各位老师进行多次会商，再分别经各位心理专家修改，大大提高了稿件质量。其间，每位心理专家都是在百忙之中用爱心支持我们，令我感动万分。本书的插图由黎斌先生创作。百川成河，集合大成，经过大家多方努力，终于形成了本书。本书的出版还得到了集美区委常委、宣传部部长庄志辉、集美区社科联主席杨良杰的大力支持。同时，集美区区长倪杰先生来到集美工作之后，一直致力于积极推动集美心灵绿洲工作，对本书的出版给予高度重视。在此，我代表编委会对所有支持集美《心灵绿洲》广播录制以及本书出版的心理学专家们、朋友们、学生们致以最诚挚的谢意！

  本书的出版也是为了纪念集美学村、厦门大学校主陈嘉庚先生诞辰150周年，弘扬嘉庚精神，同时也为纪念集美学村拥有百年心理学史。

  所有的这些付出都在为人民的美好生活赋能。我期待这本带着情怀、专业、声音和温暖的心灵之书能够给不断前行的你我他增添力量，拓展活力！我更期待本书如书名一样像天上的皓月繁星照亮所有人的心灵，使人们过上舒心惬意的生活，自由自在地唱着悠然舒适的歌！

林赞歌
2024年3月20日

目录 Contents

序

Part 1　心理学原来这么有趣　　1

张侃　　大视野下的心理学　　3
徐凯文　　为心灵升级　　12
韩布新　　漫谈心理健康　　23
岳晓东　　幸福元素表　　32
格桑泽仁　　生活的智慧，智慧的生活　　41
韩布新　　颜色心理学　　51
肖玮　　神奇的决策心理　　61
杨海波　　眼随心动——眼睛替你说话　　72
高路、林捷兴　　心理学专题展大揭秘　　82
王铮　　带您走近格式塔疗法　　93
孟迎芳　　心理学到底研究什么？　　104
樊富珉　　了解EAP，幸福职场路　　116

Part 2　家庭教育和青少年成长　　　127

蔺桂瑞　让爱住我家　　　129
梅建　早期教育教什么？　　　140
连榕　怎样帮助孩子学习　　　152
高文斌　孩子与手机　　　162
时勘　青年人的生涯规划　　　170
贺岭峰　家庭矛盾的冲突和解方　　　177

Part 3　心理调节方法　　　191

吴大兴　谈谈老年人的抑郁症　　　193
王廷礼　情绪与健康的关系　　　203
唐海波　解烦恼，防抑郁　　　214
张英俊　浅聊边缘型人格障碍　　　228
吴爱勤　心身医学献温馨　心身健康进万家
　　　——心身障碍话你知　　　239
林平光　换个角度看孤独症　　　253

后记　　　263

Part 1 心理学原来这么有趣

张侃
大视野下的心理学

嘉宾简介

张侃，1982年于中国科学院航空工程心理学实验室获硕士学位，1990年于美国伊利诺伊大学厄巴拿—香槟分校（University of Illinois, Urbana-Champion, UIUC）获工程心理学博士学位（Ph.D. in Psychology）。他是国际心理科学联合会原副主席，是中国科学院心理研究所原所长、中国心理学会原理事长、研究员、心理学博导。

主持人：张侃老师在心理学界是一位资深人物。不管在国内还是国外，您都有丰富的心理学的学习经历。

张侃：我的心理学生涯跟我国的改革开放同步。我也随着改革开放的发展一步一步提升自我，非常感恩祖国的发展。1978年我考取中国科学院心理研究所的研究生。随着国家的发展，心理学也随之发展，跟国外的交流也越来越多，在国际心理科学联合会有一席之地。国际交往多了，视野也就扩大了，我认识了很多世界著名的心理学教授，也看到各国心理学发展的情况。

主持人：中国的心理学在国际上也占有一席之地了。

张侃：中国心理学会在改革开放后开始加入国际心理科学联合会，从1984年开始就当选为执行委员会成员，到现在每年都入选，这是很不容易的事情。因为当时40多个国家会员争取10个位置，而现在有90个国家会员，每4年都要投票选一次。

主持人：中国心理学会在国际上一方面可以学习西方先进的心理学理念和知识，另一方面也可以把中国心理学的一些观点和全世界分享。

中国心理学与西方心理学的相融

张侃：1879 年，德国学者冯特受自然科学的影响，在莱比锡大学建立第一个心理实验室，这标志着科学心理学的诞生。在此之前，其实有很多学科的研究和心理学相关联。中国古代的孔子、孟子、老子等有关心理的讨论就得到了国际上的认可和重视。

主持人：就像《三字经》的"人之初，性本善"。

张侃：《论语》中讲到，人"三十而立，四十而不惑，五十而知天命，六十而耳顺，七十而从心所欲，不逾矩"。这句话非常符合发展心理学的普遍规律，其中藏有丰富的思辨的心理学。公元前 6 世纪，外国人对中国古老的智慧是认可的。在公元前 6 世纪前后，古埃及、古印度也开始有关于心理学的思考。到 1879 年，德国莱比锡大学建立科学心理学的实验室。而中国也没有落后。很多人都知道蔡元培先生，但不是每个人都知道他在莱比锡大学学习心理学。他到德国原本准备学习哲学，后来发现哲学离当时中国的社会现实太远，要学一些比较实在的东西。于是他就到心理学创始人冯特的实验室学心理学，相当于中国现在的访问学者和进修生。虽然没有拿到学位，但是他学的是最根正苗红的心理学。正是因为蔡元培先生，中国的心理学在 20 世纪 20 年代起步。中国心理学会❶是 1921 年成立的，当初一大批人都从海外回国，不仅充实了中国心理学会的力量，所做的研究很多直到今天仍然被写在心理学教科书中。在二三十年代，中国心理学对世界的贡献

---

❶ 1921 年成立时是"中华心理学会"，1935 年改为现名。

始终得到承认。随着国际局势的变化，中国心理学跟国外的联络中断。改革开放后，中国在国际接触的过程中，涌现了一批研究水平很高的年轻学者，如北京大学的方方教授，他在2016年获得国际心理科学联合会"优秀青年科学家"的称号。当时在全世界只有两个人获得过这个称号，每隔4年评选出一位。中国现代心理学已经发展到300多个研究单位和教学单位，培养了非常多的本科生、硕士生、博士生。党的十九大以来全社会越来越重视社会心理服务体系的构建。社会心理服务体系对推动一个民族的发展至关重要。随着人们物质需求的满足，精神的需求也随之增加。而精神需求的根本——原理、方法、技术，都在心理学中。国际上，一个国家经济越发达，心理学应用也就越广泛。这是一种自然而然的人类需求。

中国的心理学应用正面临着巨大的发展机遇和严峻的挑战，并负有重大的任务。为什么呢？有三个显著的标志：第一，党和政府对心理学应用特别重视。我们国家有党和政府主导的优势，截至目前全国已有56个试点单位，包括省、市、县级的，都在大力推广社会心理服务体系建设。第二，中国社会的转型导致民众对心理学服务的需求加大。因为人有一个特点，不管生活的物质条件好坏，只要一直处在相对稳定的状态，心理的变化就少。当社会变化快的时候，心理反映出来的需求和问题就会急速增加。中国用40年的时间经历国外400年间发生的事情，发展的速度非常快。不管是农村还是城市，总体来说，中国的变化非常大。同时，我们在巨大的变化中心理方面产生的需求也迅速增加。过去社会对心理问题不太理解，总是认为这是精神病，有心理问题都不愿意告诉别人，觉得很羞耻。现在大家都知道，良好的心理可以帮助你更好地生活。有困难克服困难，使你的生活品质提高、家庭和睦、社会和谐，让你的学习更加成功，让你在工作中可以获得更多回报，让你可以发挥自己的潜能，达到自己应该达到的巅峰。第三，心理学已经可以为国为民作贡献。心理学经过推广，已经具备培养大批的本科生、硕士生和博士生的能力。他们的研究工作当中，多数都以基础研究为主，很多论文可以转化和应用。我们已经具备在应用方面做更多工作和推广的能力。一方面，心理学的总目标是解决人类意识的起源和本质问题。这个目标对全世界而言都还需要努力，离成功还相当遥远。它被《科学》杂志定位为人类125个重要问题当中的第二个问题。第一个问题是人类的起源问题。这是涉及科学前沿的问题，比较有难度。另一方面，心理学科研究出的成果已经可以大量应用于工业生产、国防建设、人才选拔，应用于和谐社会建设、心理困难的克服，应用于社会需要的方方面面。中国的研究生在本土做的研究都可以转化为为人民服务的应用。但应用心理学在中国需要大力推动。中国心理学会决定2022年在北京举办国际应用心理学大会，是应用心理学的奥林匹克大会，目的是使应用心理学更好地服务于全国人民。根据我对国际上一些国家的观察，中国做的很多工作，国际上还做不到。我们有很多优秀的服务性设备及项目，完全可以向国际推广。这次大会因新冠疫情未能按计划举办。

主持人：今天和大家分享的话题叫心理学的大视野，既有历史方面的视角，也有时间方面的视角。

张侃：任何一门学科都要不断创新、与时俱进。古代心理学叫思辨心理学或者哲学心理学。1879年以后，心理学就走上了科学心理学的道路。科学心理学所做的事情都有实验的设计，有客观测量的指标，可以验证，可以重复。比如，人的记忆分为短期记忆和长期记忆，短期记忆中还包括工作记忆，也就是在工作记忆范围内进行具体操作，就像手机的验证码。人的大脑最好的状态能记忆7（±2）项信息块，记忆了5～9项信息后人的大脑就开始出错。如果做加法运算35+46，马上就计算出结果了。为什么计算得这么快？因为它没有超过你的记忆容量。计算35×36能不能计算？也可以，但是会觉得很累。为什么？因为它超过人的工作记忆容量，计算步骤一下就多了。这个规律是全世界统一的，所有人都一样，经过训练能好一点。这都是一些简单的心理学规律。另外，像工程心理学里面也有很多的规律。比如，肯定语句我们理解得最快，否定语句我们理解得慢一点。如果是双重否定，理解的时间就会更长。在机器系统中，要告诉操作者做什么，不要告诉他不做什么，更不要告诉他做了什么会怎么不好。这里很多普遍的规律都是心理学研究的发现。科学心理学也是有国界的，因为研究心理学的人一定会受到国家文化的影响。举个最简单的例子，我们东方人对于物体之间的关系比西方人判断得更清楚。同样两个物体，一大一小，问它们的比例是几比几，我们东方人看得就比较清楚。但是对于绝对判断，西方人比我们判断得清楚。绝对判断是东西具体有多大，而不是说两者的关系。心理学研究非常有意思。从空间上讲，心理学有国际和国内的区别；从时间上来讲，心理学有过去和现在的区别。

任何一门学科都要不断创新

具体讲一讲国内过去与现在的区别。当今国内已经发生重大的变化，大量的人的生活由乡村变成城市。两种生活完全不一样，巨大的改变随之也带来了一些困扰，如增添了一些流动的儿童。有的儿童跟着父母到了城市里面没办法马上变成一个城市孩子。这些儿童的生活状态具有不确定性。现在有很多研究发现，贫困会导致心理发展障碍。其中最主要的是两个方面，一个是跟父母的隔离，还有一个是父母，特别是母亲承受了巨大的压力。贫贱夫妻百事哀，因为家里有很多问题要解决，父母在无形当中传递给孩子很多负能量，孩子的心理成长就会出现问题。心理学不单纯是悬空研究心理学，而是让整个社会知道，克服贫困才能使每个人的心理发展得更好、更健康。在没有普遍消除贫困时，要让家长懂得不要把压力传递给孩子，要想办法进行部分信息隔离，这样才有利于下一代的茁壮成长。如果一代代人都焦虑，未来会很困难。我们要保持冷静的心态。这不是一代人能解决的，包括读博士的人。其实往上三代多为农民，或务农或进城打工。到我们父亲那一代开始念书，到我们这一代接着念书。这必须慢慢发展，想一步登天是不可能的，要有一定的耐心。首先要从正面进行努力，特别是心理健康的正面。

现代社会特别重视孩子的教育。0～3岁和3～6岁是孩子人格成长的关键期。三岁看大，七岁看老。不少家长比较重视学前教育，让孩子提前学了很多东西。其实，更重要的是孩子心理的健康成长。如果他能跟人友好交往，懂得遇到困难时要想办法克服，对别人友善，能够更好地融入社会，那么他未来学习文化课便很容易。但是如果在6岁之前这些方面没好好培养，要改变就非常困难，会影响孩子的发展。人的一生当中都有不同的问题需要心理学的帮助。孩子在3～6岁的阶段后就开始上学了。究竟是留守儿童还是流动儿童更有问题？他们跟那些固定环境长大的儿童是不一样的，不要以为这是穷的问题。有一个从事外交工作的朋友讲，外交部有上千的留守儿童。父母都出国工作，孩子太小没法带，就变成城市里面的留守儿童。他们的心理成长也是需要关心的。

到了青春期，就会有青春期的问题。现在全国有高校的心理委员联盟，大大降低了高校意外事件的发生概率。有些意外事件不是永远都会发生，而是要提前发现、提前帮助、提前制止，它就不会发生。

从学校毕业后，学生就进入了社会。社会跟学校不一样。因为我思维比较开放，学生就经常跟我辩论。我会觉得这个学生不错，他会发现问题，会讨论。博士毕业到了企业以后，他跟老板也说："你这个不对吧。"结果搞得很不愉快，回来跟我讲："张老师你教我这个东西不行啊。"我就说："我们要适应社会啊。"学校在科学与学术方面都是很开放的，你把这一套全部带到社会上去是不行的，你必须融入社会。因为社会不是为你专门建构的，每一个人进入社会以后，都要融入社会，而不是社会融入你。明白这个道理以后就能够更好地融入社会，得到更好的发展。

以后年龄大了，就会疑惑怎么样正确看待人生？这辈子干到研究员或教授，是你经过努力得到了认可。如果没有当教授，肯定有各种各样的原因。年龄大了，要有年龄大的态度和生活方式。整个人的发展过程都需要心理学的帮助。

作为一个社区、一个城市，这么多人在里面，它更有一种群体的社会需求。而且每个人有每个人的特点，一旦变成集体，它的状态就不是每一个人的心理加起来的简单状态，它会产生一些新的特点。心理学有很多这方面的研究。懂得了这些特点，就会对自己有更好的把握。

作为社会的管理者，政府也要懂得，人一旦形成集体，就会有一种集体的特征，要想办法进行引导和消除，甚至提前进行预防。这对社会的发展也是非常重要的。不仅在城市，在农村也需要心理学。有很多比较困难的地方，家里只有老人和孩子。经过各地党和政府的努力，越来越多的青壮年在当地就业创业，生活变得更加和谐。社会的发展使我们遇到新的问题，又使新的问题能得到更好的解决。这是一个社会正常的发展趋势。

主持人： 党和国家也提出，扶贫要先扶志，这不仅包括志气的志，也包括智力的智。

张侃： 其实志气和智力都是心理学研究的对象，都是不同层次的心理过程。

主持人： 现在不少身边人已经开始正视心理学这门学科了，不会再戴有色眼镜来看待它。很多父母非常愿意来学习。职场人也特别喜欢关于心理、成功、励志的内容。

张侃： 国家所办的继续教育极大地满足了社会的需求，非常火爆。很多人不是为了学历，而是为了学知识。甚至有的家庭妇女也愿意学心理学，目的是让家庭生活变得更好。有的是职场人士，包括领导干部，要做好他人的思想工作，也需要学习管理心理学，更好地了解组织管理活动中人的行为规律及背后潜在的心理机制，以助力工作。知识就是力量，知识可以使人更加聪明、更加智慧、更加幸福地生活。

主持人： 这又要聊到心理学到底在研究什么或者心理学的意义的问题了。

张侃： 心理学并不是把终极目标都解决了，但是心理学的一些具体工作可以加速进展。比如学习的规律，怎样学习更有效？什么时候才应该开始学习数理化？根据发展心理学，如果一个人的心智还没有成熟到一定的地步，拼命学也没什么效果。此外，在管理心理学方面，人为什么要努力？努力都是为了好，那什么叫好呢？组织的扁平化会扁平到什么程度，能够使信息更好地传递。组织进行激励，物质激励和精神激励怎么配合效果是不一样的。

具体到工程心理学的话，每一个机器的设计都要符合人加工信息的特点。比如玩具手枪，手枪的把手跟人的手掌差不多大，符合人体工学。太小拿不住，太大也拿不住。实际上所有的工具都有一个人能驾驭还是不能驾驭的问题。这就需要心理学的研究，并且制定出很多规则。工程心理学有十几条准则，设计师都要学习。在国外，凡是学习设计的人都要学工程心理学。现在中国的很多工科院校也都要学习工程心理学。人与其所处的环境是互动的，在不同的环境下人会有不同的心理状态。环境是否舒适并不是单纯为了享受，它的舒适可以使人更有创造性地工作。再比如国外早就发现大企业里面的创新想法多数都是在茶歇时产生的。茶歇有什么特点？第一是放松，第二是自由交往、自由漫谈，突然有很好的想法，马上回去做一做。把人关起来是想不出来新东西的。大公司都有一个可以让人进行茶歇和休息的地方。

在不同的环境下人会有不同的心理状态

随着人类社会的发展，企业必须善待员工，多些人性化关怀才能够激发员工的创造性思维。人的工作与生活受环境影响很大，如环境污染，不仅仅使躯体不健康，也会压抑心理，产生很多心理问题。心理不可能代替一切，而是要融入社会的方方面面，共同实现人类追求幸福的梦想。就像我们对美好生活的需求和向往，还存在发展的不平衡和不充分的问题，心理学应该努力做好这方面的工作。

主持人： 现在心理学的研究和服务方向已经被大家渐渐了解。很多朋友也有志于心理方向的学习。一方面，现在全国的心理学相关院校相当多，每年会有超过 1 万名的心理学专业毕业生；另一方面是社会大众自学，在各大网站的图书排行榜中，心理学书籍占了很大比重，可见需求之多。

张侃： 现在到书店一看，与心理学相关书很多都是畅销书，但真正好的书还是较少。现在心理学的教学研究机构全国有 300 多个，其实并不多，因为全国有上千所高等教育学校，未来心理学的本科还要继续发展。对心理学感兴趣的可以到高等院校进行学习，成人也可以通过继续教育学习。我个人建议你只要有时间有条件，就一定要通过具体的、正规的途径学习。自己找一两本书看看是可以的，但只能聊补无米之炊。

系统学习有很多方法，网上学十几门课程可以，如果有各方面口碑比较好的培训班，经过两年业余时间的学习也可以。心理学毕业生职业发展不一定会很顺利，因为学心理学的人也有很多找不到工作的。我觉得未来要从两个方向发展，一个是倡导社会公众对心理学有更多的认识与了解，增设更多适合心理学专业的岗位。第二个就是心理学老师要对学生进行有效训练，让他们学会更多实用本领。虽然没有理论的指导就没有正确的实践，但如果没有实践只有理论，不能满足社会需求，这也是不行的。在我国，如果不是正规的心理学本科毕业生，想要专业从事心理学相关工作恐怕很难，因为专业系统的训练对人的整体知识的架构是极其必要的。比如，我最早是学医的，有人认为学医就去看病不就行了吗？但是还有好多基础课，很多学生都觉得基础课没意思，后来慢慢才知道，只有基础课都学了，我们在看病的时候才能够更好地把握病的发展和各种药的使用。心理学也是一样。

主持人： 张侃老师也给很多有志从事心理方面工作的学生加油鼓气，未来可期。

张侃： 学心理学的学生也要自己鼓起勇气，面对社会的发展，不能单纯追求铁饭碗的工作。从事心理学的人，只要有能力，自然就会有社会需求需要你去满足。在满足社会需求的过程中，你一定能得到应有的回报。心理学大有可为，这是社会发展的必然趋势。

"心灵绿洲"小课堂

在日常生活中，我们已经能够觉察到心理学知识渗透在生活中方方面面。心理学在中国的发展还尚未完善，大部分人都认为中国心理学刚刚起步不久，历史较短。而张侃老师为大众科普了中国心理学发展的悠久历史，可追溯至孔子等人的年代。而近代中国心理学也因为蔡元培先生得以有良好发展的开端和基础。

任何学科都在不断发展，古代的心理学是思辨心理学，现在是科学心理学。中国心理学如今面临着巨大的机遇和挑战。党和政府的大力支持是中国的科学心理学较其他国家的优势。中国科学心理学的多数研究都以人民为基础。这些研究符合中国社会实际情况，完全可以应用于日常生活中，解决人们对美好生活的向往和不平衡不充分发展之间的问题。心理学迅速发展是社会发展的必然趋势。虽然目前中国心理学发展还比不上发达国家，但只要经过实践的不断积累，定能有所收获，心理学发展的成果也能反哺社会，使社会进步。二者相辅相成，共同促进。

现在，人们也渐渐意识到心理学的重要性，愿意主动学习心理学相关知识，让自己的生活更加美好。普通大众可以在市面上挑选科学性强的心理学书籍阅读，也可以在一些机构进行系统的专业学习。

2022年国际应用心理学大会前期的准备工作，增强了我国与国际心理学界的沟通和合作，使得我国有多位年轻的心理学者进入国际组织担任执委等工作，也促进了国内应用心理学的发展。目前中国心理学界正在通过更多的国际合作，服务于中国和世界。

徐凯文
为心灵升级

嘉宾简介

徐凯文，临床心理学博士，副教授，大儒心理创始人，总督导。曾任北京大学学生心理健康教育与咨询中心副主任，总督导（2009—2021）。中国心理学会首批注册督导师，和睦家医院执业精神科医师，共青团中央中国青少年中长期规划专家委员会委员，国家卫健委全国社会心理服务专家工作组专家，中国生命关怀协会社会心理服务工作委员会主任委员，中国心理卫生协会与中国性学会理事、专家。擅长方向：青少年心理健康，心理创伤治疗，危机干预，心理咨询伦理。

主持人： 非常荣幸为大家邀请到徐凯文老师来到我们的节目当中，和大家分享一些关于心理学的知识。

徐凯文： 心理学非常有意思。这个专业对我来说非常适合，因为只要有人的地方就有心理学。如我的博士论文是在监狱里做的，关于监狱犯罪心理的研究。作为精神科医生，我会看心理疾病，同时在做有关社会心理服务体系建设，以及一些基层的心理工作，也会为企业提供员工援助计划（EAP）的服务。心理咨询行业特别有意思，每天接触的是各种各样的来访者，可以看到人生百态。

主持人： 您接触了这么多人，对这个时代和社会会有更多的理解。现代社会人是否有一些共通性？

徐凯文： 正如刚刚提到的，我几乎每天的工作都是在做咨询，我的咨询对象有学生，也有很多形形色色的来访者。我会做一些讲座、报告、培训，确实会接触到方方面面的人的心理，当然基本上都是中国人，这是一个角度。还有一个角度就是时间，我做这份工作 22 年了，也看到整个时代的变迁过程，10 年可能就是一个周期。比如在我的职业生涯早期，看到困扰人们的多是一些焦虑、强迫等问题。2000 年前后中国经济状况虽然已经有很大的进步，但是还没有到现在的程度。那时候人们的困扰更多的是一些一般性的焦虑和抑郁。随着现代社会的发展，既有积极又有消极的变化。如当城市变得越来越大，留守儿童越来越多，离婚率越来越高了以后，心理问题发生的频率和严重程度也越来越高。当然还有一个非常重要的因素——现在基础教育太过功利，因为学业压力和功利的价值观问题造成的心理问题也越来越多。

主持人：孩子的问题造成家长的焦虑。

徐凯文：对，至少是中产阶级家长的焦虑。相对来说，经济社会地位更低或更高的人群没那么焦虑，可能中产阶级、知识分子阶层的焦虑最严重。

主持人：在心理方面，国外很早就已经走到了这个阶段，现在轮到我们了。

徐凯文：中国近现代 100 年最重要的一个经验就是要走自己的道路，实现中华民族伟大复兴。心理健康问题的爆发，在西方 20 世纪五六十年代和六七十年代就已经普遍存在了。其实，现在西方人心理障碍的患病率非常高，尤其美国人的心理问题非常严重，美国人的精神障碍的整体患病率是全世界最高的，达到 26.4%（超过 1/4）。大多数国家的精神障碍患病率大概在 5%～10% 的水平。

主持人：现在，很多现代心理学理论都是从西方引进的。是不是可以理解成他们在某一个阶段出现了很严重的问题，有一些人去研究并取得了一些成果，使得问题得以解决，因此有了一个比较好的研究氛围。

徐凯文：基本上是这样，但我不认为现在西方的心理学家和精神病学家已经找到了解决的方案。刚刚说到精神病患病率非常高，大概从 20 世纪五六十年代开始就出现这样的问题。之后，西方做了很多的努力，如在 80 年代、90 年代初，西方焦虑障碍的患病率越来越高，焦虑的压力水平越来越高的时候，美国就提出要做一个焦虑研究的十年。通过各种心理学办法、药物办法去缓解人的焦虑和抑郁的情况。经过十年的努力，确实有很大的进步，研究出了很多的抗焦虑、抗抑郁的药物和最常见的心理治疗的方法，如认知行为治疗。这些治疗方法有没有用呢？显然是有用的，因为可以通过科学的实证来证明，经过这个治疗以后确实有明显的改善。但是，西方的焦虑障碍、抑郁障碍的患病率总体上非但没有降低，且还在持续增加。产生这些问题的社会根源没有解决，只是靠药物，其实是扬汤止沸，并不是一个很有效的途径，甚至现在还处于恶化中。

主持人：我们在做学问时，不要再去重复别人走过的一些弯路，要能够透过现象去看到本质。

徐凯文：很多问题应该是在更了解其根本原因的前提下，在社会和政策层面上去做调整才会更有效。现在青少年的心理健康问题越来越多，非常重要的原因跟学业压力持续增加有关，如果根源的问题得不到解决，光是去教学生放松是没用的。

主持人：我们今天和大家聊到的第一个大群体——学生，这是一个特别泛的概念，一个人有很长一段时间是在校园中度过的。

徐凯文：对，学生出现心理健康问题比较普遍，小学、中学、大学都有。从大学的角度来说，我们经常看到一个现象，学生是带病入学。因为他们在中小学的时候就已经出现了很严重的心理健康问题，所以他们进入大学以后，很集中地爆发出来，这是要去寻根溯源的。

举一个例子，我从1997年大学毕业后开始做精神科医生。那时，一个精神科专科医院里面的病人也不多。2003年有一次跟同事们聊这个行业发展前景，病人少，收入也比较低。我们讨论后，都觉得无论是当精神科医生，还是做心理咨询、心理治疗工作将来都会有非常好的发展前景。为什么会这样呢？因为以往传统的精神科专科医院的大多数病人都是重型精神病，如精神分裂症、双相情感障碍。这些疾病的人数很少，基本上是占到全国人口的千分之四。所以，精神专科医院的病人会比较少。但是大概从2000年开始出现了一个现象，原来在精神专科医院会有淡季和旺季，每年春季，春暖花开时就开始发病。到秋冬之交，日照时间变短，天气渐冷，抑郁症就会发病。每年最冷和最热的时候，病人很少。再后来发现，到最冷最热的时候，医院里有了一批新的病人。这些病人会在那个时候来住院，而且他们购买力强，治疗意愿强。你猜猜是什么样的人？是学生。学生为什么突然出现问题？他们一般都是焦虑抑郁、网络成瘾、厌食症。从2000年开始应试教育变得愈演愈烈，学生的压力变得越来越大。这十几年，这种情况依然存在。社会压力在变大。现在精神专科医院人满为患。据仙岳医院的大夫说，医院有800张床位，住了1500个病人。我原来在苏州的精神病院（广济医院）工作，刚工作时有400张床，现在有1500张床。社会经济快速发展以后，精神上的需求变多，精神疾病患者也增多。

主持人：真的是时代的车轮滚滚向前，每个人都不能置身事外，都会在时代的车轮中留下自己的身影或痕迹。学生可能是大家回避不了的一个角色和身份，他们会面临着一个新时代的心理困局。

徐凯文：前几年我提出"空心病"理论。传统的心理学理论认为，一个人为什么会出现严重心理问题呢？可能他来自单亲家庭，父母离异，从小被寄养，心理的发育有不足。但是后来发现，现在经济条件越来越好，这样的问题也存在。有相当一部分人家庭很幸福，经济条件很不错，既没有创伤性的经历，也没有心理发育不全，甚至在现实生活中是特别优秀的学生，性格也不错，但还是出现了严重的心理困扰，且这种情况变得越来越普遍。我们也许可以换个角度来说这个问题，以往我们预测一个人会不会出现心理困扰很重要的因素是压力，当他压力很大，遇到难题就容易有心理困扰，越来越多地出现严重心理问题。这样的人，包括学生以及很多功成名就的人，都会思考自我的人生价值和意义。现在该有的不该有的都有了，物质上十分充足。下一步做什么事情能够让自己感觉到人生是有价值有意义的，怎么样在接下来这几十年过得让自己能够充分地得到自我肯定。当物质上得不到满足的时候，可能一个面包就满足。但是，当我们天天都觉得这个面包再吃不出花样来的时候，那可能要从做面包当中或者给别人吃面包当中才能看到自己的价值。物质跑得太快了，心灵没跟上，出现这样的现象就叫"空心病"。

主持人： 尤其在高中的阶段，可能每一个学生的神经都像上紧了的发条，一路狂奔。到了大学后，突然发现好像压力没有那么大了。

徐凯文： 虽然压力没有那么大了，但问题是原来你不管怎样还有目标，你得高考，得考上一个好的大学。但是当你考上了一个好的大学，下一步在哪儿？这是青少年中很常见的现象，我们把它叫作自我同一性或者自我认同。在这个时代，为什么这种问题会更加突出呢？因为物质上的目标已经完成了。那我们接下来怎么让精神家园变得丰富？这是一个关于美好生活向往的话题。这个美好生活已经不是彩电、冰箱的问题，我们已经过了那个阶段，接下来要使自己的人生更加幸福，就不能纯粹从物质上的满足去获得了，要让自己的人生有更积极的意义。从一个比较极端的角度来看，比尔·盖茨、巴菲特等人赚的财富几辈子都用不完。他们为什么要把钱捐掉，甚至有人还要裸捐。比尔·盖茨捐的钱能够研制出抗艾滋病、抗癌症的药物，可以救几十万人甚至几百万人。人的内心中都有本能的利他倾向。人在物质上满足之后，就要在精神层面上能够有更多的自我肯定，这是这个时代赋予的使命。无论你现在是一个大学生、中学生，或是学生父母，都要换一个角度去理解当代的青少年。

什么是幸福？"60后""70后"认为，幸福就是有饭吃，有衣服穿。这是他们的幸福观，现在"00后"的幸福观是什么呢？幸福是我能够跟别人平等地相互尊重地对话和交流。无论是家长还是学生本人，每一代人的成长环境是不一样的。"60后"是经历了改革开放，见证了国家从一穷二白到现在让14亿人过上小康生活的巨大成就。对于年轻人来说，他们需要有更高的精神追求。举个例子，曾经有一个学习成绩非常优秀的学生突然想退学，我觉得很奇怪，学得那么好，居然想退学？他说家里有几套房，父母是公务员，收入都很高，就我这一个孩子，那我奋斗什么呢？我不需要学什么东西，不上大学一样可以。而且我没有什么需求，我就回到家里打打游戏，人生也不错。所以，我们必须回答现在的大学生、中学生、"00后""05后"一个问题，就是人生的价值和意义如何实现。

现在的青少年可能需要从帮助他人、对国家或社会有贡献、从创新创造中这些听起来很高大上或者说有点空的东西中去找到人生的价值和意义。为什么现在的孩子会有这样那样的困扰？是因为应试教育一直在重复，缺乏创造性。他们会觉得学习本身没有意思，能够做跟别人不一样的事情，做有创造性的工作才有意思。他们可以从自己和别人的独特性当中看到自己的价值，从自己的创造力当中看到自己价值。当你的创造性工作能够对别人、对社会乃至对国家有贡献，你会发自内心地自我肯定。当你进入大学时，要知道你从来都不是在为别人学习，你也不只是为自己学习，因为你要的东西已经不是今天挣到多少钱再去买一套房，你可能需要去做更有价值和意义、更有创造性和贡献的事情。

主持人： 在物质条件已经极大富足甚至可能可以不用奋斗就能够很好生活的时代，要去重新找到自己内心或者人生的意义。刚才可能更多的是关注学生群体，那当学生好不容易到了大四，很多人就要面临一个选择了：是该继续读研读博，还是该找一份工作？

徐凯文： 人生总是遇到各种选择。我是"70后"，大学毕业时，基本上还是刚刚开始有双向选择，有点双轨制，你可以服从分配，也可以自己去找。其实现在会有更多的自由，找工作是自己的事情，天南海北，你愿意去哪儿都可以。但是自由本身也会带来焦虑，因为自由、有选择权就意味着你要做决定，要去选择适合自己的工作。这个时代也会让人变得选择焦虑。选择多的时候会焦虑，毕竟有机会成本也有沉没成本。面对选择，在浮躁的当下，我们经常会被各种恫吓会失去什么。

主持人： 职场人与学生完全不同。在学校，学生自我一些没问题。但到了职场，老板、负责人、同事、下属等层级关系，可能会让很多职场新人感到不适应。

徐凯文： 会有这种问题。时代在变化，职场的一些特点在不同的代际之间也会不一样。大约10年前，我第一次比较清晰地观察到这种现象。我参与了富士康的"十五连跳"事件调查研究,这个事件给我印象很深刻的是富士康的员工(第一代农民工和第二代农民工)差异很大。第一代农民工吃苦耐劳,收入不高,生产及住宿条件也差,却从来不会出现任何问题。但是在第二代农民工中,发生"十五连跳"事件。第一代农民工基本上是"60后""70后",他们有使命感和责任感。但是等他们的子女成长起来以后,家庭条件虽然没多好,但是基本上该有的都有了。对于第二代农民工来说,有些人就不愿意加班,尽管一个月只挣800块钱,800块钱挣到了以后就去打游戏或去玩,把钱花掉。他知道这几年在城市里玩乐以后,还是要回去当农民,所以才会出现"月光族"甚至"日光族"变得越来越多的情况。这是一个相对受教育程度比较低的人群。

再看受教育程度高的人群。IBM 的某主管说,他们现在最头痛的问题是员工很不听话。员工对每一件事情都有自己的见解。如果老板跟员工的见解不一致,得听从员工的,否则,他们就不干了接着把老板给炒了。"炒掉老板"的现象现在越来越多,人们工作不只是为了生存,还得开心,能够实现自己的价值。工作愉快就继续做,不愉快就辞职。辞职也没关系,家里有钱足够支撑一段时间不工作。在我上大学的时候,没有一年不上学或者毕业以后不找工作的同学。正因为有家庭基础产生了间隔年,可以用一年时间(什么都不干),去找最适合自己的工作,这是时代的进步。随着时代进步,人们已不满足于只是薪资奖励的现状。而是要看到工作是能够让我们开心的,能够发展创造力的,能够做愉快事情的。现在很优秀的年轻人不能够忍受做一些重复枯燥的事情,不在乎那个薪水,更在乎做自己喜欢做的事,追求创造性。年轻人创造力会变得更旺盛,其实这是一件很好的事情。

主持人： 刚才谈到,从农民工到一般的知识分子,甚至到一些比较顶端的人,可能他们都会在工作的过程中出现一些茫然的情况,如职业倦怠。这可能已经是一个不可回避的现象了。我们与其说怎样去避免它,不如说怎样去正视它。

徐凯文： 对,我不把这种现象看作是问题,而出现这种现象,我们就应该积极地去应对。这现象实际上是有很大的进步意义的。工作有不同的追求境界,工作的第一个境界就是养家糊口,为了生存,必须去工作。这是一个简单劳动的境界。第二个境界是把它当作自己的事业,想干一番事业出来证明自己有价值和意义。第三个境界是工作有使命感。认为工作特别有价值和意义,并可以此奋斗终身。这是工作的不同境界,并不是每个人都能到第三境界。这也是为什么年轻人更愿意在一线城市奋斗,因为一线城市有更加公平的环境,可以发挥自己的能力去实现更大的梦想。年轻人不太愿意回家乡的原因是在家乡可能就安于现状了。

年轻人更愿意生活在一线城市

进一步激发其内在动力，不能够用老办法，只靠物质激励。无论是公司，还是事业单位，凝聚力已经不完全是在于它的物质激励，而是在于它的文化和价值观。今后会有越来越多的年轻人进入企业或单位，不仅仅是为了有一份工作，还要对该企业文化价值观有所认同，他才会在这里工作。只有他能够发挥出自己的创造性，实现自己的价值，他才会乐此不疲地工作，才能够创造更大的价值。这是件好事。我们一定要转变观念，不能停留在物质层面的思维上。关于幸福，两代人的观念就是不一样。

主持人： 员工在升级，老板也要升级。

徐凯文： 对，全社会实际上都是在升级。这种心灵的精神层面的升级是一个好的现象。不能够停留在原来，否则就要被时代所抛弃。

主持人： 刚才我们更多地聊到的是工作一族。接下来要和徐老师来聊的一个群体是女性，一方面她们在一般的职场中要和男性做差不多的事情，如女性程序员，她们面临的社会压力和责任会更大一些。另一方面她们还有一份天然的使命，就是在家庭当中做一个妻子、母亲。

徐凯文： 对，随着时代发展，男女之间的社会角色差异变得越来越小。女性的能力也越来越强，原来传统中只有男性能做的一些事情，现在女性也都可以做。女性会更加地踏实认真。现在高校里女性的比例会越来越高。男女越来越平等，他们在社会生活中担负的角色越来越重合。

主持人： 这些年经济条件变得越来越好了。有一些女性在怀孕生产完以后并不急于重返工作。

徐凯文：对，这些年在北京也会看到更多这样的现象。女性在生儿育女之后，若有更多时间可能就需要去做一些工作或其他更有意义的事情，目标不在于薪水，而是发挥她们的能力，满足她们的兴趣，让她们有自我价值。尤其是女性有很强的助人特质，多会去做一些公益慈善、心理咨询、志愿者的工作，这也是非常好的现象。引用弗洛伊德的话，"爱与工作是治愈的良药"。

心理疾病的治愈中非常重要的一部分，就是要让一个人有事情可做。

主持人：刚才徐老师提到了弗洛伊德的一句名言，叫"爱与工作是治愈的良药"。

徐凯文：其实我第一次看到弗洛伊德这句名言，我挺惊讶的。因为精神分析一般比较含蓄，直白很少，却是对人性的基本了解和洞察。人是需要亲密关系的动物，需要交流。人群数量最大的网络是社交媒体。微信朋友圈的流行是因为人有社交的需要，人最基本的需要是跟外界沟通，这是人性。跟外界沟通是情感交流，是广义的爱，人都是需要爱的。另外人需要工作，在工作中才能看到自己的价值，发挥自己的能力。心理疾病的治愈中非常重要的一部分是要让一个人有事情可做。如果一个人现在物质都满足了，无所事事，一定会出问题。给女性朋友们的建议是，如果经济条件不错，不管薪水高低，一定要让自己有事情做，要有社会交往，才能实现自己的价值。现在其实有很多工作需要去做，比如在社区里做一个志愿者，去帮助照顾孩子、老人、残疾人。实际上受过良好教育的女性可以做很多事情。当我们放下要挣钱的需要时，其实更自由，我们可以做更加发自内心认可和喜欢的事情。做事情本身就是最好的健康基石。从这个角度来看，世人如此，与性别无关，就是两点，爱与工作。一个层面是我们要知道身边的家人，包括孩子、妻子、丈夫是人生最重要的人物，要跟他们保持持续、亲密、友好的关系；另一层面，实际上物质的丰富让我们有更多的自由去做公益慈善等一些让生活丰富多彩的事情。如果没有解决物质的问题，就不得不为生存去做一些不想做的事情。对大多数人来说，参与助人的事情最容易获得自我肯定。社会中有太多需要别人去帮助和支持的事情。厦门是经济比较发达的地区，但福建乃至全国仍会有很多经济比较落后的地方，一些乡村的孩子还没有书念或者说没有人去教他们。我们可以做很多的事情，在这些事情中，每个人都会实现自己人生的价值和意义。

主持人： 所以，也给很多女性朋友提一个建议，尽量用爱去看待世界，用工作填满生活。接下来要聊到的就是老年群体，我们现在步入了一个人口老龄化的社会，很多老年群体可能会在生活中面临着想要追求更高，但自己身体机能却在严重退化的矛盾。

徐凯文： 是，退休后离开工作的岗位会有很强的失落感。每个人的一生都很短暂，最可贵的东西就是时间和生命。要想使自己有限的时间和生命更加丰富多彩，还是要有事情做。前不久我因参与社会心理服务体系建设项目去基层做调研，在一个社区看到一个现象特别好：社区中心会有一些离退休的老党员，他们为居民排忧解难，志愿做一些咨询，或者提供一些意见和建议。对于退休的人来说，一方面他们有比较丰富的经验。中国又是一个素来推崇敬老爱幼优良传统的国家，他们的年龄、声望就有影响力和魅力。另一方面，邻里之间甚至家庭内出现矛盾了，这些老人会去做调解工作，把很多的矛盾和问题解决掉。他们轮流值班，没有领一分钱，但是每天都有事情做，并起到非常积极的作用。他们既能与人交往，又能发挥自己的余热对社会有贡献。

主持人： 有些老年人可能在外面的时候广场舞跳得很激情，但是回到家里，还是会和自己的孩子在教育问题或者在生活理念等方面，因思想观念不同而会产生一些落差，也会感到有些迷茫。

徐凯文： 我跟父母也会有类似的问题。从心理角度来说，其实我们很多的感受和体验都是跟经历有关系，人生经历会在很大程度上影响人对这个世界的理解。如我是"70后"，我父母亲是"40后""30后"。普遍意义上而言，父母这一代人非常节俭。现在其实物质上已经很丰富了，但他们依然舍不得吃穿，因为他们经历过物质非常匮乏的年代。真的要逼他们消费，会让他们很难受。不同年代的人成长经历不同，不要把自己的价值观强加给对方，在不影响身体健康的前提下，要允许对方跟你不一样，这个很重要。祖孙三代之间一定是有代沟的。这个代沟的形成很简单，因为时代和人生经历不同，彼此尊重才能够和谐相处。

主持人： 从家庭和谐到公司和谐，再到全社会的和谐，这是人人在追求的。

徐凯文： 对，我们做的一些探索，对社会变化和时代变化的理解，为的就是最终构建一个自尊、自信、理性、平和、亲善、友爱的社会心态。如果我们生活在这样的社会心态氛围中，所有人都会感到和谐、幸福和快乐。

主持人： 在和徐老师聊天的过程中，给了我一个新的思考角度。原来我们可能会觉得现在的学生不思进取，空心病……但试着从他们的角度来看，要怎么去适应这个社会，去改变，如发挥他们创造力的优势，他们应该也能够为这个社会创造更多的可能性，让未来更美好。

徐凯文： 对，一定是这样。现在的年轻人对心灵有更高的追求，对生命有更高质量的渴望。这是时代的进步。我们需要为心灵升级，这个过程伴随着我们从物质的匮乏到物质的满足再到物质的丰富。接下来我们开始进入一个心灵的时代，一个心灵上更加自由富足、更加自我满足并能更好地发挥出个人创造力和能力的时代，一个更加高尚、更加美好的时代。这是社会向前发展的必然。切记，不能再停留于追求物质的层面，要追求更多的心灵成长和幸福，为心灵升级。

"心灵绿洲"小课堂

中国正经历心理健康问题大爆发的阶段，西方国家早已经历过，但西方国家并没有对这个现象给出一个很好的解决方案。单纯地用药物进行心理治疗，并不是一个有效的途径。我们应该透过现象看本质，从根源上去寻找解决方案。我们将从以下几个群体分析不同群体的心理健康问题。

首先是学生群体，因为应试教育变得愈演愈烈，学生的压力越来越大。当学生压力很大，遇到难题就容易有心理困扰。物质层面的东西跑得太快了，心灵没跟上，即为"空心病"。现在学生的物质条件都很富足，就需要有精神上更高的追求，重新找到人生的意义。

对于已经步入社会的青年群体，面对不同的选择会变得焦虑。初步入职场也会不太适应。以前工作艰苦，为了养家糊口，改善生活条件，但现在人工作不只是为了生存，还要工作得开心，能够实现自己的价值。

再一个是女性群体，随着时代发展，男女会变得越来越平等。女性在生儿育女之后，有更多时间的时候就需要做一些工作，不在于要挣钱，而是能够发挥出她们的能力，满足她们的兴趣，能够让她们觉得有价值。

最后一个是老年群体，面临着想要追求更高，但自己身体机能却在严重退化，两者之间的矛盾冲突。要与孩子和谐相处，彼此尊重。

时代在变化，社会也在变化，从物质的匮乏到物质的满足再到物质的丰富，我们开始进入一个心灵的时代，"空心病"的空心并不只是空心，会有对心灵更高的追求和希望，对生命有更高质量的渴望。这是时代的进步，我们需要为心灵升级，追求更多的心灵成长和幸福。

韩布新
漫谈心理健康

嘉宾简介

韩布新，中国科学院心理研究所二级研究员、博士生导师、学位委员会主任，中国科学院大学心理系教授，中国心理学会原理事长、临床心理学注册工作委员会委员，中国老年学与老年医学学会副会长，国家老龄委专家委员会委员，国际应用心理协会原秘书长、七分会（认知老年学）主席，亚洲心理协会主席。

主持人：欢迎韩老师的到来。韩老师做过很多心理研究，社会对于心理层面关注点一直在变化。

韩布新：心理学随着社会大众种种应用服务逐渐发展。比如，人们希望心理学能为大家提供一种类似药的作用，但心理学不能在你不舒服时候，像药一样马上就能解决问题。

主持人：遇到感冒这类病症，可能你不吃药多喝水也能好。但很多人还是要去医院拿药吃或通过其他方法治疗，希望可以通过这些手段马上恢复身体健康。

韩布新：这里涉及三个因素。第一是个人接受度，这会产生一种强烈的自我暗示，有安慰剂效应。据药物研究，安慰剂效应占40%，再加20%效果，于是就占大部分了。第二是药物的实际疗效。第三是具象物体，看得见、摸得着、抓得住。心理学通常没这样的抓手，好像很空泛。大家应慢慢改变这种观念。心理相关问题主要取决于我们的认知。认知是在日常生活里培养的，通过学历教育、家庭教育、社会教育等形成了一系列知识/智慧体系。这个知识/智慧体系反馈于我们当前所处任何情境，从而诠释情境或好坏或优劣，借此诠释就会引发相应的情绪反应。

心理治疗涉及的三个因素

主持人： 类似我们看电视剧，总认为剧中长相眉清目秀的就是好人，反之肯定是坏人。

韩布新： 每个人的主观诠释会随客观环境变化，这种主观诠释会影响我们与社会环境互动。互动如合乎规律就可顺利进行，如违反规律就容易处处碰壁。特别是涉及自己的情况，比如对自己能力、境遇怀疑就会导致一些情绪或人际关系症状。若持续时间过长，则会产生更严重的问题。临床心理学认知行为疗法、理性认知疗法等流派都与认知相关。因此，调整认知很关键，只靠自己难以解决问题，"旁观者清，当局者迷"。

主持人： 在社会层面，很多人会觉得不适应，认为自己好像跟这个世界脱节，无法跟上时代脚步。自己很痛苦，一方面自己修行不够继续修，另一方面怨天怨地怨世界，觉得世界抛弃了自己。

韩布新： 自救是个办法，但很多时候自己走不出来就需要他救。特别是遇到严重的问题影响正常的社会功能、生活功能和家庭功能时，就需要他救。这个"他"可能是亲友，但心理学最有效。"救"有两个关键，第一个关键是要有改变意识，对现在情况不满，想改变。第二个关键是要有外力，有抓手。内外一起才能改变情绪。内力是第一关键——自己若不想改变，怎么做都无法改变。

心理学有个术语叫"习得性无助"。大象小时候被用绳子拴住动不了，长大后还能拴住它，为什么？因为它已经变成习得性无助，就没想过要挣开绳子。人也这样，习惯了自然而然就不想改变了。

主持人： 在舒适区待太久就可能丧失冲破舒适区的能力了。

韩布新： 改变确实需要勇气，因为他需要面临不断调整，应对各种不确定状态。古今中外，意识改变最关键，然后再去应对各种各样的不确定。虽然说成王败寇，但在普通人看来无非是改变的风险大小，其实，改变动机很关键。

主持人： 尤其是在朋友圈、微博会看到很多朋友的抱怨。这当然也是个释放渠道，虽然存在情绪传染的可能。

韩布新： 这种情况可以避免。第一，社会支持系统够用，无论家庭还是社会。第二，认知体系和诠释系统相对健康，无论内部还是外部，不至于形成大冲突，或导致心理障碍。第三，每个人都不容易，要互相理解。

主持人： 可能大家会羡慕成功人士，看到他们都非常光彩亮丽。

韩布新： 他们之所以成功，是因为能够克服足够大的苦，耐得住时间的考验。关键是他们能在种种不确定情况下，找到正确的出路，这是值得学习的地方。他们不抱怨，并不代表他们没有。越是重大的事情面临的困难越大。当你的社会地位、生活目标、工作目标和人生成就预期越高，你面临的阻力越大，这时候不放弃才是关键。

主持人： 这几年，整个社会对于心理学方面的科普，给了大家很好的一个支撑点。

韩布新： 对，实际上政府工作报告多次提到心理健康问题，同时不断具体化，将理念化为政策方针。心理学从业人员，包括社会心理学及精神病学等相关领域从业人员，都有了用武之地。每个人面临大小不一、性质却相同的危机，因为社会发展对每个人的要求都提高了。在这种前提下，每个人的生活节奏、工作节奏失控感会增加。尤其在舒适区待久了，突然挣脱出来，会导致心理冲突。有些人能规避，但部分涉及公共服务的人员，如公务员、医护人员、教师、警察等，常因自己跳不出压力圈而造成恶性循环。这时专业服务就非常重要。

主持人： 说到心理健康概念，怎么样叫健康？

韩布新： 无论是世界卫生组织还是中国医疗卫生界都对健康达成了一致的观点。健康包括躯体健康、心理健康、社会适应能力良好，其中社会适应这个维度按照中国科学院心理研究所的界定有三种说法。第一种说法为"不较劲"，无论是对自己、对他人，还是对事情都不较劲，能看得开、能拿得起，也能放得下。

主持人： 人最可怕就是钻牛角尖儿。

韩布新： 我觉得"不较劲"是一个人脑子一根弦，与之对应的是"较劲"。"较劲"严格意义上是心理不健康，但很多事情必须较劲。比如你要做好事情就要较真儿，至少做科研工作必须得较劲，所以"较劲"分情况。举个典型例子，去年重庆的坠江公交是典型"较劲"问题，导致了严重后果。该较劲时要较劲，不该较劲不较劲，或不"过分较劲"。第二种说法分两个部分。一部分评价自己合乎中道，接纳自己。能比较客观地评价自己，接纳自己的优点和缺点，评价自己不可过分骄傲（比别人都强），也不可过分自卑（什么都不如人）。另一部分社会适应良好。在人际关系、社会生活方面，一个人都能实现自己的社会价值。大家都知道夫妻吵架，床头吵架床尾和。但要做到，有时就要跟自己较劲，想做却又做不到。要学会接纳软弱，否则会过分苛责自己，进而形成思维反刍：会不断责备自己，否定自己。

主持人： 不断重复，不断加深。

韩布新： 第三个说法，看自己、看他人、看社会，具体分五个方面。第一个方面是认知。认识是从学历教育、家庭教育、社会教育得到的知识体系，这个体系是所有行动的基本框架。比如我是学生，能完成作业、通过考试、顺利毕业，能保质保量完成相关社会角色的功能要求，就叫认知功能健全。第二个方面是情绪情感。认知可通过教育获得，但情绪情感只能在生活中体会、适应、适当表达。教孩子做作业，家长先崩溃了，其实情绪情感失控的背后是认知。第三个方面是性格特征。性格特征跟情绪、情感和认知都有关系。它是一个人应对方式的习惯。有的人慢性子，有的人急脾气。不同人遇到同样事情，解决方法不一样。这与青少年时期形成的一种行为方式有关。第四个方面是人际关系。人际关系最主要是如何看自己、如何看待他人，尤其是有利益冲突时如何解决：是共赢兼善，还是厚黑？要学会放下，学会退让，坚持原则，不能放弃底线。第五个方面就是社会适应。社会不公平现象是相对而非绝对，需要放大时空尺度才能做出相对判断。全世界难以做到对所有人都公平，有时候难免出现跟预期有落差情况。如何解决社会适应的问题，对每个人都很关键。

主持人： 这或者与一个人的修养有关。

韩布新： 修养的界定要看你如何去对待弱者或者比你社会地位及能力低的人。王凤仪提出的促进心理健康理念，一个是找好处开启天堂路，感恩；另一个是悔愧行关闭地狱门，悔改。知错就改，学会感恩，每个人的一生中哪怕再不幸都会遇到贵人。感恩反映了你对生活主流的看法，反映出你生命中最基本的能量和动力。

主持人： 首先应该保证躯体健康，其次是心理健康，最后是社会适应良好。

韩布新： 不同年龄段面临的社会责任、角色担当和个人因素的影响不一样。2008年全国城镇居民心理健康状况调查发现，两类人群需要特别关注：青少年和高龄老人。他们的心理健康指数最低。影响他们心理健康的因素不同。青少年前期面临学习压力，后期面临情感压力、就业压力，等到成家立业时，还要面临经济压力。这些压力具有不确定性和多重性，所以他们的综合健康指数低。高龄老人主要由于躯体健康、社会资源、经济收入都在下降，尤其是躯体健康影响了生活质量。有研究曾比较各年龄段人的自尊，发现青少年和高龄老人最低。这两个人群需要我们重点关注。

主持人： 今天的节目主要聚焦青少年，青少年是祖国的花朵和未来。

青少年是祖国的未来

韩布新： 青少年发展潜力很大，他们可塑性强，投入产出比高。最关键的是他们处于人生刚开始阶段，不能轻易放弃。此年龄段人的社会资源有限，特别是其自身智力资源还在发展期，还未适应社会角色。网络上常出现一些家长辅导孩子写作业崩溃的现象，其实反映了三个问题，首先家长问题就是包办，代替孩子或者逼着孩子去做事情。做作业成为家长而非孩子的事情，意味着将来许多类似的事（吃饭、穿衣、睡觉、起床等）都是家长而非孩子的事。孩子会觉得我为你们学（吃饭、穿衣、睡觉、起床等）的。是不是很奇怪？现实就是如此奇怪！可惜家长们见怪不怪，习以为常！第二个问题，有些家长会以自己的反应速度和认知水平判断孩子，不会/不愿/不能换位思考，但孩子的成长需要等待，不能揠苗助长。过去的常识"百年树人"，现在还有多少家长、老师记得？第三个问题是教育体系也存在一定问题。教育的初衷是引出孩子的兴趣（授业）、天赋（解惑）和潜力（传道），并创造一切有利的家庭、学校、社会环境，让孩子充分地发展。

主持人： 就像中医里的药引子。

韩布新： 知识只是一种途径。如果教育完全是填鸭式考试，学习就会成为一件很痛苦的事情。

我们要保护孩子这张"白纸"——他的天赋、兴趣、求知欲。现在有些教育核心聚焦点不在孩子，从心理学角度讲，这会严重损害孩子的认知发展。现在的孩子有几个问题：一是知识僵化，能背会考；二是学习动机有限，其兴趣、天赋受损严重；三是不会提问，不会质疑。

主持人： 可见老师或者说园丁的重要性，园丁好坏可能直接影响了花苗健康程度。其实现在老师们真的很不容易，一个人得面对这么多孩子及两倍三倍的家长。

韩布新： 每一位家长、老师都尽心尽力，希望孩子能成长成才。比如孩子在哭，到底要不要抱他/哄他？这里面就有个度。首先要分清他为什么哭，要有经验。其次在什么情况下哭，要怎么应对。亲子关系很多时候是一种博弈。这种博弈看家长、老师的心理承受能力。举个例子，有个同事的孩子上一年级经常赖床，闹得每天全家跟打仗似的。一天他跟孩子讲，按时起床是你的事儿，不是我的事儿，对吧？明天开始不喊了，你爱起不起，大人可以给你买闹钟。后来孩子迟到了三天、被罚站了三天、哭了三天，再也没事了。

主持人： 孩子迟到真的变成许多家长的问题。

韩布新： 我很佩服这位同事，他智慧地解决了三个问题。第一是责任，这个事情到底是谁的事。第二是程序，按时不按时。第三是未来影响。角色搞错、责任搞错了，后患无穷。中国家长或者教育不够，或者心理承受能力不够。比如吃饭都在后面追着他，连吃饭你都去追他，孩子将来能干什么事情？保证基本营养，道理讲清楚，这都是孩子自己的选择，完全自由。如果天天啰嗦，那就是家长而非孩子的事儿。这里涉及一个心理能量，关于承受能力你怎么去教育？青春期孩子以前和以后教育有差别。这个差别心理学上叫控制转移。孩子没上学前，永远家长说了算，这是崇拜家长。一旦上学，就老师说了算，必须配合老师。小学高年级后，同龄伙伴最牛。这个老师"有毛病"、家长"不完美"，都要往后排，这就是权威（核心人际关系动力学）转移。控制转移状态下，孩子的心理不一样。他对自己的角色担当也不一样。过了青春期，他必须自己说了算。但自己说了算，风险也很大，咋办？这就是认知不同步。更年期父母、青春期的娃，两方面刚好撞车，情绪都不太稳定。这时候家长怎么办？家长要远观。青春期以前，主要关心孩子两大任务，一个是生活，一个是良好的学习习惯。我从孩子很小就告诉她，学习（吃饭、睡觉、起床、做作业）是你的事儿，我们无法代替。但是我作为父亲的责任也很明确，孩子只要决定了想干什么，没有风险就支持。但你对于自己的选择，要负责，不能遇到难处走回头路，哪怕能走，但时间耽误了。所有事情都利弊相参，要尽量想清楚。亲子关系也一样。

每个年龄段所崇拜或喜欢的对象有较大差异

我对青春期的孩子父母的建议是：你一定要远观，不是什么都要远观。远观可分几种形式，一方面尊重他的选择，孩子不乐意的，别强迫他。这点很重要，因为这里最容易产生亲子冲突。所有他看重的同龄伙伴的行为他要趋同，比如买品牌鞋、用个好手机、穿个名牌服装、骑个好看的自行车等要跟上潮流。可能的话尽量满足他，但要规避风险。怎么规避风险？如他交了不好的朋友，你需要帮着规避。远观需要关注了解日常生活中同龄伙伴都有哪些人，及时隔绝那些品行不好的人。家长要清醒，要把握原则性。

主持人：孩子可能在当时是比较迷的，看不到那么多，可能就会觉得大人为何老针对我，我要自己的朋友。

韩布新：这里就涉及家长的智慧。家长啰唆久了，到后面可能就无效。若原则很清晰，在底线以内，他有充分自由，效果就会不一样。这当然会考验家长智慧，要根据孩子的性格、应对方式、可能面临的威胁，因人而异采取应对、管教方式才好。

主持人：现代人有很多渠道了解心理学知识，但生活中依然有各种各样的难处、纠结、困扰。

韩布新： 我跟各位听众朋友分享一些体会。我比较幸运，因为父亲是位教育工作者，我打小就很敬佩他。他当过小学校长，在中学教过我语文，他身上的正能量很多。我们家七个孩子，大妈的两个孩子也在我们家长大。九个孩子他一个都没放弃。每个孩子，只要愿意念书，永远供着，砸锅卖铁地供着。那时候全家生活就靠他一份工资，饭都吃不饱，这一点我特别敬佩他。

我从小跟父亲一起写诗，写春联，写书法，逐步培养出个人对绘画、诗词的兴趣。这个过程满满的正能量。《中国人的情感》一书讲到，中国人认知系统跟西方人认知系统不一样。我们选了一个顿悟式思维（强调智慧），西方人是逻辑推理思维（强调知识体系）。这两套推理系统对人精神境界的要求不一样。中国人用诗词、琴棋、书画、诗酒、花茶或者诗书画印修行，修自己对世界的感悟，除了人与人交、心与心交以外，还有心与物交。凭什么你看见高山就感慨，看见流水也有感觉，大家都喜欢自然。为什么人在高山大川里面都感到心旷神怡？因为人天生就有这种心与物交的感悟（心理学叫知觉表征系统），能接受到那个能量。这种能量在西方文化中还没有发展到诗词歌赋书画印等意境层面的借助艺术途径去表达。诗词、书画甚至篆刻这些最宝贵的艺术优秀在哪？就是通过交往自己得到了升华。最典型的就是南唐后主李煜，通过环境找到了永恒。那些永恒的东西才是他的诗词传唱不衰的根本原因。比如"问君能有几多愁，恰似一江春水向东流"，中国地倾东南，春水、夏水、秋水、冬水皆向东流。这就是道。李煜悟出此道，"几多愁"就无限淡化了。苏轼"归去，也无风雨也无晴"与之类似。自然界的风雨、阴晴自然还在，可是他经风历雨（尤其是"乌台诗案"后）"归去"后，这些就由有变无了。这些也是中国人跨越时空与先贤沟通、交流的最根本的意义所在。我们跟古代先贤一样，需要直面人生。

心理学家荣格提出了集体潜意识，认为人的问题是因为跟集体潜意识隔绝了，而要解决人的问题需要恢复这种连接。诗词就是最好的媒介。为什么中国诗词书画流传几千年下来到现在，大家读、听、看起来还很喜欢，因为有共鸣。因为那里边永恒的东西，我们有媒介可以得到共鸣。而这些东西才是我们面对生活苦难、生活中种种挫折的一个最基本的心理能量。

主持人： 大家在烦闷时，不妨写写毛笔字、读读诗，可能也会从中找到一个不一样的生活解法。

韩布新： 找到一种适合自己的喜欢的事情，花点时间，诗、拳、花、茶、琴棋书画都可以。找到一种可以抒发的情感表达，整理情感、认知、动机与需求，整理生活中遇到的挫折与应对。苏东坡"心安处是吾乡"就是智慧之至的总结，可帮人自我治疗。我强烈建议听众朋友们在中国文化里找到一种，老祖先给我们留下的宝贝，比如太极拳、八段锦等。知难行更难，全人健康不单是心理健康的稳定和积极的情绪状态，关键是心理能量重整，以提升生活质量和整体幸福感。

"心灵绿洲"小课堂

　　心理学作为一门学科，正逐步融入社会生活并得到应用和发展。个体应逐渐改变对心理学的认知，心理问题主要取决于个体认知和诠释，及个体与社会环境互动关系。各种心理治疗流派背后都与认知有关。调整认知对心理健康至关重要，但仅依靠个体自身难以达到理想效果。个体需要有意识寻求外部帮助，这种外力与内力相辅相成，才能有效改善情绪和心理状态。

　　社会支持系统、健康的认知体系和诠释系统及个体的自我修养都对心理健康起着重要作用。各个年龄段面临着不同的社会责任、角色担当，据研究，青少年和高龄老人心理健康水平最低，需要特别关注。青少年发展潜力巨大，但也面临学习压力、情感压力和经济压力。高龄老人受躯体健康、社会资源和经济收入下降影响。需要全社会耐心关注两类人群。

　　总之，心理健康对个体和社会都至关重要。寻求专业心理服务、调整认知、培养自我修养、感恩回馈社会、寻找适合自己的情感表达方式等都是促进心理健康的重要途径。

岳晓东
幸福元素表

嘉宾简介

岳晓东，首都师范大学心理学院特聘教授、博士生导师、中国心理学会注册督导师，香港心理学会会士，香港心理学会注册心理学家，香港心理学会辅导心理学分会首任会长。

1987年在美国哈佛大学攻读心理学博士，先后在香港中文大学和香港城市大学任教，在个人心理健康、创新心理学、幽默心理学和青少年偶像崇拜等方面开展了大量的研究，在SSCI学术刊物上发表学术论文80余篇，在内地相关的核心学术刊物上发表文章80余篇，出版多部学术专著及科普图书，深受读者喜爱。

主持人： 非常荣幸请到岳老师，我们今天聊的话题是心理学中一个非常重要的概念——幸福。幸福是每个人都在追求的，那有没有一条捷径能带领我们找到幸福的感觉？

岳晓东： 幸福是一个永恒的追求，佛家、道家等都在讲什么是幸福，讲如何放得下，心理学讲如何去纠结。今天我就给大家分享一下我是怎样去纠结、积蓄正能量的。

主持人： 心理学界有一个学科叫积极心理学，应该也是往这方面靠的。

岳晓东： 积极心理学是美国宾夕法尼亚大学赛利格曼教授率先提出的。1999年他当选美国心理学会的主席，任期只有一年，他希望在这一年对美国心理学发展做点贡献。于是他开始做调研，发现从1879年心理学诞生开始到1999年，这

100多年中所有有关情绪的论文中，研究负能量、消极心态的文章与研究正能量、积极心态的文章数量之比为14:1。负能量情绪包括焦虑、抑郁、恐惧、嫉妒、愤怒等，而正能量情绪则包括喜悦、开心、乐观、幸福等。也就是说，在过去的100多年中，大多数心理学家都花心思在研究人是为何不开心的，而不是在研究人是为何开心的。我们知道人为什么不开心了，但如何让人开心才是更核心的问题。

主持人：很多人不知道怎样从不开心到开心。

岳晓东：刚才讲到积极心理学的诞生，赛利格曼做美国心理学会主席的时候振臂高呼，说心理学家在过去100多年中几乎是蹉跎岁月，虚度光阴，都是在研究人是怎么不开心的。我们更应该研究如何让人开心，化消极为积极，化负能量为正能量。他的呼吁引起了心理学界广泛的认可和关注，就有了积极心理学。

主持人：说到积极心理学，很多书也在向大家展示一些美妙的场景，但好像离我们还有些远，因为它是一个很大的范畴。

岳晓东：积极心理学离我们是很近的，以前研究幸福或者开心是从哲学的角度，比如佛家叫你放下，道家让你无为，这都是很抽象的描述。积极心理学带有科研的性质，它需要做各种各样的实验与统计分析。幸福的核心元素有很多，我把它们比较形象地比作幸福元素表。

主持人：幸福元素表这一说法也是借用大家比较熟悉的化学元素周期表的概念。

岳晓东：门捷列夫研究出的化学元素周期表当时已知的有近百种元素。幸福元素表是当你具备了这些在心理学家看来能确保你阳光心态、正能量的人格特质和价值观，你就很难不开心。

主持人：相当于把积极心理学的概念具体化，也就是关于幸福的科学研究，那幸福元素表中都有哪些元素？

岳晓东：幸福元素表经过心理学家的不断整合，严格来说有6类24种，包括美德、人格特质等。简单说核心特质第一是主观幸福感，即幸福在我心中，包括乐观、自信、感恩、宽恕、幽默、创新、投入、欣赏以及利他（助人为乐），这些特质加在一起，会使你很容易去纠结。

主持人：说到主观幸福感，我们知道主观跟客观是对应的，那主观幸福感也是对应外界事物当中的客观幸福感。

幸福元素

岳晓东：主观幸福感讲的就是我的幸福我做主，我命由我不由天，比如我们客观上看到某些人活得一点都不幸福、没意义，但这个人主观上活得挺滋润，令人钦佩；而有的人客观上给人感觉活得很幸福，却选择了轻生，即主观上他是不幸福的。所以说幸福感有主观幸福感和客观幸福感之分。

主持人：世俗当中的一些现象由我们来赋予主观和客观的感受。

岳晓东：举个简单例子，现在经济发展了，大家都过上了小康生活，在这个层面来讲，有吃有喝挺好的，每天像过节似的，还可以出门旅游。但是当你跟别人一比较就又觉得不行了，过得不够好，这就是徒增烦恼。你会发现，北欧发达国家的人民活得比较滋润，幸福感比较高，南美国家的人民热衷于跳舞、踢足球，幸福感也挺高的。

现在为什么国家把心理健康，包括幸福感当作国家战略来思考，就是因为我们已经达到小康了，但是很多人仍然觉得活得不开心。客观上物质生活提高了，你应该很开心很幸福了，但事实上主观上没感受到开心。

主持人：是啊，现在在一二线城市不少人都住着大房子，开着好车，但是回到家里有各种各样愁心的事，很不开心。

岳晓东：这就是因为大家缺乏主观幸福感，客观上别人看你很有成就，但主观上你总盯着自己没做成的事情，烦恼就会油然而生。人生不如意事十之八九，好像觉得人生一般都是与不开心的事打交道。其实这是因为你的计算出了问题，因为某些事情你一旦实现就不计算了，计算的总是自己没做成的事情，所以你变得不开心。

主持人：幸福是一个挺主观的东西，每个人心中都有一杆秤，每个人心中的幸福都不一样。

岳晓东：问题不在于幸福是什么，而在于你是怎么看待幸福。其实一不留心你已经是幸福达人了，但你仍觉得自己一点都不幸福。举个例子，10多年前一个关于幸福开心指数的调查，在幸福榜上亚洲国家上榜的有中国、日本、韩国、新加坡和越南，在这五个国家当中，你觉得哪个国家最幸福？

主持人：新加坡。

岳晓东：最不幸福的国家是哪个？

主持人：韩国。

岳晓东：这就是我们一般人的误判。我以前做现场调研，都觉得日本人活得累，新加坡人最幸福，越南人最不幸福，而结果是正相反的，越南人最幸福，新加坡人最不幸福。心理学家怎么解读呢？越南某些地方的生活很像我们20世纪80年代甚至70年代的水平。这种落后让他们开个摩托车就很开心，觉得幸福感爆棚。这种开心像是在希望的原野上对未来充满各种向往。他们觉得日子会越过越好。新加坡人觉得自己不幸福，别人觉得他幸福，他其实是"被幸福了"。新加坡人为什么感觉不幸福？是因为自己的房子小，看的都是我们未曾拥有过的大房子、花园城市、昂贵的车位，但外人会觉得新加坡哪里都好。反过来，新加坡人觉得怎么不看我没有的，这飞机一起飞就出国了，在中国飞三个小时还在境内。中国地大物博，经济向好，资源丰富……我们都没看到这些，看到的只是自己的房子不够大，这就是幸福认知的误区。

主持人：问题不在于怎样获得幸福，而在于怎样看待幸福。这话太受益了！

岳晓东：其实，幸福感的来源是复杂的，它是一个综合的概念。主观幸福感包括什么？首先是乐观，就是能挥别往事，相信明天，然后是宽恕、感恩、幽默、利他、自信，这些叠加在一起，当你遇到不开心的事情，比如工作、家庭关系的冲突，就很容易放下纠结。

主持人：很多是综合纠结，比如下班了，我把工作当中的纠结带回家里了。

岳晓东：最不应该的就是拿别人的错误来惩罚家人，比如你不敢跟老板对质，你回去跟老婆争吵、向小孩撒气，这都是家庭烦恼的源泉。怎么经营家庭的幸福呢？首先家庭是一个组合的团体，父亲、母亲、孩子各司其职，能够有一个共同的目标,大家相互包容,才能形成一个和谐的家庭气氛,其中幸福的经营也是不可或缺的。家庭气氛的幸福经营,在很大程度上来讲,就是该说的话说说,但不是喋喋不休地说,该交代的事情认真地交代,但不会一天到晚揪别人的错误。一家人在一起是缘分,如果你能够顾大局,能够去包容,去宽恕,再加上一点幽默,那么你的家庭氛围就很好了。

主持人: 说到家庭你用的是"经营"这个词,经营一词一般与公司连用,大家都知道公司经营有付出才能有回报,天上不可能掉馅饼,家庭方面你用经营这个词,应该也是有这方面的意思。

岳晓东: 很多走进家庭的人有个认知误区,觉得一旦结了婚就完成了人生的大事,接下来就可以关注其他的人生追求了。一些男人认为自己每天在外面拼搏赚钱养家就是为了让家人吃得好,住得好,用得好,为孩子创造好的学习条件,这都是他自己内心的合理化。他没关注到妻子和孩子希望他的陪伴,希望家庭活动有他的参与,所以家人不在乎财富挣得多少,不在乎官做得高低,反而希望把家经营好,把孩子调教好作为家庭最大的目标。不少人在外面风光无比,家里却一地鸡毛,成功的背后也很悲催。

主持人: 这是城市年轻人的通病,很多人在城市打拼为的是有好的生活,可在打拼的过程中却逐渐迷失了自己。

岳晓东: 挣钱不是对家庭最重要的贡献,家人最需要的是陪伴,对妻子来讲就是你能够陪她做点事情,她能感受到你对她的关注;对孩子来讲是你能陪伴他走过人生几个关键的坎,包括你经常能够和家里人一起吃晚饭,那不只是晚饭,关键是你的心在那里。你说没时间陪家人,这可能都是借口。不是没时间,就是没心思,不上心。

主持人: 我们每个人生活中或多或少积累了不少的累和伤,如何用积极心理学,用幸福元素表来排解心中的那些伤呢?

岳晓东: 创伤、挫败、失恋、赔钱、家庭的矛盾冲突都是情感垃圾或心理存毒,这些毒累积到了一定的分量积重难返,最后可能使人会变得抑郁。为避免抑郁,幸福元素表可以给你一些启示。

主持人: 处在抑郁情绪中的人怎么样快速走出来?

岳晓东: 这里有一个概念,叫压力管理自助餐,就是面对不开心的时候,人要通过采用一些有效的方法来化解。比如女性化解不开心,通常是一说二哭三购物,在此过程中就转移了注意力,排遣了压力。对于男性来讲,化解不开心可能就是喝酒了,喝除烦恼。当你做自己愿意做的事情时,就是在抛掉烦恼,心里就不会存毒了。此时，你就是在做心理排毒了，比如唱卡拉OK、健身、旅游、阅读等。

面对不开心的事情，每个人的化解方法不同

主持人： 这一点很重要，做自己愿意做的事情，很多人追求幸福的能力不足，可能是因为小时候一味地读书，很多兴趣爱好缺失，即便现在有时间有能力了，也不知道自己要干吗。

岳晓东： 确实现在的教育会带来这个问题，幸福感、幸福经验很重要。当你遇到烦恼时，不是用抗抑郁的药物来化解，这不能根本地解决问题，还得靠自然疗法，靠自己调试。自己调试就是最有效的排解，每个人学那么几招，有烦恼时，做几件事情，做完了之后就会觉得自己对当下的烦恼有所释然了。

主持人： 自己要上点心，记下生活中的哪些事情能够让自己宽心。

岳晓东： 我为什么讲压力管理自助餐？就是要给自己解压，你要对它上心，要把它当个事，要注意在做这件事情的时候，它给你带来的乐趣。比如健身跑步过程是痛苦的，但跑完了之后身体完成排汗和内啡肽分泌，最后你会感觉很舒服，累之后的那个舒服就把情绪和心里的存毒都排走了。所以自己努力用心经营，自然会掌握一种能力。

小孩子的开心是本能，成人的开心是技能。小孩子很容易开心，没有隔夜愁，烦恼也有不过心里挺干净，这隔夜愁（仇）是两个字，一个是忧愁、烦恼的愁，一个是仇恨的仇，小孩子没有隔夜仇，所以再闹矛盾，第二天见了面，手拉手，只要对方一拉手就过去了。成人之所以活得累，不开心，是因为我们有隔夜愁，愁上加仇，人生的苦就是因为愁上加仇。我们要向小孩子学习，回归童心，返璞归真。

主持人： 幸福元素表就是让我们在生活中不断地去发现新的元素，不断累加，把不幸福、不快乐的东西慢慢抽离，最终达到一个比较好的状态。我还想请教的是，心理学是近这一两百年发展起来的，历史上的古人可能也会遇到很多的郁闷和不开心，在没有心理学理论时他们是怎么过来的？

岳晓东： 有人类就有心理学，而幸福学有很短的历史，人类进化的历史就是追求幸福的过程。古往今来，文人墨客对幸福的各种解读是一个巨大的宝藏和资源。

主持人： 尤其是古代很多的诗词、文言文都是在描述幸福。古人对幸福的追求能给我们什么样的启示？

岳晓东： 以前的士大夫，心理排毒和情绪管理有四种方法：第一种是一死了之，比如，屈原忧国忧民，以身殉道。第二是一走了之，比如，陶渊明选择了避世，他写的诗篇都给人以积极想象，世外桃源多滋润，"不为五斗米折腰"，"采菊东篱下，悠然见南山"。第三种是一醉了之，比如，李白仕途坎坷，饮酒作诗，寄情山水，"抽刀断水水更流，举杯消愁愁更愁"。第四是一笑了之，重要代表人物是苏轼。现在，国内外有很多人在研究他的作品。外国人研究中国的文人学者中最痴迷的就是苏轼。林语堂所著的《苏东坡传》英文翻译叫"The gay genius"，就是"快乐的天才"。苏轼的政绩并不太突出，他一生不断地被贬职，但他的文学成就很大，更大的成就源于他的心理素质，他解答了千百年士大夫们最大的困惑——当你被贬职的时候，你还能做什么。苏轼的答案是把贬职的日子过得小资，这就是他的风采。首先苏轼乐观、心态阳光、具有正能量，"枝上柳绵吹又少，天下何处无芳草"，是苏轼写的那种气魄。我称之为苦乐功——苦中作乐，烦中求医，善待自己，无欲则刚。苏轼一笑了之，人走四方，苦中作乐，念苦于功，"回首向来萧瑟处，归去，也无风雨也无晴"。苏轼的功夫就是用幽默化解烦心事，因为他会一笑了之，每天总找点开心的事情做，笑着就把烦恼化解了。心理学已经证明：你把笑作为练习，笑完后心情会好很多。

主持人： 我看过一篇文章，大家在说到底是因为你开心才笑，还是因为你笑了你才开心。

岳晓东： 它们是相辅相成的，在这个层面来讲苏轼的豁达乐观超一流，古往今来，士大夫没有一个人能企及他这个境界。他的主观幸福感很强，能随性告别纠结，乐观豁达。宋词分婉约派和豪放派，而豪放派的开篇就是苏轼当初在黄州被贬职时的作品。

主持人： 有时间不妨去看看苏东坡留下来的一些作品，可以尝试还原一些当时的情景。

岳晓东： 这就是我做的事情，看他的"大江东去，浪浪淘尽，千古风流人物"怎么写的，当时他在做什么，你带着自己人生的忧愁烦恼和人生的困惑去找苏东坡，让他给你做心理咨询，你就能找到答案，他就是我最大的咨询师。

主持人： 这样好像把古人和我们现在的心理咨询、心理幸福感联系起来了。

岳晓东： 我现在作报告逢人就讲苏东坡，因为他做的事情对文化人而言最接地气，当你不开心的时候，你还能做什么？他可以给你一个很好的示范，你可以下厨房，你可以搞文学创作，你可以搞旅游，你可以变成段子手，像他一样从不闲着。

主持人： 他的成就很多都是在这个阶段产生的。

岳晓东： 就是因为受了刺激或重击才会有这么伟大的传奇。

主持人： 如果没有刺激或重击，可能他也庸庸碌碌。

岳晓东： 那我跟你说个人物，有个叫李绅的人写了一首小诗"锄禾日当午，汗滴禾下土。谁知盘中餐，粒粒皆辛苦。"他后来做了唐朝的宰相，之后就没什么诗流传了，人生一路春风，太顺了。而苏轼受了巨大的刺激，三起三落，人生感悟才有那种极致。

主持人： 试想现在我们的生活有谁会比他惨？

岳晓东： 苏轼一生一直被人所信服，可他自己也有解不开的事情，临死之前，他写了个小诗，"心似已灰之木，身如不系之舟。问汝如平生功业，黄州、惠州、儋州。"苏轼一看，自己被贬三次，第一次在黄州，第二次惠州，最后在儋州。所以他觉得自己一生活得很灰暗，但没想到他在苦中作乐，烦中求医，这对后人有很大的启示。

主持人： 他反而把三个所谓的流放之地，称作自己的平生功业。

岳晓东： 他看自己还是很灰暗，但苏东坡一生都活得非常精彩。

主持人： 今天岳老师从传统文化中的一些名人引申到了现在的幸福元素表，探讨了幸福感。《定风波》这首作品特别应景："回首向来萧瑟处，归去，也无风雨也无晴"。

岳晓东： 不管外面的环境多么恶劣，希望每个人的内心淡然安定。佛家也好，道家也罢，选择纠结或者顺其自然，希望大家都能"也无风雨也无晴"。

"心灵绿洲"小课堂

积极心理学研究的是人怎么开心的问题,怎么化消极为积极,化负能量为正能量。

幸福元素表这一观点是岳老师提出的独创性观点。幸福元素表包括美德、人格特质等。核心是主观幸福感,即幸福在我心中,包括乐观、自信、感恩、宽恕、幽默、创新、投入、欣赏,还有利他(助人为乐),这些特质加在一起,使得你很容易去除纠结。在生活中我们要将能给我们带来幸福的元素不断累加,同时抽离出那些生活中让我们感到不快乐的元素,这样可以快速提升我们的幸福感。

主观幸福感讲的是我的幸福我做主,幸福感的主客观体验是人为赋予的,因人而异。家庭的幸福经营需要我们多包容和陪伴家人,而不是一味地赚钱养家,多花时间陪伴家人才是家庭幸福的关键。同时,在生活中我们需要注意积极心态的培养,及时消除情感垃圾给心理排毒,做好压力管理,将注意力放在做某件事情给我们带来的成长和收获上,食用"压力管理自助餐",培养健身、旅游、阅读等积极的爱好,保持乐观向上的生活态度,以提升我们的幸福感。

格桑泽仁
生活的智慧，智慧的生活

嘉宾简介

格桑泽仁，四川大学教授，著名心理学专家，四川大学心理健康教育中心专家委员会主任，四川大学得觉文化研究中心主任，中国心理学会心理学标准委员会副主任，中国残疾人康复协会心理康复专业委员会副主任委员，中国催眠大师，中国超常人才协会理事，世界华人心理学家协会心理健康专业委员会主任委员，中国科学院心理研究所中国心理咨询师精英工程特聘专家，央视《科技之光》《科技博览》《心理访谈》《走进科学》等栏目特聘专家，荣获"第八届健康中国论坛年度十大人物""四川大学卓越教学奖"等奖项。

主持人： 今天，我们非常荣幸邀请到了格桑泽仁老师，非常感谢您的光临。格桑老师这些年跟着中国科学院心理学普及委员会奔走在全国各地，经历非常丰富。格桑老师会不会特别留意身边人的状态呢？比如，是嘴角上扬的多？还是嘴角耷拉下来的多？是喜悦的多？还是忧愁的多？

格桑泽仁： 心理学专家和从事心理工作的人的特点之一是更加关注人们的内心世界，心理健康和生活质量是我们所关注的重点。近年来，我在不同的地方组织活动，发现人们的心态越来越好。与我接触的人们大多嘴角上扬，心情向好。当然，来咨询的人中也有情绪低落的，但在咨询后，他们的心情会变得积极起来。更多的社会群体，无论是机关干部、普通社会群体，还是学生，他们都变得乐观积极，这说明社会越来越好了。人们开始意识到压力可以自我缓解，社会工作和服务体系也变得更加完善。此外，广播节目《心灵绿洲》的受欢迎程度也越来高，而心理节目的增多以及全国心理学工作者在普及方面的努力，也是这一趋势的重要影响因素。

主持人：让大家在生活当中随时都可以学到一些心理学的小原理，并且把它运用到自己的生活中，真是相当的不错。

格桑泽仁：最关键的并不是仅仅学习心理学的知识和技巧，更重要的是将其变成一种习惯。当我们把心理学的方法融入自己的日常生活并形成习惯时，才能真正享受到它的好处。这些方法可以迅速改变我们对生活的感受、心理状态以及所经历的一切。心情会不知不觉地变得快乐起来，嘴角也会随之上扬。反之，当嘴角向下耷拉时，我们有意将其向上扬，会发现不快乐的感觉和耷拉的嘴角自然而然地改变了。一旦嘴角变化，心态也会相应改变。

其实生活本身并没有固定的标签，我们的感受和解读赋予了生活不同的含义和感觉。当我们使用主观的概念来评判和定义生活时，会根据这些标识去体验和感受。我们经常会说"我好烦啊"，但如果我们不给身体和感受一些正面的关注、关心，好像对这个词的使用有所亏欠。这是一种有趣的生活态度，也是我们《心灵绿洲》节目关注的一点。通过关注这一点，我们可以挖掘出很多让自己快乐的方法和技巧。

主持人：现在请听众朋友们拿出一张纸，中间对折展开，在左半边写上让你自己觉得开心、快乐、幸福的事情，在右半边写上让你不开心、不如意的事情。

格桑泽仁：我们要把这个顺序颠倒过来。首先写不快乐的，一直写到中间的分隔线位置，再写快乐的。因为有一个技巧，先苦后甜，要让苦开花。苦中开花是不一样的，先写负面的或者情绪化的东西，再写快乐的，人会记住最后写的话，把快乐写在后面，不知不觉你就记住快乐的感觉了。

主持人：在大家的这个单子当中，不快乐的事情可能远远会比快乐的要多得多。

格桑泽仁：是的，我们在写快乐的事情时，一定要想办法把写出来的快乐的事情的数量要超过不快乐的。比如不快乐的你写了10个，那快乐的你就要写11个，这很关键。例如，你看我们对一个美女说，你好漂亮，可你长了个雀斑，她肯定注意雀斑了，但若是把这句话倒过来就不一样了。

主持人：虽然你嘴角有个雀斑，但是你好有气质。

格桑泽仁：是的，就是这样。比方你说"你长了雀斑，要注意身体，不过不管怎样，你都是那么迷人"，感觉就不一样。

主持人：可能同样的一个事物，同样的一句话，怎么去观赏与表达都不一样。

同样的内容，不同的表达方式，效果差别很大

格桑泽仁：当然，这就是一个心理的方法，这更是一种技巧，确切地说它是一种智慧。

主持人：心理学家会面对一些来访者的咨询。可能百分之八九十的来访者都有点受负面性的东西干扰并来寻求解脱之法，他们会不会就给咨询师倒了很多垃圾？

格桑泽仁：是的，有很多的咨询师需要督导，因为长期接触的是心理垃圾。督导不仅可以帮助咨询师处理工作中积累的情绪和压力，还可以提供专业的指导和建议，帮助他们不断提高自己的专业水平。我们这套理论有一个独特的优点，那就是它的"空性"。大家知道水桶可以接满水，但改用漏筛了呢，水一停，漏筛也变得空空如也，没有任何残留。这种"空"的状态，让咨询师能够保持清醒和冷静，从而更好地为来访者提供帮助。生活是丰富的，有好的和不好的，来咨询的人100%都属于不舒服的人，或者是他有麻烦的事情。其实就是有一个问题让他不舒服，或者是一种情绪堵在那，或者是一个麻烦事情解决不了，但是他就会把它放大，甚至个别人夸大到"我这辈子怎么这么倒霉"，其实这辈子还没有过完，当他说"这辈子"时，说明他真的很不快乐，且持续时间较长。

主持人：其实他嘴上的这些反应和表达是内心里真实加工过的，它被无限地放大，但他自己都不知道当时忧愁和烦恼的是什么。

格桑泽仁：当人在表达的时候，不光是嘴角，其实全身都在表达，甚至是呼出的气味和语言的节奏与韵律也都在表达，表达的信息是多维度的。当我们录下处于情绪中的人所说的话，然后再放给他听，他会感到很惊讶，这些话是我说的吗？

主持人： 可能当人们处于愤怒的时候，他是不受自己控制的。

格桑泽仁： 我们在咨询过程中用了一个技巧，若遇到一些特殊的人来咨询，我们会把他们的语音录下来，然后再把录音播放给他们听，接着再让他们自己把录音删除，这个过程其实也是一个疗愈的过程。当然，我们也会注意伦理方面的问题。很多人在说话时内容并没有错，但是语调、语气、语速、表情、动作不对。人们如果通过镜面效应，把这些东西存储播放，感受会非常深刻，而且感悟将会有很多。

主持人： 那会不会有人看着自己的录像或者听着自己的录音，会有情绪发泄的感觉呢？

格桑泽仁： 绝大部分的人会立刻醒悟，哪怕有些人嘴硬，但是他们的内心也会有所觉察，这个技巧到后期的效果是很显著的。

主持人： 这是格桑老师做咨询时的一些小技巧。我们的听众朋友如果愿意的话，也可以自己在家里试试看，可能会有意想不到的一些效果。

格桑泽仁： 如果家人在情绪化地处理事情时，你反复地告诉他，他都不能改变，那不妨把他的语音录下来，但是不能马上放，要等几个星期以后，当家人开心地在团聚时，把它播放出来。他们会说不要再放了，受不了了，这是一个简单有趣的技巧，也是一个真正能让家庭和谐的方法。

主持人： 生活中每个人的眼睛都是向外看的。你看张三最近换了一辆什么车，李四最近住在一栋什么别墅。对比自己可能就会产生种种的不快乐，不开心的情绪就蔓延上来。

格桑泽仁： 生活本来就是这样，生活中很多人内心的欲望都是向外求，能求名就求名，能求利就求利，能求炫耀就求炫耀。他们总是觉得在人群中不凸显出来，就好像没有登上舞台，没有人愿意当观众。大家都会有一个体会，尤其是学唱歌的人，更是体会深刻，觉得自己唱得跟歌星差不多，结果录下来听时惨不忍睹。声音传递出去的时候是有能量的，最关键的是，自己听到的是声音的尾巴。如果我们把声音当成一支箭，别人听到的是箭头，我们听到的是箭尾，它的能量是衰竭的，是远离我们的。当我们觉得自己的声音已经像歌星一样时，其实是我们在箭尾上听到的一个虚假声音。而当录好的音重新播放出来时，我们听到了箭头的声音，于是我们会很惊讶，怎么会这样？音量的控制上不对，高音的飘浮上不稳，低音的下滑上没气，语言的组织上完全不到位、不精准。这个时候我们才开始发现，有些东西不是自己想象的那样。

主持人： 这个时候我们就得想，原来的我是怎样的，要找回初心。

格桑泽仁： 很多人会问我是谁？我究竟能做什么？我走向哪里？我在社会上是什么？在四川大学的本科阶段有得觉智慧课程，课程中讲的最核心的一套理论叫"自我理论"。自是自，我是我，但是自我还是有关系的。它是我们内心的一个对话。我好比是标签、面具、角色、价值观。比如，阿杜是一个标签，他有阿杜的面具，我们听到阿杜的声音，能够想象出阿杜戴的面具吗？可能想不出来。但是阿杜自己会戴他的面具，如果在台上扮演角色，他有可能是阿杜的角色，有可能是许仙的角色，也可能是白娘子的角色，一旦有了角色感就有价值观。例如，我现在跟大家说"不要想红色大象"，但大脑是以画面在工作的，红色和大象就会浮现出来，越否定越没用。很多人上台心里想不要紧张，上了台却越来越紧张，就是这个原理。

主持人： 比如，女孩子都爱美，你不要想"不要长青春痘"，你要想"我要美美哒"。

格桑泽仁： 这个不一样，它有生理的原因，暗示可以使内分泌功能紊乱。暗示不要长青春痘之后，生理的内分泌功能可能会紊乱，这会持续一个星期或者半个月。但是刚才说的是立刻见效的，我不要紧张，那你就会马上紧张，这是立马出现的事情，因为这是对话，对话是瞬间实现的，感觉也是瞬间出来的。

主持人： 所以，我们感受到的一些不愉快，可能是在认识事情的时候出现一些偏差，导致我们的判断出现问题。

格桑泽仁： 由于我们太习惯于自己一直不觉察的习惯，并将负面的情绪作为对话的主要内容，于是就形成一个互动的闭环或互动的自动装置，一旦触发自动控制装置以后，我们的不快乐就启动了，人自身就被不快乐驾驭了。比如痛苦的人、纠结的人、遇到麻烦的人，他启动的是自己不快乐的一套自我对话装置，甚至严重的得了抑郁症，因此我们要觉察和觉知自己是否在负性的圈子里面，很多人却不知道自己已经处在其中，所谓"身在庐山中，不识真面目"，这时候就需要自我理论。

主持人： 在生活当中，可以更多地让自己心中的两个小人儿多一些对话的环节，让他们都有充分的机会去自我表达。

格桑泽仁： 我们要让"自"和"我"这两个小人儿和谐。和是不一样的意思，先说不一样的东西，然后再说一样的东西，和而不同。谐就是比比皆是，大家的言语都相同，同时能够为了共同的目标走在一起，这就叫和谐。更进一步地训练自己的两个小人儿自我对话，会让他们进入一个自我平衡状态，这时我们会发现我们拥有一个了不得的东西，那就是觉察。

生活中可以更多地让自己心中的两个小人儿多一些对话的环节，
让他们都有充分的机会去自我表达

主持人： 我们在放歌的时候，请大家呼唤出自己心中的小白人和小黑人，这两个小人儿要么握手，要么格斗，对吗？

格桑泽仁： 是的，因为人在遇见麻烦事情的时候，这两个小人儿就开始启动了，做和不做。起床的时候，他们的格斗状态是起与不起。生活中无处不在的麻烦事情都是"自"和"我"的两个小人儿在打架，在商量，在切磋，最后，走向携手共进。

"噢？还可以睡半个小时"，让他有一种窃喜，赚的感觉，一旦赚，那个"自"就醒了，"自"是讲舒服的，赚也是个舒服的感觉，赚的舒服就会覆盖睡觉的舒服，把睡觉的舒服中和了

主持人： 那有没有行之有效的办法能够让这两个小人儿和平地相处呢？

格桑泽仁： 当然有，天平不平衡的时候是一侧太重了，另外一侧会翘起来，我们会用砝码压下去。这个砝码就是给"我"什么方法，给"自"什么方法。但是天平讲求的是精准度，然而生活上的很多事情没法精准，尤其是中文，中国的文字里好多词都是模糊的，因为模糊才有中国的味道，才可以真正地从词义中理解到那细腻的感觉。每个人的感觉是不一样的，杆秤就是调节的方法。我们知道心有三个点，左右两个点，一个点是事情的事，一个点是事物的物，这些都代表我的部分，我就要忙，就是事；我就要去赚钱、赚名、赚利，就是物。中间那个点是自己的"自"的部分，自主要管情、能量的部分。把心当成一个杂技演员的板子，中间那个"自"是来调节平衡的。如果我们重"事"那事就翘在上面，心就立起来了，像鱼钩，像弯弯的月亮一样。所有的财富名利都是为了那个事情的完成，这种人会很辛苦很忙碌，调不了。

主持人： 很多人在遇到麻烦的时候，我们忧愁、担心、焦虑的并不是麻烦本身，而是我们该怎么样去面对这个麻烦而产生的焦虑。

格桑泽仁： 你的这个点非常重要，因为遇到麻烦事情的时候，麻烦事情已经发生了，是不可改变的。当我们眼睛看到的时候，这个事情已经发生了，当我们耳朵听到的时候，这个事情已经结束了，如何去面对才是最关键的。每个人都会遇到麻烦，当遇到时，很多人首先想到的是"怎么这么倒霉，轮到我头上"。我们应该在自己内心里启动一套伟大的自我对话系统，应该说"我能做什么？接下来咋办？"要提问题，而不是"我怎么这么倒霉？为什么又是我？偏偏就是我倒霉"。这些话一出来，我们要赶紧接着说"我能做什么，接下来干吗"，不停地说，把前面刚才说的话覆盖住。比如，"我好倒霉，怎么就是我遇见这个事情"，在说这句话的时候，我们身体是紧张的，感觉是不愉快的。但如果我们想"我能做什么"，那我们就会有力量，就会有根。这个过程、体验就是两个非常有力道的字——面对，而且是此时此刻的面对、当下的面对，这也是当下转念的实战运用方式。

主持人： 面对不好的情绪，大家总想着要回避，要远离。好的情绪，大家都是求之不得。快乐的想法、快乐的态度是可以传递的。

格桑泽仁： 快乐是一种瞬间的享受过程，或者是此时此刻的一个享受过程。人们把快乐享受完了以后，立马就把快乐给忘掉了。因为不快乐在身体上是会有记忆的，它会储存在身体里。快乐是遍布全身的，局部找不到快乐的感觉。快乐的人有一套独有的思维方式，他们的自我对话一定是正向、积极的。具有快乐思维方式的人遇见麻烦事情，脑袋里会跳出这件事情会给我带来什么好处。地震时，大家都讲的是灾难，但我曾在成都金沙讲坛讲过一场讲座，主题是"灾难给我们带来什么好处？"这个里面核心的看点就是党和政府做了什么，军队做了什么，地方单位做了什么，心理工作者做了什么，每个家庭做了什么，每个客人做了什么，这些核心看点大家觉得既接地气，又有力量，这就是快乐的思维。

主持人： 有了这样一个思维体系以后就要往下走，行动很重要。

格桑泽仁： 当然，前面讲过负性的思维自动导航装置启动以后，我们会变得负面。同样，快乐的思维程序一旦组装好以后，也可以自由地导航，让我们进入快乐的状态，这种快乐的状态在别人看来就叫幸福。这时候我们会进入一个更高的境界，叫喜悦的智慧。你知道喜悦、幸福、快乐有什么差异吗？

主持人： 快乐、幸福和喜悦，这好像有点层层递进地往上的一个关系。

格桑泽仁： 实际上是往内的。快乐是短暂的，就像是一个东西落下去，瞬间没有了。但是它确实是快乐的，可以让人身心愉悦放松。幸福是人在快乐中被别人看到，然后有人说"你好幸福！"如果我们一直在快乐中，同时知道自己在快乐中，这个时候也叫幸福。幸福是描述，同时也是瞬间自己感觉到的。而喜悦是非常有趣的一个体验过程。喜悦就是"哑巴吃糖蜜"，不是说不出来，是不讲也能够把满满的感觉藏在心里。你问别人什么叫喜悦，就如同问聋哑人，甜是什么样感觉，他只是笑笑，这个就叫喜悦。喜悦，是不能用言语表达的。悦是一个心加一个兑，有竖心旁，是心感觉的兑换过程。喜悦是一种非常不一样的心理境界。人应该去享受喜悦的心境，必须先要有快乐的思维，长期用快乐的思维用到自己都不知道在用快乐思维的时候，你就会有一个持续的心境，有这种心境你才能够品尝到讲不出来的喜悦。一旦我们一直感觉喜悦，那么就可以活在当下了。这种人就叫喜悦智慧的人，或者叫智慧喜悦的人。我们也把这种人叫得觉人，因为他组装了一套不一样的思维，拥有一种生活智慧。这种人在人群中就会凸显出来，他会体会到自己的身体是轻松的，麻烦事情越来越少，能量越来越强，家族系统、婚姻系统、家庭系统和亲子关系、朋友关系会越来越好。而且自己会越来越轻松，甚至身体会越来越健康。因此这样的人真的很智慧，生活会展现出一种阳光般的温暖。

主持人： 我们身边处在快乐层次的人更多，就像我们在日常的表达中说，格桑老师生日快乐、国庆快乐等一些快乐的祝福，很多的思维还停留在快乐层面中。

格桑泽仁： 因为快乐是可以当下享受的，因此希望大家此刻就去感受它。在你过生日的时候，可以说祝你幸福，但没办法说祝你喜悦，会有怪怪的感觉。端午节时不能说快乐而是安康,这是更深层次的一种体验过程。而快乐是一个实实在在可以用到的东西,如同我们给一个人勺子、笔、手机。快乐是当下可控的,可以去做,去实操,去体验,去把控。因此生日的时候我们肯定说祝你生日快乐,但点完蜡烛完成许愿以后,他给自己内心的许愿不是快乐,是幸福。这才是最绝妙的点,因为我们送了快乐,他给自己祈祷就会说幸福。如果我们内心长期修炼了快乐的思维,那么会常常心生喜悦。

主持人: 这应该是人生一个非常高的境界了。

格桑泽仁: 是的,看起来他仍然是同一个人,事情也还是一样,但是他内心已经发生了彻底的变化。这种人拥有一种清晰明了的人生,他懂得自己需要什么,不需要什么。因此他能够坦然面对困难,拥有内在的力量。他表现得自然而真实,充满活力,但又不会给他人带来困扰。与这样的人相处,我们感到轻松、温暖、舒适。当我们成为这样的人时,即使多年不见,再相聚时仍然能够保持亲切和契合的感觉。很多人会好奇地问:"为什么每次见到你,都觉得很舒服?"其实原因就在于我们已经成为这样的人。我们享受每一个当下的喜悦,不会在快乐的时刻改变,也不会沉沦于悲伤之中。这是因为我们拥有面对事物的能力,能够控制当下能做的事情和感受到的东西。这种能力让我们在任何情况下都能保持镇定与自我,使我们成为别人愿意与之相处的温暖、舒适的存在。

主持人: 这就是生活中的智慧,在智慧中感受生活。

格桑泽仁: 是的,人生喜悦,喜悦人生。

"心灵绿洲"小课堂

心理学的应用在我们的日常生活中极为重要。作为心理学专家,格桑泽仁老师在长期的工作中发现人们的心态越来越好,嘴角上扬的情况更多。这反映出社会正在变得更加积极向上,人们开始意识到自我缓解压力的重要性。而与此同时,心理节目的增多和心理学工作者在普及方面的努力,也为人们提供了更多的心理学知识。

对于我们每个人来说,学习心理学的知识和技巧并将其融入生活至关重要。最关键的是将这些方法变成一种习惯。只有当我们在日常生活中不断应用这些心理学的方法时,才能真正享受到它们的好处。这些方法可以迅速改变我们对生活的感受、心理状态以及我们所经历的一切。当我们意识到心情不好时,可以尝试通过调整嘴角向上扬来改变自己的心态。当我们遇到麻烦时,快速启动快乐思维模式，透过这种微小的变化，我们会发现不快乐的感觉和耷拉的嘴角自然而然地改变了。这一变化将带来积极的心态和更快乐的心情。在生活当中寻找智慧，在智慧当中感受生活。

总之，学习和应用心理学的方法可以帮助我们更好地理解自己和他人，更好地应对生活中的各种挑战和压力。只有将这些方法融入自己的日常生活，形成一种习惯，我们才能真正享受到心理学的好处，迎接更加积极向上的人生。

Part 1　心理学原来这么有趣

韩布新
颜色心理学

嘉宾简介

韩布新，中国科学院心理研究所二级研究员、博士生导师、学位委员会主任，中国科学院大学心理系教授，中国心理学会原理事长、临床心理学注册工作委员会委员，中国老年学与老年医学学会副会长，国家老龄委专家委员会委员，国际应用心理协会原秘书长、七分会（认知老年学）主席，亚洲心理协会主席。

主持人： 韩老师，您好。今天的节目主题是——颜色心理学，颜色在日常生活中随处可见，颜色也反映了一定的心理状态。

韩布新： 如今，颜色心理学已成为一门学科，每个人都有喜欢的颜色，日常物件颜色搭配必不可少。

主持人： 颜色喜好会因人而异。我念书时，有一段时间特别喜欢白色，那时有很多白衣服。颜色不仅离我们生活很近，而且与学术有关。

韩布新： 颜色是门科学，称色度学，它在国外已有很长的发展历史。色度学从来就没离开过我们，但意识到其重要性并作为科学来研究却是最近的事情。

主持人： 与颜色相关的思考伴随人类个体一生的发展和成长。在个体脑海中存在许多颜色判断，如"三原色"。

韩布新： 对于专业人士和老百姓来说，"三原色"至关重要。颜色在脑海中的判断都可能会基于某些原理，例如因为"三原色"正好阐释了色光组成（RGB），所以红绿灯、图画调色、电子显示屏等都遵循着这个原理，即用红绿蓝三种颜色调配。

主持人： 是的，还有颜色的感官体验。

韩布新： 七彩是牛顿当年用三棱镜分开日光后形成的七种颜色。日常生活也很常见，比如彩虹。颜色从中国五行学说讲是五彩——青、赤、黄、白、黑，这是中国的五色说。有种营养学理论叫五色营养，讲的是如何均衡搭配颜色食物（蔬菜水果和五谷杂粮）。从理论上讲，五行学说青赤黄白黑、木火土金水、肝心脾肺肾都如此排列。

主持人： 关于颜色分类大家可能会有一些疑惑，例如在我国古代关于红色分类就有上百种。然而，现在我们看到红色无非大红、浅红、深红、粉红等。

韩布新： 对，这应该说是古人的智慧。中国地大物博，不同地域和人群对同样红色的感知不一样，命名也不一样。颜色命名有很多依据，可能依据大自然中某种矿物质或石头颜色，也可能依据自然界中的某种植物，如指甲油的红、花红柳绿的红、朝霞或者晚霞的红。自然界千变万化，人对它的感受也千变万化，因此命名大不一样。

主持人： 说到颜色，色盲和色弱患者可能对颜色感知与正常人有些不同。

韩布新： 色盲和色弱患者并不少见。不同色盲患者会对不同颜色表现出不同反应，比如红绿色盲、黄蓝色盲。色弱者有色觉，但是不像正常人那么敏感。

主持人： 世上有上百种红，色弱患者可能只能看到10种。色盲色弱患者对于颜色辨别区间不一样，这些状况是否会影响其生活？

韩布新： 这势必会影响，例如色盲患者无法学医，因为做手术的时候，器官组织的颜色不一样，分辨不清楚后患无穷。但色盲患者根据颜色特性会产生很多代偿，颜色除了色度还有另外两个物理维度，即饱和度和明度。某种颜色与灰色混合程度决定了颜色饱和度。灰色混合越少，颜色越纯，灰色混合越多，颜色就越往中间的黑白轴靠拢。黑白轴叫明度，指亮和暗。色盲患者可根据颜色亮度代偿性区分红绿蓝。

主持人： 颜色也带给我们感官反馈。在历史发展的过程中，颜色也发生了许多演变吧？

韩布新： 当然了。我们可以从纵向和横向看颜色演变。纵向看，最早可从《诗经》等古籍里看到色彩描述，例如玄色。

主持人： 玄色应该是黑色吧？

韩布新： 对。这是历史演变，同一种颜色有不同名称，因汉语本身也在发展，这被称为纵向发展。横向演变是指不同地方、不同地区人对颜色的感受和命名不一样。

主持人： 是的，住厦门和住北京的人，对于天空的颜色理解可能不一样。

韩布新： 所以，现在产生一个词——城市色彩。北京苍凉，所以它城市颜色中有灰色。从元朝开始，北京的主色调就是灰色，因为在感觉上灰能抵抗寒冷；而上海或巴黎的城市颜色大概介于粉色和赭石色间。现在"城市色彩"已成为一门学科，城市设计须有一个主色调。简单来说，像徽州民居粉墙黛瓦的色彩，是徽州城镇的主色调。

主持人： 是的。韩老师是全国颜色标准化技术委员会成员，请向大家介绍一下颜色标准。

韩布新： 颜色标准即 TC120，按照国际标准化技术委员会的编号编写，标准化是工业化程度的一个具体体现。所有工业产品，特别跟人类日常生活密切相关的工业产品，都须考虑颜色维度。如何使产品的颜色稳定，同时保证不同批次、不同厂家产品有可比性，都需要制定标准。最简单、也最重要的标准就是国旗标准，使用棉布、腈纶和涤纶材料制作出来的红色不一样，因不同材质的反光性和牢度不同。如何保证不同材质印染的颜色相同或者说感官统一、稳定、一致，就需要遵循一定规定或标准。标准化既是产品制造标准化，同时也是产品使用标准化，从生产到流通、从销售到使用，所有过程都存在标准化问题。如何制定统一的颜色体系？标准化技术委员会使用数值将某种颜色固定下来。

主持人： 关于固定色值问题，现在有种东西叫色卡，相当于把颜色用统一模板制作出来。

韩布新： 色卡上的颜色称为反射色，与显示器的发光色不太一样。反射色指在外界有光照情况下给眼睛产生的印象，运用减法原理；而发光色运用的是加法原理。

主持人： 我们介绍了颜色大框架，关于颜色还有很多内容。

韩布新： 每个人对颜色都有自己的独特理解。色本指一种美，自然界的美多种多样，悦我们眼目，悦目即美，就是色。然而现在理解"色"比较狭隘，往往与"女色"相关。其实色有多种，如服装的"色"、自然界的"色"。如个体倾向于喜欢某种颜色，或偏好某种颜色，那就是好"色"。例如，讲究衣服和用具，只要讲究到一定程度都可称"好色"。这实际反映了个体的品位、选择和偏好。颜色，除了眼睛能分辨感觉层面的心理效应外，还存在知觉层面的心理效应。比如，好多小女孩喜欢把房间装修成粉色，因女孩们认为粉色可爱、温暖，这应该跟其在子宫里朦朦胧胧感觉到的粉色有关，也许还跟后天父母喜欢给她们购买粉色衣物有关。在视网膜层面，颜色心理感受即色觉不仅与先天有关，也有后天作用。例如，在部队长大的人大都喜欢军绿色。所以，后天成长环境和经历会影响人的颜色偏好。当一个人看到某种颜色感到很亲切，可能因他曾经生活在类似颜色环境里，很多所谓的（童年幸福记忆等）幸福感受就与颜色挂钩了。

主持人： 这就是情感联系。

韩布新： 是的，在某种颜色环境中曾经体验过积极情感和幸福，长大后那种幸福感与该颜色是挂钩的，这个颜色可能会成为他的幸福色。

主持人： 每个人都应该找到自己钟爱的颜色。

韩布新： 是的。找到这一颜色不太容易，若能找到，那就是幸福之人。

主持人： 我认为可以从一个人的着装上了解到他理解的颜色。例如，某人可能穿了件亮色衣服，让他人感受到特别阳光朝气；如果穿一件灰色或暗色衣服就会被认为可能今天精神状态不太好。

着装颜色的视觉心理效果

韩布新： 谈到色，服装色彩大概最具普遍意义。喜欢天天穿灰色衣服，也是人的一种偏好，有其心理投射所在。流行色协会专注研究流行色，只有10%的人喜欢一种颜色也是流行，如"土豪金"。

主持人： 苹果手机用户对于"土豪金"这一颜色可能特别有感触。

韩布新： 我们开展过两轮有关颜色偏好的全国性调查，发现喜欢黄色这类色彩的人最少，古今中外，将金色或者黄色系当作首选情况甚少。其次是绿色、白色和蓝色。上述这些颜色比黄色使用概率更高。颜色偏好有时不一定有道理，比如土豪金或玫瑰金。

主持人： 这似乎来自中国人的定义，大家喜欢黄金，就借机炒热了这一概念。

韩布新： 对的，这实际上是个很成功的商业案例。自苹果推出土豪金系列，华为和三星，甚至于每个品牌的手机相继推出此配色，以迎合偏好此颜色的消费群体。

主持人： 颜色选择是否也与从众心理有关？例如，每年在某些消费者群体中会出现一些流行色，这应该也是个商业概念吧？

韩布新： 首先流行色当然是市场驱动的。流行色协会每年都会推荐一种流行色，甚至按季节推荐。首先影响的是服装，其次是其他工业产品，如家居装修、家具制造、建筑材料。每个人的选择或多或少都会受流行色影响，以反映某种时尚。对颜色喜好的差异反映了文化差异，当然也与从众这一复杂心理状态有关。

主持人： 原来颜色还承担这么多功能。

韩布新： 对。颜色确实有很多内涵，比如，为什么军人要穿绿色军装？因为军人的职业特征要求他们必须在一个绿色环境中。海军工作在海上，海军服装即为蓝色。职业装的色彩永远考虑功能。医生为什么被称为白衣天使？因白色代表洁净，神圣是后来附加的，洁净对医疗行业至关重要。但是护士和大夫，特别是在手术室里，反而穿绿色衣服多些，因为容易清洗。这都体现了功能特征。再比如运动服装的颜色功能，首先区分两个人或两支队伍，比赛运动服装须容易区分双方，用颜色做区分最简单。

主持人： 韩老师研究颜色是否对颜色特别敏感？

韩布新： 当然。第一印象中，颜色是一个凸显维度。如各个国家在设计纸币时，会将颜色作为一个重要维度，因为颜色可明显区分纸币额度大小，如十元、五元和一元等。纸币上除了数字大小可以区分，颜色最方便表达了。中国古人偏爱红绿配，这种颜色搭配一般人可能觉得很丑，但中国山水画，还有青山绿水，以及张大千的画作，都有着大红大绿的严肃。红绿搭配到一块很美，也有大俗大雅的感受。老年人扭秧歌必须大红大绿搭配，否则就不是味儿。所以，颜色要根据情境与需求区分。

主持人： 刚刚给大家讲竞技运动方面颜色的作用。一方面颜色有区分作用，比如中国队主场队服是红色，而客场队服则是白色。

韩布新： 竞技运动跟色彩的关系其实很有意思。雅典奥运会后，有人通过统计发现拳击运动员穿红色运动服获胜率更高。之后此研究被一再验证，甚至在《自然》（Nature）期刊上发表了。由此引发一系列研究，包括在柔道、大球、小球、个人、双人和集体项目上，发现穿红色运动服确实获胜率更高。

主持人：这是大数据发现的。

韩布新：科学知识的积累与发展分为观察、描述、解释、控制四个阶段。包括我们在内很多人开展研究还发现，试卷封面用红色或蓝色区分开，用蓝色封面试卷考生考试成绩会比用红色封面试卷更高一些。可见颜色确实会影响人的行为。

主持人：那怎么解释中国足球队穿着大红色的球衣？

韩布新：这已经超出潜意识心理层面，是意识层面的心理因素。人们依托于一个理论——红色心理效应，即在竞技环境下，红色能够激发人的斗志，振奋人的精神。

红色能够激发人的斗志

主持人：就好比在斗牛场中，牛看到的那块红布。

韩布新：斗牛的红布其实是红色心理效应最典型的例子，当然这是在竞技环境下的红色心理效应。在情感性环境下效果不同，比如红玫瑰，赠送一束红玫瑰并不代表竞争，这表明是要拉近关系。红色心理效应分两种情况：竞技情境与情感性环境，这两种环境表现出来的红色心理效应不一样。

主持人：股票市场也有红色。

韩布新：股票的红色更有意思，中国熊市用绿色表示，牛市用红色表示，绿色代表下跌，红色代表上涨，可要涉及考试或者做智力测验，红色并不好。于是我们比较普通大学生和股票交易员，发现他们在启动红色刺激后，成绩确实存在显著差异。股票交易员更倾向于选择红色。对于股票交易员，先用红色作为启动刺激，再让他们做智力测验，成绩就会有进步。

主持人： 刚才提到的颜色有关竞技运动，在服装或家具搭配上，颜色也是较重要的考量因素。

韩布新： 在这方面，人们的颜色偏好差异更大。厦门有家土豪金色的酒店，投资商愿意投入资金装修成这样，并相信它会吸引一批人来到酒店。全白家具有些家庭可能并不喜欢，白色有种冰冷的感觉。

主持人： 说到冷，我们会想到色系相关度量：暖色系和冷色系。

韩布新： 冷暖色确实存在心理效应，比如红色和黄色就是暖色系，它们给人的感觉就是温暖。工业时代到来前，人类能看到的白色事物就是冰和雪，这与观念潜移默化影响分不开，心理学称集体潜意识，指某种情结或观念已深入血液里，可能未出生时就有这一观念，那是人类集体的生活经验遗传下来的，如多重记忆系统中的知觉表征系统（PRS）。

主持人： 说到冷暖色系相关概念，南北方不同地域有无区别？比如北方冬天更长且更冷，是否需要暖色系物品映衬和补充；而南方夏天炎热，就需要冷色系如白色以祛除心中的燥热和躁动。

韩布新： 我第一次听到这种解释，有道理。元朝以来，北京一直以灰色系作为城市色彩，我理解的是因为北方居民需要取暖，同时北方空气不像南方潮湿，雨水也少，灰色系最容易保持稳定。反过来，南方处于青山绿水间，色彩对比赏心悦目，比如皖南山区的粉墙黛瓦，同时这个区域经常下雨，雨水多有助于保持洁净，颜色功能跟自然环境及建筑都保持着良性、可持续关系。建筑色彩很丰富，比如庙宇的墙通常是红色的，即故宫红，代表生命意义的庄重。古建筑色彩是个专门学问，选色用色背后有着深层含义。如某餐饮企业选择黄红两色，已成为代表企业文化的象征色。

主持人： 是的，可能人们看到黄色和红色，脑海中就会浮现某个品牌。

韩布新： 恢复古建筑时必须考虑修复颜色，且原汁原味，修旧如旧也好，修旧如新也罢，色彩相关的修复是工作的重要环节。

主持人： 关于城市颜色，现在有一种观念，即人们倾向于用颜色判断某个陌生城市。

韩布新： 如今，就城市而言，色彩已服务于形式了，高楼大厦林立，色彩可能并不是特别突出。

主持人： 现在很多建筑采用玻璃幕墙。

韩布新： 现在更关注的色彩趋势是外形，即色彩服务于形式，比方说北京有不少建筑的玻璃幕墙造型现代美观，色彩也很丰富，有蓝色、绿色和土豪金。建筑中，色彩仍是一个重要因素。

主持人： 建筑中颜色体现的内在功能会更重要。

韩布新： 对，因城镇外部建筑环境有个很严重的现象——光污染。玻璃幕墙数量增多，光反射强度增加，除了增加环境温度，对人眼也有不利影响，所以色彩是其中一个调节因素，比单纯玻璃反射要好。就以我家为例谈谈室内的颜色吧，我的书房选择浅蓝色，书柜使用原木色，这两种颜色搭配挺和谐，都是淡色。我女儿卧室用的是粉色，从墙面颜色到被罩床单都是粉色，这也是一种选择。客厅，我选用黑色皮沙发，配上黑色电视、玻璃的茶几，这又是一种选择。总之是整体颜色要协调，不突兀。

主持人： 那能不能从一个人对颜色的选择去判断这个人呢？

韩布新： 现在有一种类似的比较流行的说法，叫人格色彩，乐嘉老师就是这方面的专家。不能说这类研究没道理，因为它确实自成一家，能自圆其说。如果说每人都有自己的颜色偏好，色彩应该能够区分个人/人群，作为一个维度来区分人群未尝不可。颜色偏好因人而异，除了不同民族、不同地区，还有年龄差异，个体在不同年龄阶段颜色偏好也会有变化。孩童喜欢的颜色肯定比较鲜艳，所以各种玩具的色彩都非常鲜艳，这跟儿童生活记忆关联，使颜色在个人情感和幸福记忆中成为一个重要的维度。成年人会选择较庄重的颜色，其选择与其身份有关，比如白领和蓝领。蓝领穿着比较随便，白领大多有类似服装样式，人若不穿类似样式，会被觉得另类，老年人衣服颜色往往以深色居多，跳广场舞的老年人甚至身着大红大绿。

主持人： 是的，这也反映出不同人群的颜色偏好。刚才您提到一个维度——民族，我认为这也是值得思考的一个维度，比如少数民族的服装色彩通常十分鲜艳。

韩布新： 总的感觉，汉族服装庄重或中庸，少数民族的服装本色浓烈，体现了少数民族对生活的态度，表达出其绚丽多彩的生活。现在人人都有对颜色的选择偏好，色彩本就该丰富。

主持人： 色彩也要与时俱进。说到与时俱进，我又想到了行业选择。以前常说三百六十行，以前的行业数量与现今的相比，可能就是小巫见大巫了。

韩布新： 当然。有些行业对色彩特别讲究。比如景泰蓝、苏绣和蜡染行业把色彩分得很细。同样一种蓝或同样一种绿，可以分成好多种，但这对老百姓没必要。我们在开展全国色名调查时，给被试者100多种色卡，并让其命名这些颜色，最后收集了9000多种色名。

主持人： 生活中，每个人的颜色投射和想象不同。

韩布新：每个人颜色命名习惯也不同，根据大多是自身常识、职业经验及外界环境等。

主持人：我们谈论了许多颜色相关话题，颜色能够给我们的生活带来怎样的变化呢？能不能请韩老师再为大家来梳理一下。

韩布新：我认为有两种影响：变化是一种，坚持也是一种。人们可以通过选择或采用某种颜色强调或强化自身坚持。比如我到老师家做客时，老师带我看他儿子的房间。十几岁少年的房间全是黑色，从墙壁、家具到床上用品都是黑色，整个卧室都是黑色的。我从未见过这样的房间布置，就像个黑黢黢的洞，这是他的选择。当然这种选择或坚持也会改变。

主持人：他为什么有这种想法？您有没有考虑过他的性格特征？会不会是青春期叛逆，可能大人说黑色不好，他就选择黑色。

韩布新：西方有"暴走族"是指以骑摩托车为时尚，他们喜欢感受冷风与自由的快感。那些人全身都是黑色的，衣服上面再点缀几颗银色铆钉，这就体现了一种坚持。当然，人们还可以用颜色调整心态，比如心情不好时穿明亮或颜色鲜艳的衣物，情绪不稳定时穿冷色系的衣物帮自己沉静下来。

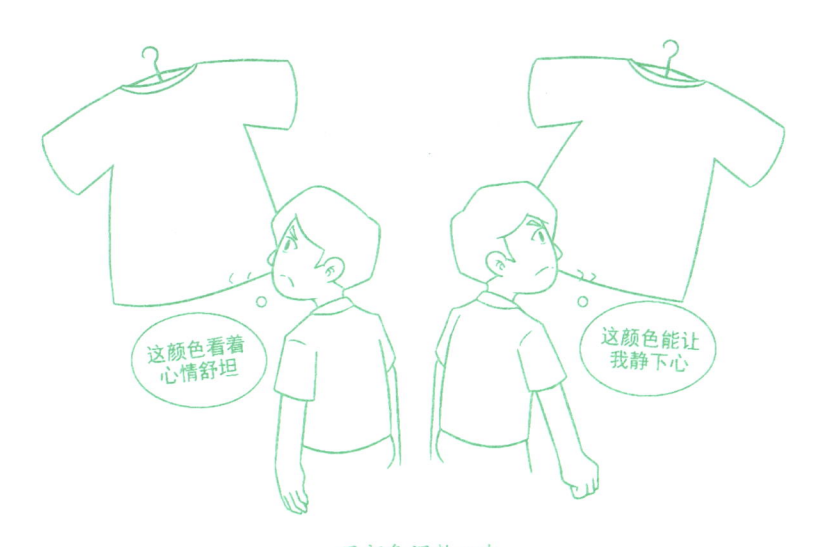

用颜色调整心态

主持人：这可能是个双向作用过程，一方面颜色可以自我调节，另一方面影响个体在他人心中的定位或印象。

韩布新：颜色心理效应及红色心理效应通过上述就有所体现了。我认为坚持对于个人来讲可能最主要，颜色的选择和坚持体现自身偏好。人们可以让颜色帮助自己成为一个稳定的形象，无论自我接纳还是外界稳定认可，哪怕是相对一段时间的稳定。

主持人： 颜色搭配讲究协调。

韩布新： 是的，男士正式场合的着装不能超过三种颜色，否则就不和谐了。

主持人： 想不到颜色还有这么多门道。您是全国颜色标准化技术委员会副主任，能不能分享一下最近的研究？

韩布新： 全国颜色标准化技术委员会负责产品与色彩相关的设计、生产乃至营销、使用的所有环节标准化。委员会近期正在修订国旗、国徽的颜色国家标准。色彩是大自然赐予人类的祝福。它既能愉悦人类眼睛，又能整合人类身体和心灵感受。人们要充分享受这一祝福，发挥颜色偏好方面的优势，吃、穿、用的颜色都要丰富，尽享为我所用之妙。坚持颜色偏好，以自然和谐为宜。

"心灵绿洲"小课堂

颜色心理学已经成为一门学科，反映人的心理状态。颜色分类和命名因为人们感受不同会有千变万化。色盲色弱患者的颜色辨别区间不太一样，这些状况对其生活会造成一定影响，比如职业选择等。颜色在纵向和横向方面也经历了很多的演变。纵向方面，同一种颜色名称不同；横向方面，不同地方、不同地区人对颜色感受和命名也不一样。颜色标准化是工业化程度的具体体现，可以使产品颜色可比且稳定，同时保证产品有可比性。制定统一的颜色体系、使用数值将某种颜色固定下来可以实现颜色标准化。颜色除了眼睛能分辨感觉层面的心理效应外，还存在知觉层面的心理效应。颜色的心理感受不仅与先天有关，也受后天作用的影响。幸福感受与颜色挂钩，在某种颜色环境中曾经体验过积极情感和幸福，该颜色可能会成其幸福色。人们穿服装颜色也能反映出心理状态。颜色选择与从众心理有关，每个人的选择或多或少都会受流行色影响。颜色还承担了很多功能，比如职业装色彩多有功能考虑，比赛中常用颜色区分比赛双方。颜色会影响人的行为，比如穿红色运动服者获胜率会更高。颜色偏好的个体差异很大，颜色有暖色系和冷色系。冷暖色存在心理效应并影响人们的选择。人们的颜色选择会变化，当然也可能强化。色彩是大自然赐予人类的祝福，享受颜色偏好，要做到自然和谐。

肖玮
神奇的决策心理

🧑‍⚕️ 嘉宾简介

肖玮，医学博士，现任空军军医大学军事医学心理学系航空航天心理学教研室主任、教授、博导，兼任全国征兵心理检测技术中心副主任、空军招收飞行学员心理选拔技术中心副主任。曾赴瑞典隆德大学、以色列国防军医学院学习交流。长期从事军事心理学教学、研究和应用工作，获得国家科技进步一等奖、军队科技一等奖等成果奖8项，发表中英文论文70余篇，主编主译专著5部。

学术任职：中国科协军事心理学首席科学传播专家、中国社会心理学会军事心理学分会副主任委员、中国心理学会心理学标准与服务研究委员会委员等。

主持人： 肖老师您好！肖老师是中国心理学会科普工作委员会副主任委员，请您给大家介绍一下学会！

肖玮： 中国心理学会是一个全国性的学术机构，学会下属的科普工作委员会成立于1979年，主要是负责全国心理学的科普工作，包括心理学理论知识的普及、心理学技术的应用和推广等。这是一个公益组织，我们都是在自身的本职工作以外，靠自己的热情与努力去做好这方面的工作。

主持人： 那您个人平常主要研究哪些方向？

肖玮： 我个人主要有两个研究方向。第一个是人员选拔和评价，就是常说的用人识人的问题。第二个是我近五年来比较感兴趣的一个方向——决策心理学研究，研究人们怎么去做决策，有什么样的规律。

主持人： 这两个方向对于现代人来说都特别实用。现在人们总觉得是我看不懂你，看不穿你。企业中的人力资源部对此也是非常头疼，因为要选拔合适的人来工作很难。

肖玮： 我们研究的人员选拔就是 HR 工作中的一个内容。如何去了解和评价一个人，如果把这个人放到合适的工作岗位上，让他个人的效能最大化，这对企业是有利的。从个人角度来讲，如果他从事了自己擅长且喜欢的工作，他的工作满意度就会比较高，对企业的忠诚度或者说职业承诺相应也会比较高，从而使个人和企业达到双赢。中国有句古话叫"女怕嫁错郎，男怕入错行"，实际上现在男女都害怕入错行，都怕选择了一个自己不喜欢的工作。

主持人： 不喜欢就会天天抱怨。

肖玮： 如果我们能从中学、大学就开始接受恰当的职业指导，也就是根据每个人的特点和兴趣，去选择适合的发展方向，那么中国的人力资源就会不断优化。但现在常常是一窝蜂，经济热的时候大家去报经济专业；选秀节目热时，大家又都去学艺术专业。

主持人： 选择 IT 专业的也很多。

肖玮： 是的。如果选择了不是自己真正想要的或适合的，也许有人很有才华也获得了成就，但很可能并没有满意度和幸福感。有很多家长想通过孩子来实现自己的梦想，但家长的梦想跟孩子的梦想并不是一回事。

主持人： 可能家长和孩子的性格完全不同。

肖玮： 对，所以可以通过心理评估、心理测评，去了解孩子。目前已经有一套完整的理论，大约在 1908 年，美国心理学家弗兰克·帕森斯就开始了职业指导的相关研究，以解决"人找不到工作，工作找不到人"的矛盾。帕森斯提出了职业辅导的三个步骤，即知己、知彼、决策。知己就是测评一个人的能力倾向、兴趣、价值观等；知彼就是了解职业的要求和特点；决策就是进行人岗匹配，让内向的人干内向的事情，如图书管理员；让外向开朗的人从事与人交往的工作，如负责组织策划，从事宣传工作等。如果内向的人去从事组织和宣传工作，他可能会感觉身心俱疲。同样让一个外向的人天天跟一堆物品打交道，没人说话，他也会很痛苦。我们希望人员选拔，不要只停留在院校的层面，而是走到社会上，通过国家相关部门联合对人进行评价。

主持人： 现在社会有没有慢慢地在推动人才评价工作呢？

肖玮： 已经在推动了。随着对心理学认识的深入，越来越多的心理学工作者会介入中国传统的人力资源部门，将人力资源最大化。这也是我们团队最近重点研究的一项工作。

主持人：那来说说您的第二项工作——决策心理，这也是今天节目的一个重头戏。在日常生活中，大家没有注意到的一些因素可能会影响自身决策心理层面的变化。在很多朋友看来这是比较虚幻的，其实这是实实在在地影响人的每一个决策。

肖玮：对，决策在生活中无处不在，人们的出行（选择什么交通工具、走哪条路、什么时候出发）。购物、做家务也都充满了决策，决策无处不在。在传统思想中，人们认为所有决策是自己做出来的，其实不一定。有时候我们会受到环境和自身思维定式的影响。比如有五条牛仔裤，其他都是原价出售，其中有一条标着"原价1000元，现价100元"，那这条牛仔裤可能会更容易吸引人。

决策受环境和思维定式的影响

主持人：好比"双11"的优惠，通过一个集中式的促销来激发消费者的购买欲望。

肖玮：社会心理学中的决策心理学衍生出很多的分支，例如营销心理学和广告心理学。大家以为是自己在做主去选择一些东西，其实不是。某些场景下，可能是商家替你做出了某种选择，而你却以为是自己的选择。

主持人：决策心理就是要把人的思维模式给大家剖析清楚，解释清楚。

肖玮：是的。决策心理学是心理学中成果最辉煌的一个领域。1978年的诺贝尔经济学奖得主赫伯特·西蒙就是研究决策心理学的，2002年的诺贝尔经济学奖获得者丹尼尔·卡尼曼，也是因为研究决策心理学获奖。特别是卡尼曼，他为整个心理学注入一剂强心剂，他的本科、硕士、博士都就读心理学专业。过去大部分人认为心理学是个软科学，没想到心理学能拿诺贝尔奖，而且没有使用高精尖的仪器设备，用的是心理学最传统的调查法。有人说卡尼曼靠一个聪明的脑袋，加上一张纸和一支笔就获得了诺贝尔奖。他提出的最有名的理论被称为前景理论，其中有一个很重要的概念叫"框架效应"。"框架效应"指的是对同一件事情，采用不同的表征方式，人的决策可能就是不一样的。比如，在一块肉上贴一个标签，写着"80%是瘦肉"，大家就会觉得这块肉很不错；如果把这个标签换一下，写"此肉20%是肥肉"，大部分人就觉得这块肉不好。实际上是同一块肉，拥有两种不同的表征，一个是强调优点，一个是强调缺点。人们应该辩证地看问题，此肉80%是瘦肉，马上就应该想到，还有20%是肥肉，然后再做出决策：买不买这块肉。但是很遗憾，人们不这么想问题，而是很容易受到"80%是瘦肉"的影响，或者"20%是肥肉"的影响，然后就做出判断和决策了。

主持人： 这个也是人脑的一个运行逻辑，很少会顾及事物的全部状况。

肖玮： 对。卡尼曼和其他一些学者，包括基思·斯坦诺维奇，他们把人的这种思维系统分为两大系统，直觉系统和分析型系统。直觉系统，卡尼曼把它称为快系统，人们去商场购物，一眼就看中一个东西，这就是直觉告诉我们的。类似于本能，它非常省力，可以快速整合很多的信息；而分析系统需要人们停下来，转念好好想一想，人类思维的普遍特点是懒惰的，人们愿意只用直觉做出判断，而不愿意三思而后行。

主持人： 后者可能更花精力、力气。

肖玮： 对，人们喜欢简化认知。大多数时候，特别是对生活中的决策，人们可能会直接做出判断，这样就导致了冲动，有时候就需要分析系统对人的直觉进行管控。但要启动分析系统来管控它，并没有那么容易。人们喜欢懒惰的思考方式，喜欢省事地靠直觉做出判断。生活中买菜、买衣服，大部分人一眼看中就买，价钱差不多就行。直觉有很多的误区和陷阱，如果普及决策心理学的有关知识，人们就会少一些冲动和后悔，少一些非理性的决策。就像日常买衣服，你可以想一想，这件衣服买了以后什么时候穿，上班穿太艳了，下班穿好像有点太正式，似乎没有场合适合穿，乍一看衣服很漂亮，但是没有机会穿，还是不买为上策。

再比如，钱和钱实际上是不一样的，人们在心里会给它贴上一个标签。有的钱是辛苦钱，一滴汗水掉到地上摔八瓣挣的，在消费时就会省着花，舍不得。还有一种钱，称为"easy come easy go"，也就是说钱来得容易去得快。例如人在路边买彩票赢的钱，若赢了100块钱，会用这100块钱再买几张彩票，当场就花光了。如果是辛辛苦苦挣的钱，往往就不会这么随意去处理，这就是"心理账户"

的概念。心理学家曾经让人想象一种场景，第一种场景是自己花费 200 元购买一张演出票，出门的时候一摸兜："哎，怎么票丢了！"这时候你还会不会再去观看这场演出？如果不去的话，就白丢 200 元。如果去的话，还要再花费 200 元购买一张票，相当于花了 400 元看了一场价值 200 元的演出。若是要追加 200 元，你愿不愿意，这是个决策问题。另一种情况，票还没有买，准备到现场买但你在出门的时候发现，"哎，怎么刚买的价值 200 元的一张公交卡丢了"。这时候会影响你去看这场演出吗？我们仔细想一想我刚刚说的两种场景，一种是把票弄丢了，另一种是把公交卡弄丢了，经济损失都是 200 元。但人们后续的决策是不一样的，丢票的人很多人会放弃，不愿意再去追加 200 元，丢了就白丢吧，我就不去了；而丢公交卡的人认为丢了 200 元的公交卡和观看演出没有特别大的关系，因为它隶属于不同的心理账户。我在演出的账户里还没有投资，还没有购买这张票，只是在我的交通账户上把 200 元丢掉了。我可以下个月选择骑自行车而不坐公交车把 200 元节省出来，但是演出还可以继续去看。这就是常说的心理账户的概念。

对生活小事，人们一般靠直觉做判断

主持人： 心理账户存在于日常生活中的每个方面，是一个虚拟的概念，在自己的钱包中默默地画出了很多小夹层。

肖玮： 人们往往会根据钱的来源——是工资收入还是意外之财，然后给钱贴上不同的标签。在消费的时候、储蓄的时候，也会选择不同的方式。

主持人： 也就是说钱会有两个渠道，一个是进的渠道，一个是出的渠道。比如中了彩票是进项；衣食住行是出项，进项与出项隶属于不同的心理账户。

肖玮：对，有正常的生活消费，还有奢侈性的消费。人们在消费的时候，对于辛辛苦苦赚的钱往往舍不得花，有时可能会被他人认为小气。其实这跟心理账户，跟他给这钱贴的心理标签是有关系的。

主持人：这个标签相对是恒定的吗？

肖玮：这个标签是会变化的。我们团队曾经做了一个小实验，发现随着时间的推移，一些被标定为意外之财的钱，会慢慢地转移到一种称作"正常收入"或者"固定资产"的心理账户里。我们找了一些学生作为被试，然后随机分成两组，两组的人数都一样。让一组人去抽奖，解释说因为团队成立三周年举办一个庆典活动可以抽奖：箱子里有5元、10元、15元、20元金额的四种奖，大奖也就是20元的只有一个。其实箱子里全放了20元的奖，当学生抽到20元的奖，他通常会将这笔钱划入一个意外之财的心理账户。

主持人：是的，学生可能会想：好幸运，四种奖，我摸到了最高的一个。

肖玮：而且我没有付出任何的成本就是抽奖得到了20元。我们给另一组人布置了一个非常困难的计算任务，他们辛辛苦苦地高负荷地工作半小时才能完成，接着给他们20元的酬劳，这个20元就很可能被划入"辛苦钱"的心理账户。然后进行实验的第二步，让他们玩一个有赌博性质的小游戏，问他们是否愿意赌。赌博游戏是研究决策心理学的一个经典的范式，使用的是爱荷华赌博任务和剑桥赌博任务等。

主持人：赌博应该也是一个极具冲动性的行为。

肖玮：对，可以通过设置情境压抑住这种冲动性。理论上如果赢的概率比较小，就押少一点或者不押。赢的概率大，就多押一点。我们发现，这两组人的赌博行为是有显著差别的，从愿意不愿意赌这一选择上就有了差异。

主持人：就是意愿性方面存在差异。

肖玮：对，抽到20元奖金的人100%都参加了赌博游戏。而工作半小时才得到20元的人，有相当一部分人拒绝参加。这20元要留着干什么？也许晚饭给自己多点个菜，犒劳一下自己。两组人在赌博的意愿上有显著差别。再继续观察他们在游戏中的行为，发现第一组的赌博行为非常随意，即便赢的概率很小，也愿意把20块全押上去，就是要赌一赌，看看自己的好运气会不会继续，反正钱来得很容易，输了就输了无所谓。而辛辛苦苦挣了20元的第二组人，他们赌博的时候明显就没有那么冲动。

主持人：他们这一组就显得"不大气"。

肖玮： 对，这一组会根据概率进行选择，赢的概率小就押少一点，碰碰运气；赢的概率大就多押一点。

主持人： 这组人会更理性地思考这个赌局。

肖玮： 第二组对这笔钱的处理更慎重。第一组很随意，很任性。不同的钱被标了不同的心理账户，人们的处理方式就不太一样。为什么赌徒的钱来得容易去得快，也是这个道理，这也是决策心理学中很有意思的一个方向。

主持人： 大家平时在街上都会看到一些彩票投注站，人们会时不时地挂一个红布条"恭喜某某客户在本站获得500万元的大奖"。

肖玮： 对，我们的研究还有一个发现：你有个好朋友非常沉迷于购买彩票，常常向你表示：要是中了500万元奖，一定会送你一辆车。如果他真的中了500万，你一定要马上向他要车，对方很可能真送你一辆车。但我们研究发现，如果你五天后再去向他要这辆车，对方通常就不给你了，为什么呢？因为刚刚中了500万奖金的时候，这笔钱是放在意外之财账户里的，他会很随意地处理掉。但是经过四五天以后，这笔钱可能已经转到了他的固定资产账户里，"这是我的资产不可分割的一部分"，再管他要车，他很可能就不给了。

主持人： 心理账户应该也会在日常生活的其他方面起到很多的作用。

肖玮： 是的。如果你是一个节俭者，无论这个钱是意外之财还是辛苦挣的，都应该节俭地处理，保持一种稳定性；如果你一直用钱比较大方，也应该一直大方。如果时而大方时而不大方，就会让你的朋友和家人捉摸不透了，很容易产生误会。

主持人： 或者在某些方面会比较大方，在某些方面比较节俭，比如有的人在吃的方面比较大方，在买衣服方面可能就会略节俭。

肖玮： 这可能是另外一个问题了，属于消费习惯的问题。有的人更讲究外表，体现在买衣服上，特别是年轻女性为了追求美会花费大量的钱，在吃这一方面可能相对会节省一些。还有一些真正爱读书的人，买书很舍得，但买衣服却舍不得。

主持人： 是啊，人的消费习惯有很大差异。

肖玮： 社会心理学研究的是整个环境对人的影响，其中最大的环境是文化的环境。不同文化背景下人们的思维模式、崇尚的价值不一样，决策也不一样。比如陕西人在别的方面可能舍不得花钱，但对房子却非常舍得；而四川人在吃上特别舍得，但对房子可能不太在意；东北人却对穿衣服格外讲究。各地的文化不一样，人们的决策投资也不一样。

主持人： 大众在决策购买与否行为的时候会受一些因素影响，销售人员是否可以利用决策心理学原理来增加销量？

肖玮：对，决策心理学就是研究人们决策最基本的心理规律，在实践中加以利用就形成了广告心理学和营销心理学。其中一个很常见的原理叫作锚定与调整。什么叫锚定？人们判断一个商品的价值时，会跟头脑中的一个点进行比较，这个点就叫作锚定点，可以来自个人经验，也可以来自商家的植入。比如一个牙膏，牙膏盒上印着建议零售价5元，但这家商店只卖3.5元，你会认为这个商家靠谱、善良，于是把它买了。再比如我们经常会看到很多商品一上市就七折，遇上"双11"活动还会打三折，虽然你不太相信它的原价会那么高，但打折仍然会使你的购买心情愉快。购物时，人们首先会给自己定一个点，然后再去根据我们认为的方向进行调整，比如有四瓶葡萄酒，售价各不相同。

主持人：打个比方，第一瓶100元，第二瓶200元，第三瓶300元，第四瓶500元。

肖玮：作为商家肯定希望消费者买500元的酒。根据锚定原理，在这瓶500元酒的旁边放一瓶1500元的酒，再放一瓶2000元的酒。相比之下500元的这瓶酒就显得比较有吸引力了，使你更容易选择这瓶酒，这是锚定与调整。再说一个经典实验：找一些人，随机分成两组，请他们同样估计一下，非洲国家中属于联合国成员国的数量。这样的信息大家都不是特别清楚，都没有概念，就凭借一个主观感觉去推测。在他们推测这个数值之前让他们转一个轮盘。这个轮盘上有0～100的数字。轮盘被动过手脚了，不管转几圈，它最终都会停到某个固定数字上。第一组固定在"65"上，第二组固定在"10"上。尽管转盘转到哪个数字都跟前面的问题没有任何的关系，但是受到固定数字的影响，第一组人的平均估计值是"45"，接近"65"。而第二组人的平均估计值只有"20"，接近"10"。

主持人：说明估计都会受到轮盘的影响。这让我想到了飞机失事的概率和高速公路上事故的概率的比较，通常认为飞机失事的概率高于公路事故。

肖玮：其实高速公路上出事故的概率比乘坐飞机出事故的概率要大。这是有数据统计的，但因为飞机失事经常会被作为重大的新闻来报道，人们很容易想起飞机失事的案例，这是影响人的思维的另一个重要特征，叫作启发式。人们容易想起来很鲜活的、很生动的事例，从而会直觉地认为发生概率高，进而人们会高估它发生的概率和危害性。

主持人：高速公路每天都在发生事故，人们就降低了相关的敏感性。

肖玮：降低敏感性是一个方面，主要还是因为道路事故不像飞机失事通常以重大新闻的方式来报道，人们通常更容易想到飞机失事的惨烈和恐怖还有很多的例子。不妨做这么一个游戏，不需要拿笔和纸计算，第一组听众快速告诉我一个大概数字，从1乘2乘3一直乘到8，第二组听众则从8乘7乘6乘5一直乘到1。其实结果一样大。但是第一组听众估计值往往偏小。人的思维过程是什么样的呢？人们会先1乘2得2，2乘3得6，6再乘4，得24，后面就不太好心算了，会大概估计一下。所以会估计后面的数字大概只有几百也就是三位数这个数量级。而8乘7，一想是56，56再乘6，数字已经很大了，就会估计最终的得数应该是几千或者几万。这些事例都表明人的思维是启发式的。很多所谓的奢侈品也会利用这样的心理进行营销。通过一些明星代言或一些很高大上的杂志展示，比如我们乘飞机、坐高铁时会看到一些精美的杂志，上面都在宣传所谓的高雅的生活方式，这些生活方式总是和一些奢侈品绑定在一起。

主持人：比如一个名包三五万元的价格。

肖玮：包从它的使用功能上跟塑料袋没有太大的区别，塑料袋轻还便宜，好拿好放，洗一洗再用，不行再换一个，功能都是装东西。奢侈品包又沉又重，还怕压，得保养，很麻烦。为什么一个名包一万两万觉得好便宜。一个塑料袋一元钱就觉得贵（买你这么多菜就免费送一个吧），因为我们的锚定点，有时又叫参照点，不一样。

锚定的点不一样，名包它不仅仅是一个包，更是一个标签，既贴给自己看，也贴给别人看：我的小日子过得不错、事业有点小成功、有点个人品位。它会通过高档杂志、明星共同锚定一个参照点。这个包就等同于一种非常高雅的生活状态，拥有了这个包就似乎拥有了这种生活状态。而塑料袋只有一个纯粹的实用功能——装东西。

主持人：这是商家带给我们的一个观念或强加给我们的一个价值判断。

肖玮：对，利用了心理学的原理，以达到更好的营销和促销。哪怕是这个领域的专家，也仍然会受到锚定和调整的影响。

主持人：因为专家的锚定点也会受某些因素的影响。

肖玮：举个例子：有一套房子，有照片、详细的各种信息。研究者把这份资料写了四种建议售价，分别给四组资深的房屋中介人员看，让他们根据这套房子的资料来给出一个合理报价。结果是拿到低建议售价的房屋中介时，他们给出的最终报价也较低。而拿到高标价的房屋中介给出的最终报价也比较高。这说明这些房屋销售的资深专家，也受到了给定锚定点的影响。但对他们进行访谈的时候，他们不承认所受的影响，说是根据自身的专业经验，根据房屋的地段、结构、面积和功能，给出了一个很专业的价格。但是四组专家刚好给的是低、较低、高、较高的报价，符合先前给定的建议售价的设定。专家有时候也逃不过"锚定与调整"这个最基本的心理规律。如果商家能巧妙地运用这种规律，就能更好地操控人的购买行为。当然如果老百姓多学习心理学知识的话，就会少受到操控。这实际上是一种博弈。

主持人： 刚才说的是比较外在的方面，锚定有时也会内化在我们的内心。我们对生活状况的感受也会有一个锚定，有一个预设。如果把自己生活中的锚定预设在一个合理的位置，生活可能也就不会那么累了。

肖玮： 对，我们常说"比上不足，比下有余"，月薪五六千高不高？要看你跟谁比：跟清洁工比，早上很早起来，风里来雨里去，一个月才有两千多元工资，五六千很不错了；跟一些高薪岗位比，五六千太少了。前几年央视记者穿街走巷去采访，主题是"你幸福吗？"幸福感是国家和老百姓都非常关注的一个问题。幸福是一个很纯的内心感受，跟房子、钱没有必然的关系。幸福感跟三样东西关系密切。第一是遗传，第二是生活方式，第三是人的思维方式。如锚定点的问题，看你跟谁比，跟不如自己的人去比，你觉得自己很好，应珍惜自己所拥有的东西。有研究发现，幸福感还跟很多因素都有关系，比如朋友交往、社会支持系统、婚姻、爱好、身体健康状况等。但还有更重要的，那就是感恩的心。也就是珍惜自己所拥有的东西，强调别人对自己的好。积极心理学的创始人叫马丁·塞利格曼，也被称为"积极心理学之父"，他提出写感谢信去培养感恩之心的方法，可以给你过去的老师、同学，以及父母写感谢信。在写感谢信的过程中，其实是将你过去不太留意的别人对你的好，把它聚焦，甚至把它放大，把注意力集中在这些对自己的好上，才能把这封信完成。这其实是一种思维的训练。我们的思维是可以变的，是由过去老是感受到痛苦，"别人对我不好"的思维转变到"有人对我好"上，这时就会产生幸福感。还有就是要乐观，一项研究发现：乐观的人的平均寿命比悲观的人要长10年。乐观比吸烟对我们的影响还要大。吸烟对人的寿命影响大概是3～5年，而乐观是10年。所以，乐观的态度非常重要。

怎么才能乐观呢？我们借鉴了塞利格曼等专家的一些方法，给学生用过，效果非常好。其中一种方法叫"三件好事日记"，让学生每天临睡觉前写今天发生的三件进行得比较顺利的事情。比如今天一到公交站，公交车就来了，过去总是要等好长时间，或者是车刚走，我没赶上，气得要命。今天一到就来了，这是一件好事儿；一上车刚站到一个人面前，这个人起身就走了，我就坐上了，这是第二件好事儿。估计这种事我们平时是不关注的，因为我给学生布置了作业，必须完成，路上没堵车也可以算第三件好事儿。每天都写三件事，连着写三个月，这其实也是一种思维训练。这些小事儿过去你根本不会留意，现在发现生活中还有这么多比较顺利的好事儿。将注意力从那些苦恼中解脱出来，去关注生活中点滴的好的小事情，我们才能慢慢地提升自身的幸福感。乐观的态度和感恩的心，都是跟幸福感有着高相关的因素。训练感恩的心可以用写感谢信的方式；训练乐观的态度可以每天写三件好事，三件进行得比较顺利的事情。这样慢慢就能使我们的思维发生改变，逐步提升幸福感。

主持人： 这些方法很好地利用了心理学的规律，如我们要追求幸福生活，不妨就把社会比较的锚定点设在一个比较低的位置上，同时把关注点放在一个比较积极的锚定点上，这样就比较容易达到幸福的状态。

肖玮： 对，第一是我们的比较，生活向低标准看齐，工作向高标准看齐，生活上不要给自己设定一个过高的锚定点。锚定点低，超过锚定点的都叫获益，如果锚定点定得很高，没有达到，就会很痛苦。再举一个例子，一个单位原来盛传要给员工平均每人涨2000元的工资，员工们非常地开心。但大家不断地传，不断地期待，最终单位由于遇到一些问题平均工资只涨了1000元。大家的参照点是2000元，会有1000元的心理损失感，而没有获益感。锚定点如果放得低一点，对生活不要有过高的期望和要求，那么任何一个好的方面都可能是一种意外的惊喜。生活中充满了"小确幸"，不是挺好的吗？

"心灵绿洲"小课堂

本文为大家讲解了决策心理学的相关知识，通过生动灵活的例子，让大众也能理解晦涩难懂的词语并获得实用的小技巧。通过这篇访谈，我们了解到人员选拔和决策心理背后隐藏的心理逻辑，体会到心理学在大众日常生活中的广泛运用。此外，也认识到只有深入地学习心理学知识，才能摆脱锚定效应、对比调节圈套，更加理性地对待消费问题，从而做出理性的消费决策。

杨海波
眼随心动——眼睛替你说话

嘉宾简介

杨海波，天津师范大学教授、博士生导师、心理学部部长。天津市131创新人才第一层次人选，天津市最美科技工作者，天津市首届青年创新能手，教育部课程思政优秀教师，全国应用心理专业学位研究生教育指导委员会委员，中国心理学会普通心理和实验心理专业委员会副主任，中国心理卫生协会青少年心理卫生专业委员会副主任，《心理与行为研究》副主编。

主持人： 今天要和大家聊到的是我们的眼睛以及眼睛会出现的一些运动，也叫作眼动。

杨海波： 聊到眼动，很多人可能会比较陌生。这是一个在心理学上比较专业的名词，描述的是当我们去看视野中信息的时候，视线的变化和运动的情况。

主持人： 您所在的心理与行为研究院，应该就是探讨眼睛运动会反映什么样的心理变化。

杨海波： 可以这么说，心理活动和行为表现存在一定的关系。心理是内在的，行为是外显的。我们一般都是通过对人们外显行为的分析来判断一个人的心理活动。例如，在我们的生活中，遇到一个陌生人时，我们会观察他的行为举止，感受他说话的语气，以此来对这个人有初步的了解。

主持人： 就像迎面走过来一个人，我会觉得这个人很面善或情绪低落。我们都可以通过眼睛从这个人身上看到。

杨海波： 我们初次和别人接触不是通过声音、言语，而是通过观察他的举止，包括衣着。这都是通过视觉的信息来推断心理活动，从而对我们的交流或者下一步行动做一个预期判断。这种预判更多的是基于最初的视觉信息来进行的。心理学研究发现，如果把从外界所获取信息的量看成100%的话，那么视觉系统获取信息占的比例是80%左右，剩下的才是听觉系统、触觉系统、嗅觉系统。盲人朋友由于无法获取视觉通道信息，因此他们的听觉系统、触觉系统等感觉系统就会特别发达。如果有小朋友在听的话，就尤其要注意保护好自己的眼睛。

主持人： 眼睛是心灵的窗户。

杨海波： 这句名言在古今中外都会被提到。我们通过观察一个人眼睛变化的情况，来判断他的心理活动。例如，早在几百年前，一些学者通过对生活中的经验总结归纳，当一个人眼睛往右看的时候，他可能正在琢磨着当前所看到这个场景里的语义信息；当一个人眼睛往上看的时候，他可能正在琢磨如何撒谎。从现代科学心理学角度看，这些观点都不完全正确，但这反映了从古到今，人们都试图通过眼睛来了解一个人的心理活动。有另外一个词叫作察言观色，这个"观"非常重要，"察言"是通过听觉，而"观"主要是通过看对方各种各样的表现。

主持人： 例如我跟杨老师聊天的时候，杨老师总是到处看但不看我，我就会认为他心里有事。这应该也是最直观的一个判断。

杨海波： 这种情况一般有两种原因：一种是这个人有不可告人的秘密；另一种是这个人在长期的社会交往和对外界信息加工的过程中，养成自己固化的模式。他可能从一开始就是在加工信息，不断地捕捉在视线各处环境中的信息。每一个人在对外界信息进行获取和加工的时候，都会建立一种自己独特的模式。所以，对每个人进行细微分析后，就能发现视线规律和心理加工的模式。

主持人： 是谁最早进行"眼动"研究呢？

杨海波： 目前还没有非常清晰严格的考证。最早在1890年前后，欧洲一位研究者进行了一项研究，有些人认为它是眼动研究的开端。这个研究是在一个有玻璃的橱窗上贴一张有广告的海报，在海报上面钻两个小孔，玻璃橱窗后面都是暗的，一个人躲在海报后面，通过两个小孔看外面。外面大街上的人路过的时候，停下来看橱窗上的海报，此时眼睛就会发生运动。海报后面的人就通过两个小孔去观察外面的人看海报时眼睛运动的情况，然后用笔记录下来。这可能是最早的人工观察记录眼动。这虽不是很准确，但这种做法和思路非常好，因为以前很少通过观察一个人眼睛运动的情况来判断他对海报图片的信息加工的过程，这就是文献上最早的记录。而这个实验直接启发后人可以通过观察一个人的眼睛运动情况判断他对外界信息加工的过程。

主持人： 这个学科从当时到现在有什么演变吗？

杨海波：眼动追踪技术的发展得益于科技的发展。刚才提到的实验就是最原始最基础的观察法，接着机械记录技术产生。例如，在隐形眼镜上外接一个小而轻的连杆，连杆连接着一个放大器，放大器后面是一个记录笔。人的眼球运动时会带着连杆运动，连杆把眼球运动的情况通过放大器放大，并记录到记录纸上，对记录纸进行分析就能得到眼睛运动轨迹。到20世纪50年代，计算机技术的出现极大地推动了眼动记录技术。具体方法是计算机控制摄像机来记录人的眼睛运动情况，同时分析画面，进一步地去推断这个人眼睛的运动情况，使眼睛运动的追踪更加科学准确。随着技术的发展，目前已经出现能记录眼睛运动情况的眼镜式眼动仪，推动眼动追踪技术在我们生活中广泛应用。

近几年资本市场的一些风投基金对于眼动追踪技术关注较多。从2010年开始，苹果和谷歌等大型公司就开始投资与眼动追踪相关的公司。尤其是苹果公司在2010年前后和2016—2017年间分别投资了较著名的两家眼动追踪公司。这可能是未来产品设计的风向标。苹果产品可能会植入眼动追踪技术，或者是一些我们现在想不到的技术。

主持人：这个可能是未来会改变我们生活的新技术。眼动技术对于现在的生活有什么影响？

杨海波：眼动对现在生活的影响目前来看不是很大，但值得我们去思考。假设有个男孩和女朋友一起去逛街，路上男孩发现自己女朋友的眼睛一直盯着对面走来的一个女孩的衣服。如果男孩的女朋友此时戴一个便携式眼动仪，那么就可以判断出她对这个女孩所穿衣服的兴趣变化特点。这就是眼动技术，它能更好地展现一个人对某个事情加工过程。

一些社会心理学家做过相关的研究：屏幕上会同时呈现几张漂亮的年轻女性照片和几张帅气的年轻男性照片，然后请一批女大学生和男大学生同时来看，同时让他们报告自己看的是男性多还是女性多。结果是，男生报告男性多，女生报告女性多。但观察他们看图片过程中的眼动情况，会发现他们的口头报告都是撒谎。80%的男性会首先看女性照片，并且看女性照片的时间远远超过看旁边的男性照片的时间。同样70%~80%的女孩也会首先看男性照片，并且看的时间也很长。有时候我们的言语、动作会说谎，但是眼睛不会说谎。眼睛是心灵的窗户。

主持人：那我们在研究眼动时有什么关键指标吗？

杨海波：首先要说的是眼动有两个典型指标：一个是注视时间，另一个是注视位置。注视时间就是盯着某个区域的时间。如果当前这个区域是文字，比如我们在读书的时候，读到某个区域时的注视时间较长，这说明这个区域的字的识别和理解难度大。如果说我们看一张图片的时间较长，就说明我们对这个图片区域感兴趣。注视点所在的位置是指个体注视所在的区域，可能有些人关注的是左边，有些人关注的是右边。注视位置会反映一个人加工信息的过程和加工偏好。

眼睛不会说谎

主持人：现代的阅读情景下，左上角是最吸引人的。

杨海波：这种阅读模式是由习惯决定的。

主持人：古书一般都是从右往左竖排，人们通常会把右上角作为关注点。说到左右，我在想男女在看到同一画面时关注点是否不一样？

杨海波：关于眼动的性别差异，目前的研究结果很不一致。可能在一些具体实验里他们会有一些差别，但这种差别不足以用性别差异来解释，所以不能轻易地得出男女性别差异的结论。

主持人：那研究眼动的意义在哪？

杨海波：研究眼动的最大意义在于它可以把我们用视觉加工外界信息的过程直观地展现出来。就像我刚才讲的注视点，有两个维度：第一个是时间维度；第二是空间维度，即分布位置。看目标的时间长短和空间上变化的情况，能够反映出一个人对信息加工的变化过程。在通常情况下，我们要看一组图片，看完后问你喜不喜欢，这是事后性的。事后性有一定的正确性，但有时候主观偏差较大。

而通过眼动研究，记录你看的顺序和看的时间，由此得出你最初的兴趣点在什么地方，在中间发生什么变化，到最后做决策的时候又是通过哪几个方面来提取信息的。这些都可以通过眼动追踪技术直观地反映出来。

主持人：我突然想到一个游戏，叫大家来找茬。有些人很容易就把两张图片的不同点找出来，但有些人就是看不到。这是不是也跟我们的眼睛运动模式有关系？

杨海波：这个游戏其实是一种视觉搜索和视觉对比的过程。从眼动轨迹来看，我们需要对同一个平面上不同空间位置的两类信息做对比。这个对比对于一些找茬游戏玩得较好的老手来说，抓住几个对比点和刚开始玩这游戏的新手是不一样的。这种通常在与视觉相关的工作训练中用得特别多。例如，现在很多出版社在产品正式出版前，需要找出稿子中的错别字，其实校对员对文字的阅读模式与普通人是不一样的，优秀的校对员和刚入职的校对员的校对过程也存在显著差异。

主持人：这让我想到了一个词叫"挖墙脚"。这个墙脚的脚到底是哪个脚？应该是我们手脚的脚。如果你写成角落的角，我们看起来也没有太大问题。而校对员就必须能发现。

杨海波：这就牵扯视觉信息和语义信息之间一致性的问题。现在关于句子理解也做了一系列的研究，里面有很多的信息值得去关注。例如，一个机器人走到集美广播电台，它对集美广播电台这六个字逐字加工，就会把集美这两个字识别成一个词，并且识别出来是一个地区，不是集和美的意思。它为什么把集和美放在一起，而不是把美和电组成一个词，就是它通过视觉的信息和语义整合来组合意义的过程。眼动可以把我们人类信息加工的模式总结出来，然后应用人工智能进行视觉和语义加工。视觉追踪的加工，能够反映出人们当前的一种真实的心理状态。

主持人：眼动这门学科在生活中还有怎样的应用场景？

杨海波：眼动技术的一个应用就是在刑侦工作中用于测谎，现在公安系统对眼动也有一些运用。可能在这几年，会在刑事侦查领域逐渐开始应用这种技术。最简单的就是从犯罪嫌疑人嘴里套话，而一种常见的眼动追踪技术就可以辅助这项工作。一般情况下的做法是通过眼动仪的屏幕呈现一些犯罪现场的图片，让犯罪嫌疑人去看。这种犯罪现场图片分为两类，一类是犯罪嫌疑人作案现场的图片，另一类是其他案件的犯罪嫌疑人作案现场的图片。对于犯罪嫌疑人来说，他去过的场景是熟悉的，并且在他作案的场景，他会对里面的关键几个点和几个位置有特别的关注。

当他看到和自己相关的案发现场的照片，他会特别关注作案的关键位置和相关的信息。而当他初次看其他案发现场的照片，他看的规律性可能就不一样了，跟正常人的浏览顺序是一样的。眼动技术在某种程度上可以作为刑侦过程中的辅助技术。

主持人： 假设一名犯罪嫌疑人在眼动测谎过程中特意地不看相关位置，该怎么办呢？

杨海波： 关于这种刻意回避，我将介绍另外一个问题。当一个人刻意地去修饰，或者刻意地去改变自己眼动模式的时候，眼动仪也会记录下来。当一个人和大多数人观看同一个场景的眼动模式不同，说明这个人的眼动模式有问题。这会引起研究者进一步去探讨你为什么有问题，可以运用一部分测谎的仪器。最自然的过程是最能显示真实情况的过程。一旦一个人的观看模式和自然情境不一样，那就肯定有蹊跷。

主持人： 眼睛不会说谎，同样也应用于商业行为。店家都希望自己的产品、广告和标识能够被大家看到记住并熟知。

杨海波： 眼动对广告的设计的促进作用较大。广告里有几个最基本的元素，第一是目标商品，第二是产品的标志，第三是代言人。广告最终目的是通过代言人来引起大家对目标商品的注意，从而记住目标商品。当消费者把过多的注意力集中在代言人身上而忽略目标商品或者标志后，这个广告可能是失败的。虽然广告设计得非常漂亮，大家都很喜欢，但看的不是广告里的目标商品，而是广告里的代言人。这种情况下，就要对广告进行改进。邀请代言人的目的是通过代言人来引起对目标商品的注意，使消费者形成对于商品的记忆。通过眼动追踪技术，就可以进一步地探讨消费者的注意分配到商品和产品的标志上的问题。

此外，超市货架摆放也会用到眼动技术。这里面就有一个著名的研究。在2000—2004年，法国有几个心理学家发现在超市不同层摆放的商品的销售业绩不一样，他们从许多角度研究原因也未能明白。后来有一个心理学家让消费者戴着眼动仪在超市里进行购物，他发现消费者对超市的货架与消费者眼睛齐平的这一层和往下一层货架上货物的注视最多，更容易促进其购买的欲望。除这两层的其他几层货架被看到的概率低。所以，现在超市会把利润较高的产品放在中间位置，这个研究直接改变了超市商品摆放的模式。

主持人： 那如果同时有两个身高差距较大的人呢？

杨海波： 一般情况下，要根据商品的具体的目标消费群体来摆放不同的商品。

主持人： 例如在销售女性用品的时候，要以一米五六为标准。销售男性产品的时候，要以一米七八为标准。

杨海波：从理论层面讲这个设计是可行的，但从实际层面来讲，大致的区间即可。但儿童产品的摆放和成人有差别，儿童看商品的眼动过程与成人存在较大的差异。

从发展心理学来讲，大人和孩子看世界的模式都是独特且不同的。这是为什么会在生活中看到父母和孩子为某件事情而吵架。因为对于同种事物，父母和孩子看的角度不一样，从而导致对同一件事物加工模式出现差别。通过追踪技术就可以看出父母和孩子关注的角度差别有多大。父母可能是用俯视来看待一些东西，而孩子是用平视甚至仰视来看的。对同一件事物关注角度的差异而带来的加工结果的不同，对应的决策就不同。从这个层面来讲，通过眼动追踪技术可以更好地解决父母和孩子的代沟问题。

主持人：眼动技术也可以应用于商业领域之外。

杨海波：商业领域之外，眼动仪在健康和医疗领域应用得也比较广泛。在健康护理领域，眼动追踪技术可以用于行动不能自理人群的照顾。西方一些发达国家人力资源紧缺，对于生活不能自理的患者不可能提供一对一的照顾，于是医院在每个患者的床前放一台基于眼动控制的电脑，电脑显示器上会显示不同的区域，代表不同的任务。例如第一个区域是喝水，第二个区域是换药，第三个区域是上厕所，第四个区域是吃饭等。当人的眼睛盯着第一个区域的时候，第一个区域被激活后，通过警铃把信息告诉护士，监测中心就知道患者的需求，护士就会来帮忙。这就为护理提供一个新的思路，同样可能也会应用在其他的一些行业领域。

眼动追踪技术在临床医学诊断领域也有应用。最早是在美国，眼动追踪技术被用于医学病症的早期诊断，应用较多的是孤独症。一旦孩子被诊断出孤独症，会给家庭带来很大的负担。但如果孤独症在早期就被识别出来，并且早做干预，将来就会减轻家庭负担。早发现、早干预、早治疗，效果也比较好。大致的流程是，首先会让一些临床确诊孤独症的孩子观看社会交往的图片。已有的研究发现，孤独症的病因是孩子的社会交往功能受到损害。具体表现为和别人，尤其是陌生人，进行交流的时候，不看着对方的眼睛而是眼睛以下的区域，比如鼻子、嘴巴，甚至往下。随着孤独症程度的加重，可能偏离眼部的距离越来越大。这一系列研究总结的是不同程度不同类型的孤独症孩子观看社交场景的图片时面部注视模式的变化。这个模式建立起来以后，把一些还未确诊但疑似患有孤独症的孩子观看这个场景的眼动轨迹和已经建立的数据库进行比较，进而判断这个孩子患孤独症的概率的大小，从而做好早期的干预和治疗。眼动在医学成果的应用还有一条相当长的路要走，是个很有前景的领域。这个研究现在已拓展了其他方面的应用，例如精神分裂症的早期的诊断和识别，阿尔茨海默病早期的识别和诊断等。

主持人： 每一种精神方面的疾病，所对应的眼动都能够划分出来。

杨海波： 目前已经有相当一部分的研究资料发现，凡是与心理加工过程有关的精神类疾病都可以通过视觉做早期诊断，但是诊断的价值和准确性尚处于进一步研究阶段。这说明临床医生已经关注到用更加客观的指标来进行疾病的诊断和早期鉴定。

主持人： 眼动的研究是否关注未成年人的教育？

杨海波： 眼动在未成年教育领域的应用还是比较多的。假设我是小学五年级的老师，批阅卷子时发现有 a 和 b 两位同学都做错了阅读理解的一道题目。但到底为什么错？我无法判断。如果我借助眼动追踪技术，就可以进一步判断 a 和 b 做错的原因是否相同。假设让 a 和 b 两位同学再次做类似的短文，通过眼动研究，发现 a 同学在做与这道题目相关的阅读时，遗漏了关键词。对于他来说，这道题出错的原因是粗心。而 b 同学能看到关键信息，但是他一直做错，这说明他理解错误。所以对不同孩子进行提高的时候就要采用不同的策略。第一个学生要训练关注关键信息的能力，第二个学生要提高理解能力。针对同样的错误，找到错误背后真正的原因所在，这是教育领域最简单的应用。随着电子产品的普及，阅读越来越碎片化，也能通过眼动来戒除不良的习惯和模式。改进电子产品阅读的信息呈现方式可能是未来教育界要关注的一个问题。另外一个问题就是我们通过电子产品进行阅读和通过纸质阅读时获取的信息是不一样的。一般情况下，我们通过电子屏幕去看信息的时候很难发现里面的错误，但如果我把同样的文档打印出来放在纸面看就很容易发现错误，这就是不同的信息接收方式造成的差别。对此，我们可以通过眼动追踪的方式，把他们在不同情况下整个视线运动的规律记录下来，以便对后面的呈现和改进提供建议。

主持人： 说到眼动，我想到信件分拣员。一堆信很快就被他们分拣进不同的格子，这个应该也和眼动有关。

杨海波： 这是因为分拣员的眼睛在长期职业的训练过程中对外界信息关注的模式出现了变化。传统的信件分拣员会关注邮编区，比如 361 是厦门的，他可能只以 3 开头的数字分拣；第二个会以 36 开头的方向去拣……对关注的区域，他会长期刻意地转化自己的注意，对其他区域就不会关注。这种是通过长期的职业化的训练，使自己对外界眼动注视模式发生了变化。

信件分拣员的眼动规律

主持人：那在这方面有没有办法能刻意地来训练？

杨海波：以小孩子为例，经常玩平板的小孩子会下载一些训练游戏，一些比较好的注意力训练游戏都有非常坚实的心理学研究的基础，并且会通过眼动追踪技术评估训练是否有效。因为大多数注意训练的程序都是基于视觉训练，需要首先考虑能否引起他视觉注意长时间地维持或快速地切换。通过眼动追踪的技术，可以把这个过程迅速显现出来。现在有些商家基于眼动追踪已经设计出能实时反馈的注意力训练的程序。由于眼动追踪的设备目前相对比较昂贵，所以距离普及还有一段距离。随着科学技术发展，眼动技术在未来几年会越来越普遍，能更好地为我们的生活提供便利。

"心灵绿洲"小课堂

眼动指人们看信息的时候视线变化和运动的情况。因为心理和行为的内在联系，所以我们可以通过眼动来判断一个人的心理状况。在日常生活中，我们首先通过观察一个人的眼睛来判断一个人的行为表现，以此为接下来的交往做预判。眼动从时间和空间两个维度反映一个人对信息加工的变化过程。时间维度便是通过注视的时间长短来判断兴趣程度或熟悉程度；而空间维度便是视线的分布情况。

关于眼动的研究最早是由19世纪的一个欧洲学者开始的，有人认为这是眼动研究的开端。随着科技的不断发展，眼动追踪技术也不断发展，目前还出现了眼镜式的眼动仪，这极大地推动了其在我们日常生活中的应用。而目前资本对此也有不少关注，比如苹果和谷歌等公司对此的投资。

　　在刑侦领域，眼动技术被应用于与测谎相关的活动。例如公安机关用眼动追踪技术来对犯罪嫌疑人进行测谎，以此辅助工作。在商业领域，眼动技术同样还有助于促进广告的设计，同时还影响着商店里不同位置产品的销量。在医学领域，眼动技术被应用于对不能自理人群的护理以及医学病症的早期诊断。在教育领域，眼动技术还有利于个性化教育的实施，提升孩子的注意力。

高路、林捷兴
心理学专题展大揭秘

嘉宾简介

高路，中国科学院心理研究所博士、应用发展部副主任、高级工程师，中国心理学会心理学普及工作委员会副主任委员，北京科学文化传播促进会副理事长。长期从事心理学设备研发、心理学科学传播等工作。作为项目负责人主持过国家自然科学基金委、中国科协、中国科学院等多项科研／科普课题，在国内外学术期刊发表文章多篇。

林捷兴，现任厦门科技馆管理有限公司副总经理，兼厦门诚毅科探运营管理有限公司党支部书记、执行董事，曾获评中国科协"全民科学素质工作先进个人"和"厦门市劳动模范"。

主持人：在今天的节目中，来做客的是高路老师还有林捷兴总监，欢迎两位的到来。今天请两位来到节目中，和大家聊一聊最近在诚毅科技探索中心举行的大型心理学专题展览《遇见更好的你》。首先请林捷兴总监来介绍一下展览的具体情况。

林捷兴：这是福建省也是厦门市首次引进中国科学院心理研究所和中国科技馆联合打造的《遇见更好的你》心理学专题展。4月12日开幕当天，厦门市各大中小学心理老师率先进行了体验，"五一"小长假我们也迎来了客流的高峰，接近三万名的家长和小朋友目睹了这个展览的阵容。

主持人：大家能看到这样的展览都非常地兴奋，今天很有幸请到老师来到我们现场。

林捷兴：诚毅科技探索中心能引进这个展览，缘于两年前在一次机缘巧合中我认识了高老师，从那时起我就成为高老师的粉丝了。

主持人：为了这个展览，我们准备了快两年时间，打磨和策划也用了很久的时间。

林捷兴：这个展览非常受欢迎，也得到各地各大科技展馆的青睐。

高路：这个展览第一次展出是在北京的中国科技馆，后来陆续在全国多个省市进行巡回展览。这次来到福建、来到厦门集美，也是我们的荣幸。

主持人：这次展览好像也是在福建的首展。

高路：应该也是在福建省唯一的一次展览。

主持人：相当棒，刚才林总监也说了，这个展览高路老师从策划到实现花了很多的心血和时间。

高路：是的，因为心理学是一个需要用心体会的学科。很多人都说心理学看不见、摸不着，那么把看不见、摸不着的东西，以一种让大家看得见、摸得着的方式呈现出来，我们也是下了一番功夫。这个展览策划历时两年多，但更重要的是我们有前期将近十年的积累，才把它做成了一个这样规模的展览。这个展览最早来源于中国科学院心理研究所的一个展厅，我们把研究所的一些科研成果、心理学应用案例，包括心理学一些基础原理、有趣的现象，变成了大家能够接触到、体验到的展品。后来越做越多，就形成了一定的规模。大家都觉得这是一个把心理学知识传递给公众的很好的探索。中国科技馆和我们就一起联手开发设计了这个展览，这也是我国第一个心理学专题的科普展，展览的名字叫《遇见更好的你》。因为想把展览设计得更加科学、有趣，当时我们考虑了很多主题。考虑到公众对心理学了解的程度，我们也做了大量调研来了解各个年龄阶段的观众，特别是青少年观众感兴趣的点。根据公众的反馈和兴趣，结合我们已有的策划，利用创新的展示手段我们共打造出36件展品，涵盖了心理学的很多方面。

主持人：林总监能不能介绍一下展馆大概的布局和面积。

林捷兴：展览设置在二楼最显眼的位置，主入口在二楼，一进来往右手边看，就能看到了一个大概有一千平米展示面积的展厅。36件产品也做了合理的动线分布，从序厅开始一件一件体验，带给游客一个美妙的心理体验历程。

主持人：有没有适合观展的年龄范围？

高路：我们希望大家都能来参观展览，小到刚会走的小朋友、大到年纪很大的老年观众都可以来看展览。不同年龄的观众能从不同的展品、文字说明以及互动体验中找到自己想要知道的心理学知识、了解心理学方法和心理学科学精神，帮助公众在生活中更好地应用心理学，让生活更加幸福、和谐。

主持人：来到展馆的人群分布是怎样的呢？

高路：青少年是主要的群体，很多爸爸妈妈也会跟孩子一起来体验和参观。同时我们发现很多退休老人也会来到展馆，全家观展是一个很普遍的现象。

主持人：大家来到心理展会想知道这些展品的原理以及它能够带给我们的心理学的知识。比如一个小玩具或道具，能够带给我们哪些心理学的知识。

高路：我们在考虑展览主题的时候，是尽可能从观众的角度出发的，大家对心理学的了解，可能还更多地集中在心理问题、心理疾患方面。心理学包括这些内容，但绝不仅仅是这些内容，心理学和我们生活的各个方面息息相关。一方面我们希望通过这个展览，把一个全方位的心理学呈现给观众；另一方面，我们希望观众能够从中学习一些有实用价值的心理学知识。所以，我们专门选定了一些重要的主题，并把这些主题不断地扩展。我们选择的主题都是跟每个人紧密相连的，比如为什么我们每个人都是不一样的、每个人的个体差异是怎么产生的；我们的性格、气质类型为什么会不一样，会有怎样的不同；我们的智力是怎样的、创造力又是怎样的，这些也都是家长和孩子很关心的问题。另外，心理学很重要的一方面就是情绪情感问题，我们会很关心在生活中如何去调节情绪、如何管理情绪，这样能更好地和身边的人生活在一个和谐的氛围当中。此外，我们还希望通过展览让观展者更好地去换位思考，去理解他人。我们在生活中有时会遇见这样的情况：有的家庭家长不理解孩子，孩子不理解家长，父母对孩子的方方面面都看不惯，因为看问题的角度比较单一，这给很多家庭带来了困扰。通过这个展览我们希望会给人带来一些启发，学会去换位思考，有助于人们在生活中更好地去理解别人，更好地生活。此外，心理健康也是公众很关心的一个主题，比如如何保持健康的心态，面对压力和问题的时候如何去进行压力调节，希望通过这个展览让公众了解一些情绪调节的方法。最后，我们也希望观众通过参观这个展览对幸福和自己的人生规划有一个新的认识，更好地把握自己人生，对未来的成长和发展有所帮助。

主持人：这也迎合了我们这次展览的主题《遇见更好的你》。刚才高老师介绍了5个展区的分布情况，每一个展区都有它要表达的东西，这5个展区也是一个有机的整体。

高路：我们首先要发现自己与众不同的地方，然后才能更好地去塑造自己、理解他人，更好地去完善人生、追求幸福。

主持人： 这个展区的面积非常大，请高路老师为观展者推荐一个参观路线。

高路： 我们在展览设计中充分考虑了如何观展的问题，这五大展区也是紧密相连的。

小朋友会对第一个展区更加有兴趣，因为在这个展区他能更好地发现自己与众不同的地方，比如自己的反应速度、气质类型、记忆广度、专注力等，家长也会从中了解自己和孩子的特点和特长。

对于第二展区，我们希望家长和小朋友一起来参观。这部分有一些跟情绪相关的展品，通过有趣的互动体验来了解相关知识。比如让你去估计一段时间的时长是多少，在不同的情绪状态下对于同样的一段时间，你会觉得有的过得很快，有的过得很慢。我们在平时生活中也会遇到这种情形，但可能从来没有从心理学的角度去思考过，这都会给我们新的启发。

第三展区更注重互动，这不仅仅指的是观众去和展品互动，而是家人之间互动，父母和孩子合作、小朋友和同学合作，通过这样的方式来了解沟通与合作。这一展区有很多很有趣的小游戏，比如我们经常在商场中见到抓娃娃的娃娃机，在设计中变成两个人共同控制去抓一个小球，一个人负责操纵杆的上下移动，一个人负责左右移动。我们还设置各种规则，让一个人看得到操纵杆，一个人看不到操纵杆，这时就需要用语言的方式来沟通。这一过程你就会发现不同的孩子有不同的表现，特别是不同年龄段的孩子也有不同的表现。小一点的孩子他不会从对方的角度去考虑，完全是围绕着自己，这样对面的伙伴就完全无所适从。但稍微有一点经验或试错过的孩子就会总结规律，先找到都能理解的沟通方式，然后大家在同一个坐标系下去完成任务，试过几次之后就可以比较好地完成任务了。体验过程本身就是了解沟通背后的秘诀的过程，这也是心理学中一个很重要的知识点，我们力图通过有趣的游戏的方式呈现给小朋友和家长。

刚才提到的一些关于心理健康的困扰，是成年人或者大一点的孩子才会遇到的。因为这些知识点不容易展现，这个展区的设计我们也是花费了很多心思。就拿压力来说，我们都知道人不能完全没有压力，但是压力过大可能整个人就崩溃了。我们用了一个很形象的展品来展示这一知识点：向一个类似于翻斗的小桶里面不断地注入小球，这些小球就代表我们面临的压力，没有小球的时候翻斗是翻倒的，就像人没有压力的状态。随着小球的注入，翻斗立起来了，代表人的潜力也在不断地增加。但是压力过大的时候，这个翻斗又倾倒了。这就是一个压力程度的问题，要掌握好压力的度：人没有压力效率可能也不高，但是过多的压力也不好。此外我们还教小朋友和家长一些放松的方法，如呼吸法、宣泄法，都是通过一些很有趣的互动体验来呈现。比如放松荷花这一展品，它利用了一个心理学研究成果，就是心理紧张、放松程度的变化同一些生理指标紧密相关。我们把生理指标提取出来，作为控制展品荷花开放的一个参数。这一展品要求你足够放松，你越放松荷花会越快地绽放，但如果你不够放松，荷花一直会是一个小花苞，如果你开始放松后来不放松，绽开的荷花又会收起来。通过这样一个直观的展示让大家了解怎么调整心态，怎么找到适合自己的调节方法。

此外，涉及神经症方面，我们身边会有这样的人，他对某些情境会很紧张，比如恐高。如何去克服这种问题呢？心理学有很多的方法，其中就有暴露疗法和系统脱敏疗法。我们用虚拟现实的技术，让体验者站在VR的场景中，让他看到很高的楼群的景象，并去适应。没有恐高的体验者会觉得很有趣、风光无限。恐高体验者就没法承受这种体验，他会需要其他的方法去帮助他逐步克服恐惧。但作为一个科普展览，我们不能指望通过展览的体验很快地解决很多问题，这些展品会给大家启示，我们如何去看待、如何去寻找解决心理问题的方法。实现自我这部分也是我们这次展览的一个重头戏，这里面包含了我们关注的很多心理学实际工作场景，比如选择适合从事的职业，做播音主持工作可能就需要一个相对比较外向、比较细心的人去做。而很多职业可能一些内向的人会做得更好，比如做一些文字编辑工作。在这部分展区里会给观众呈现很多职业能力或者职业兴趣方面的内容。从事什么样的职业最好呢？如果你的兴趣、能力和你的职业是重合的会是最好的，这样的话你不仅会有兴趣去做，你还有能力把它做到最好，这是一个最理想的状态。

主持人：刚才高路老师和大家介绍了这个展览的一些看点，有36件展品分布在5个功能区当中。

高路：我挑选一些有新意、有趣的展品来介绍了一下。其实有趣的展品还有很多，比如在第一个展区，有一件展品叫"眼疾手快"，它是一个很简单的展品，主体就是一根棍儿，这根棍在不同的位置有不同的颜色，被挂在一个台子上，棍会在随机的时间落下来。体验者要做的是在它落下来的时候尽快地抓住它。因为什么时间下落是随机的，所以真的要做到眼疾手快，有时不注意就抓不住了。抓到棍的不同位置和反应速度是直接相关的。每个人的反应速度可能都不相同，有的人会快一点，有的人慢一点。

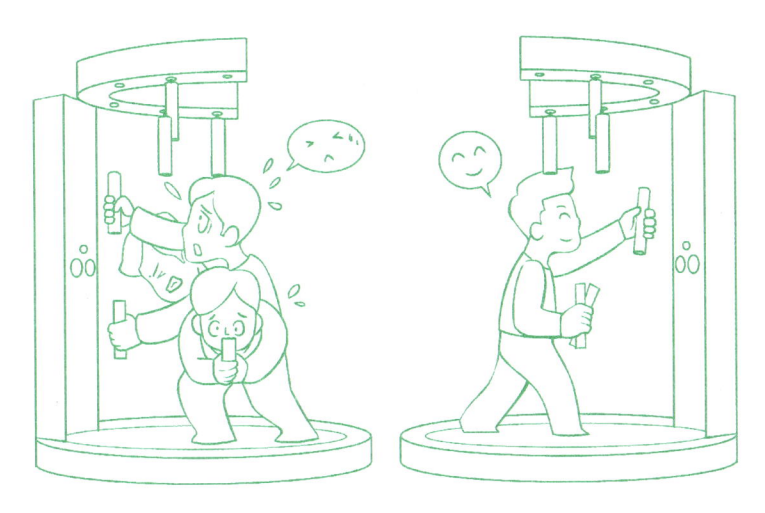

"眼疾手快"展品

主持人：就是从你注意到下落到做出反应这个时间？这个时间能缩短吗？

高路：通过一定的训练，反应速度可以在一定程度上有所提高。就像短跑运动员，有的起跑会快一点，但是别指望会有很大的提高。这个展品看起来像是一个物理学的展品，从心理学方面解读的知识点就是反应速度。此展品涉及另一方面的知识点是让大家知道人的注意是同行为绩效紧密相关的。因为是随机下落的，如果你不注意，在它落下来时你就抓不到了，所以不仅要反应快，还要注意力稳定。小朋友有时候注意力的稳定性不够，就可能与这根棍失之交臂。如果注意稳定性比较好，就不会错过每一次小棍下落。还有一个很有趣的展品叫作"脑电喷泉"，我们的大脑中会有一些电信号，通过分析这些电信号能够反映出心理和行为变化。这个展品就取了其中一个最基本的信号，这个信号和专注程度相关。展品中有一个喷泉，如果你注意力足够集中、足够专注的话，你会发现喷泉会逐渐地喷出来。如果你不够专注、注意力不够集中，喷泉就喷不出来，这是把心理学的研究方法和实验手段以及有趣的展示形式结合起来的一个展品。小朋友们不妨去挑战一下自己的专注力。

主持人：刚才听高路老师介绍的展览中第一个板块是认识自我，第二个板块有什么特色呢？

高路：第二个板块我们更多地集中于情绪和情感方面。展区中有一个展品叫"表情识别"，是需要两个人共同完成的一个体验任务。两位体验者分别坐在展台的两侧，其中一个人要在一个面具后试着用眼睛去表演某种情绪：喜、怒、悲伤或者恐惧，合作者要从他的眼神中解读出情绪，看看他们之间有没有默契，能不能解读出来。我们选择的情绪都是比较好表现的基本情绪，是我们与生俱来的情绪，不需要后天的学习也能够表达的情绪。当然，一些更复杂的复合情绪，比如羡慕嫉妒恨，这个可能就需要专业人员才能表演出来。还有一个展品是和微表情相关的，微表情就是我们脸上稍纵即逝的表情，我们可能自己都没有觉察到，很多是下意识出现的，它往往反映了我们真实的情绪变化。微表情时间很短，通常是在1/5秒到1/25秒之间。我们选取了一些很有代表性的微表情，并适度放慢，然后让你看能不能理解做出微表情的人表达的是什么样的情绪。如果你能准确地读出每一个人的微表情，那你一定是一个察言观色的高手。

主持人： 试想这样一个画面，真的是价值感满满：妈妈带着孩子来到我们的展馆，孩子从这个展览当中学会读懂妈妈的表情，妈妈也从展览中学会读懂孩子想表达的东西。

"表情识别"展品

高路： 刚才介绍的这两件展品都是想让父母与孩子之间、朋友之间加深理解与沟通的展品。读出对方眼中表情的展品，最早就来自一项心理学研究，研究表明人类有差不多80%的面部情绪都是通过眼睛来表达的。这个展品的雏形最早应用在对孤独症孩子进行康复的治疗当中。孤独症的孩子有一个特点就是不愿意去和别人有眼神交流，无法读懂别人的情绪。通过这种游戏的方式，孩子就能在一定程度上通过游戏体验接触到对方的眼神，在一定程度上帮助他们慢慢恢复一定的社会功能。这也是一个从科研转化产生的心理学展品。情绪管理板块还有"青春电话亭"这个展品，它主要是针对青春期的青少年设计的，当有苦恼想问又不知道去哪找答案的时候，孩子们可以在电话亭里找到科学的答案。

接下来还有换位思考的板块，其中有连续三个展品分别是："如果你三岁""如果你怀孕了""如果你老了"。这三种情境很多体验者是目前没有办法体验到的，很少有三岁的小朋友去参观科技馆，我们模拟了一下三岁的时候孩子看爸爸妈妈、看外面的世界是什么样的。那个时候会发现马桶比我们的胸还高，垃圾箱超过了我们的头顶，这给父母或其他大朋友一个换位思考的机会，不要总是居高临下地看孩子。跟小朋友在交流的时候，不妨蹲下来，这样对小朋友理解你、你理解小朋友都是好事。还有怀孕是男士永远都没办法体验到的，展览中我们通过让观展者体验怀孕中的一些反应，或给体验者戴上一些外部的器具，让他模拟体验怀孕的状态，体验孕妇在生活当中所遇到的不便。可能以前"关爱老弱病残孕"只是一句口号，如果亲身体验了，你可能就会更容易从对方的角度来思考了。如果你老了，也是一件很有趣的展品。人在年老的过程中，认知、视觉、听觉能力会下降。眼睛花是一个什么样的状态，年轻人可能很难想象，展品会给你配上相应的光学镜片模拟视力老花的情况，让你去完成一系列简单的动作，比如系鞋带儿、读手机上的文字，这些都没有我们想象的那么容易。还有大家都知道人年纪大了之后听力会受影响，而听力是如何被影响的、老年人听到的声音是一个什么样的状态，我们也会提供各种各样的选项让你去尝试，让你去听老年人听到某句话是什么样的声音，你能不能猜出是什么意思，这些都是把心理学的研究通过展品呈现给观众，也让观众对于老年群体、儿童群体和其他特殊人群有更深的理解。希望通过换位思考和相互理解，让每个家庭变得更加和谐，这样也有助于社会更加和谐。

来到释放压力的这个展区，我们也有一些很有意思的产品，如我们通常在面对压力的时候，都希望去减压，那怎么减压呢？每个人的减压方式可能都不尽相同。有些人去运动，有些人去睡觉，有些人去大吃一顿。我们在这里给你提供了一种什么样的方式呢？有个展品叫"喊出压力"，就是在你面前模拟呈现出一堵压力墙，你通过叫喊宣泄，压力墙就会碎掉。当然，这并不是真的压力墙，是教给我们一个缓解压力的方法，我们都听说过"喊山"，道理也是类似的。有的时候心情不好，去野外喊一喊，把自己不高兴的事情大声说出来，对于调节自己的压力、释放自己的情绪都是有好处的，宣泄的方法是一个很重要的减压方法。我们还会介绍一些心理学常用的咨询方法、帮助他人的方法。我们有一个展品叫"信念的力量"，这是心理学中经常用的一种咨询方法，认知行为疗法当中的合理情绪疗法。我们看问题的角度可能不尽相同，我们的情绪往往会受到看问题角度的影响，和我们看待问题的想法直接相关，如果我们换一个角度去看问题，可能会豁然开朗，会给我们另外一片不同的天地。所以，在这个"信念的力量"展品中也会呈现几种情境让你去选择，不同的选择会带来不同的结果，在这里我不过多地剧透，大家可以去试一试。

在最后一部分——"突破自我"部分中，我们除了有前面提到的看自己的职业潜力，也介绍了一些很有趣的心理学效应。这些心理学效应都是经过科学家实验验证过的，很多人在日常生活中都会接触一些心理学效应，但有一些更多的是偏向于心灵鸡汤，有一些是真正的社会心理学的研究结果。我们从中筛选，把经过社会心理学家实验证明了的效应以动画的方式呈现给观众，让他们了解心理学效应是如何影响人类社会的。另外几个展品，像"换个角度看一看"，给大家提供了一个换角度想事情的方法，也给大家提供了一些照相打卡的背景素材，大家可以去试一试、看一看。我们还有一个收尾的展品叫"抓住你的幸福"，这是一个挺有趣的互动展品，它会呈现很多的幸福瞬间，让你用手努力去抓。如"我毕业了""我涨工资了""我结婚了"等，都是很幸福的瞬间，这些幸福有的是很大的人生幸事，有的是所说的小确幸，就看你如何去把握这些幸福，如何去抓住这些幸福，这能帮助你更好地理解身边的幸福，帮助你更好地理解人生的意义。最终的目的还是希望大家遇见更好的自己，遇见更好的你。

主持人：我对这个展览真的非常心动。刚才也听您介绍，展览运用了很多高科技。

高路：我们融入了很多不同的展示手段，虚拟现实、生物反馈技术等，这些都是和科研工作紧密结合的。有一个叫"男女大变身"的展品，就是应用了我们心理研究所的一些和航天实验任务结合的技术，让观众看一看、试一试，看看是不是也能完成宇航员的任务。相信大家也会从中发现有趣的地方。

主持人：每个人在这个展览当中都会有自己钟爱的一些项目。

高路：不同的受众群体，会有自己感兴趣的项目。如小朋友对跑跑跳跳很有兴趣，我们就有一个穿越雷区的展品，让他跑着来看看自己的短时记忆到底是一个什么情况。父母想改善亲子关系，我们就有一些合作游戏，让他去抓球运球，通过展品设计让他们共同完成一个任务。一起来的同伴，可以去做一些考验默契的任务。还有适合职场人士、老年人缓解压力的展品，大家都能从中找出自己感兴趣的内容。即便是同一个展品，我们从不同的角度去看，也能解读出不同的信息、了解到不同的心理知识、得到不同的收获。这也是我们想要达到的目的。

主持人：听起来是一个老少皆宜的展览，时间真的很快，未来不到一个月在厦门的展览就要结束了，接下来就会奔向下一站了。

高路： 我们 6 月 15 日之后会去新疆展览，在厦门展出的时间不太多了。

主持人： 大家还是要抓住这个机会。感谢高老师设计了这么好的展览，并且将它带到厦门。那林总监有没有一个一个地玩过呢？

林捷兴： 当然了，而且我还带着我的家人一起进行了体验。他们都很喜欢。节目一开始说到跟高路老师认识是机缘巧合，但是诚毅科技探索中心打造这个心理科学的科普教育基地是我们一开始就坚持的定位。因为我们既是中国航天的科普基地，也是全国海洋的科普教育基地，也是厦门市的防震减灾基地。心理科学正是将我们这些主题串联在一起的线，是我们重点打造的一个科普板块。希望能够在高路老师还有我们中国科学院心理研究所的其他专家的指导下，未来会落地一个固定的心理学展览，帮助我们打造专业的心理学课程和夏令营产品，真正把我们诚毅科技探索中心打造成国内知名的心理科学科普教育基地。这个展览时间只有两个多月，相信很多人都会依依不舍，也跟大家做个预告，在未来我们会打造一个永久落户在诚毅科技探索中心的 2.0 版本的展览。

主持人： 这个展览再过一个月就要离开集美了，很多的家长、小朋友是会依依不舍的。

高路： 我们这个展览还会有一些线上的资源，也欢迎大家去随时访问。无论是手机端还是电脑端我们都有配套的线上资源。大家可以从中了解心理学的相关知识，同样助力大家遇见更好的自己。网上资源分为两部分，一部分大家可以在看展览的时候，通过手机扫描二维码获取资源，我们叫"把心理学带回家"，此外还有一些心理测试的资源，大家也可以现场体验一下。我们还跟中国科技馆合作开发了一个线上的心理学科普展览，名字同样叫作《遇见更好的你》。大家也可以在中国科技馆的网站上去了解相关的信息，在百度中搜索也能找到。

"心灵绿洲"小课堂

本文主要介绍了"遇见更好的你"展览的设计、打磨和策划思路，以及这个展览向观众展现的心理知识和体验内容。在展览的设计、打磨和策划方面，重点说明了两点，一是在设计过程中充分考虑到心理学不容易被看见、被捕捉到的特殊性，充分考虑大众的需求和接受度。二是为增加体验感、直观性，在设计中加入了很多科研成果和好理解的、有趣的东西，能够让大众体验感增强并有所启发。

展览共分为五大板块，一是认识自己板块，在展览中会通过不同的体验环节让观众看到自己的特点以及发现自己与众不同的地方、擅长的地方。二是情绪管理和情感沟通板块，通过表情管理和微表情识别让人们更好地识别情绪从而彼此深入了解、进一步沟通。三是压力管理板块，通过压力墙体验让体验者去释放压力、认识压力。四是换位思考板块，分别从三个展品"如果你三岁""如果你怀孕了""如果你老了"的体验中让观众学会从对方的角度来考虑，增强与他人彼此相互理解的能力。五是突破自我板块，除了带领观众发现自己的职业潜力，还有许多有趣的心理学效应产品让观众体验。

王铮
带您走近格式塔疗法

嘉宾简介

王铮，心理学博士，首届华人格式塔心理咨询与治疗大会主席，山东省心理卫生协会格式塔疗法专业委员会主任委员。

主持人： 今天请王铮博士来聊格式塔疗法，关于格式塔疗法，关注心理学的朋友可能会略微了解，但对于很多听众朋友来说这是一个比较陌生的词。

王铮： 格式塔是诞生于20世纪初德国的一个心理学流派。后期在此流派的基础上诞生了一种心理咨询和治疗的疗法，叫作格式塔疗法。它强调对当下感受的重视，不从问题出发而转向个人的探讨和体验。这个流派当中最重要的一个核心概念叫未完成事件，指的是在过往经历中那些被压抑的或被否定的语言、情绪和行为对当事人的影响。在20世纪50年代，美国心理学会邀请格式塔疗法的创始人弗里茨·皮尔斯做过一场演讲，希望皮尔斯能够用最简单的话来介绍一下什么是格式塔疗法。皮尔斯讲的就是未完成事件，也就是一个人一生当中会有一些成长中的缺憾，而在成长中的这些缺憾会影响我们此时此刻的一些行为、方式、态度，但这些是不被我们所觉察的，这就是格式塔疗法的核心。

主持人： 未完成事件就是在你的生命当中（到现在这一刻为止），有些事件是你可能想去完成，但是由于种种原因没有办法完成，因而成为你心中的一些阻碍的事件。

王铮： 比如你的一位好友来访，你这两天想去送他，结果由于你自己工作安排，又没法去送他，这也是一个未完成事件。我们要考虑一个问题，不是所有的未完成事件都会对人产生影响。

主持人： 对粗心大意的人来说这个事儿就了结了，但有些人可能觉得是我欠你个事儿。

王铮： 这种愧疚感、亏欠感，可能是由他的未完成事件所引发的，在这个未完成事件的基础上，可能还有早期的一个未完成的事件。

主持人： 未完成事件其实在很多人的生命当中都可能存在，要静下心来想，有哪些事情，是可能已经在潜意识当中，但在生活当中并没有觉得这是一个未完成的事件。

王铮： 很多的时候，我们自己对未完成事件是觉察不到的。我们可能觉得现在的自己不是一个真实的自己，他是被过去的一些东西所牵绊着。我们就像风筝一样，而过去的自己像线一样拉着你，让你处于现在的状态，自己又是不自觉的，你觉得在自由飞翔，但飞翔得不快乐、有压力、很痛苦。你可能有时还感觉到有情绪、很累，我要坚强或怎么样，我应该怎么做。

主持人： 它会引发出很多心理学的一些觉察或者情绪。

王铮： 它可能不仅是情绪和觉察，它还会影响我们给自我的标签，比如他会贴上一个标签好像我就是一个什么样的人。在心理学上，这种给自我的贴标签性质的东西，叫内设或内化。你因为未完成事件没有被解决，没有被合理地处理，逐渐内化到贴上了一个标签。

主持人： 格式塔，最早是在德国诞生，在西方国家应该也是有一定的发展。

王铮： 1912年在德国，由心理学家韦特海默、苛勒和考夫卡创立了格式塔心理学，叫整体大于部分之和。我们去看待一个事物的时候，在知觉上看待很多的图像时，都会把它看成一个有意义的整体，而不是分散的东西。后来实验社会心理学之父库尔特·勒温把我们对这种知觉上的认知拓展到了人的行为上。他的学生蔡加尼克曾经做过一个实验。她交给一些人22种不同的任务，其中一半任务要他们坚持去完成。她把这些人分成两个组，一组就让被试者好好地去把这件事情做好。而这些事情都是非常简单的，比如串珠子，一加一等于几等小任务。而另一组就是在被试者完成任务的过程中不断去打断他们。在整个实验结束的时候，他们再对每个人进行访谈，发现被不停地打断的人会对在完成这项工作中的每一个细节记得很清楚，甚至那些细节中更细的部分，他们都记得很清楚。而那些顺利完成的人，他的记忆并不是很深刻，特别是过了一段时间以后再测，顺利完成的人基本上把那些细节都忘掉了，被打断的人还深深地记着。

一组让被试者好好地去把事做好，另一组是在被试者完成任务的过程中不停地去打断

后来老师库尔特·勒温就让她去继续研究这个。在记忆方面，除了艾宾浩斯的记忆遗忘曲线，这就是第二个最重要的效应——蔡加尼克效应，实际上这就是未完成事件。格式塔心理学带给我们未完成事件最初的理论的基础和模型，就是你总被打断的，没有顺利完成的，它会影响着你，让你一直记着，一直要回到过去。其实蔡加尼克还有一段奇遇，也可能是坊间的传闻。有一天蔡加尼克和老师、同学们在奥地利的餐馆里面点餐，发现这个点餐员很厉害。他们六个人去吃饭，每一个人都要了西餐，这个点餐员居然不需要任何的记录就记得每一道菜，每一个人吃什么。他们都非常惊讶，这人是怎么记住的。蔡加尼克就笑了笑说，你看看等你付给他小费的时候，他还记得住吗？他们发现，当他们付完了小费，结完了账，再问这个点餐员时就记不住了。当事件完结了，他收到了小费，觉得他的任务完成的时候，这个事情就结束了，他就不记得了，当他没有完成的时候，他还记忆犹新。

主持人：这也是一个很神奇的心理现象，引出了后面的一些学说。

王铮：贝多芬有一次听到别人在弹他的曲谱时，他听到深夜还非常地好奇与沉醉，结果弹了一半就没有继续往下，他就难受得睡不着了，这个时候他就自己跑下楼，把这个曲子弹完才回到床上睡着了。

主持人：国外的一些学说慢慢也会向中国的心理学界渗透。

王铮：格式塔心理咨询和治疗大概在1928年由南京的萧孝嵘老师最早翻译引进。后来朱光潜教授等都翻译过格式塔心理学的文献。早期的时候叫完形，后来南京师范大学的心理学史的奠基人之一——高觉敷老师说一定要叫格式塔，因为格式塔体现了它的动力性、整体性和结构性，在中文字义上还是要保证它的原意，更符合我们东方人的思想和观念。到了20世纪90年代，很多老师做了一些普及和研究，格式塔心理咨询治疗开始发展。张源侠大概在1991年写了一篇有关格式塔疗法的文章。之后中国在南京大学也举办过国际性的格式塔治疗大会，也有西方的学者参与，国际交流越来越多。目前，格式塔心理咨询和治疗在国际上是一个比较重要的流派，也是一个主流的心理咨询和治疗的流派。但是传播格式塔心理咨询治疗方法的老师并不是很多，目前我个人也是在做一些传播和推广，现在在全国40多个城市建立了格式塔相关的咨询和治疗技术的一些培训基地。就格式塔本身来说是一种让人受益、让人成长、注重当下、注重体验的疗法，其实对大众也是一种修身养性的疗法。

主持人： 格式塔来到中国，有没有一些落地生根的比较有中国特色的东西？

王铮： 当然有，现在我们谈文化自信，心理咨询和治疗也要彰显文化自信。格式塔取向的心理咨询师和治疗师们做了很多的本土化研究，包括在培训的模式上，在格式塔的内容上，探索怎么与东方文化、哲学相联系。皮尔斯早期去日本进行了两个月的禅修训练，觉得特别好。现在很多国际的心理咨询和治疗师都对中国的文化很感兴趣，特别是格式塔取向的。他们认为格式塔和中国的道教文化，包括太极文化相关联。实际上格式塔中有一个专门的术语叫体验循环，跟太极图相似。缘在不停地变化，人的自我在不停地变化，人性当中有强的一面，有弱的一面，正好对应太极图中的阴阳。很多时候，有些人可能不会去接受弱小的自己，都会接受好的一面，或者越欠缺什么越想强调什么。这种格式塔心理疗法或训练就是让自己越不接纳的、越欠缺的这一部分浮现出来。当它浮现出来的时候，我们再去跟它接触，跟它连接，跟它去对话。这样在互动、消化过程中就会慢慢地整合、平衡、接纳。

主持人： 刚才您举的几个例子可能会跟现在流行的鸡汤文章有一定的偏差。因为现在很多是讲你不要太纠结于过去，时间会带走伤痛，会把伤口磨平，更多地让你去看向明天，这个可能跟刚才说到的未完成事件有一定的不太匹配的地方。因为您所说的未完成，它会一直在那个地方。

王铮： 首先我们要去评估这个未完成事件是不是对我们真正有影响。这个评估一方面是找专业的咨询和治疗人员，另一方面也可以做一些自我的评估，了解这个未完成事件是不是对我们有影响。比如我今天特别想请同学吃饭，结果他没有时间，对这点小事我耿耿于怀。那这可能就需要我们去探索自我了，去发现自己的未完成事件。还有一些未完成事件可能不是需要我们太过于在乎，可能说过就过了。就像积极心理学所倡导的，黎明前的黑暗总是会过去的，站在阴影里才能看到阳光。很多时候凡是来做咨询的或者有问题的人，就是道理都懂了，也想看到阳光，但确实是站在阴影里了。此时我们应该怎样去帮助他？这时候未完成事件对他就是有影响的。

主持人： 是不是有人会有这样的一个人格特性？比如某些特质的人特别容易在心里留下一些未完成的事情，有些人可能粗心大意过了就算了。

王铮： 其实不能完全这样讲，因为每个人的人生中或多或少都有未完成事件。就像创伤一样，每个人都有创伤，可能都会被创伤影响，不管你的性格和气质类型如何。只是有时候它会被唤醒影响着我们，有时候它自己待在那儿好好的，不用去管它。有时候就让它安静地在那里就好了，因为它并不会影响我们。

主持人： 心灵鸡汤里有一句话——时间会解决一切，但您的观点是时间不一定会解决一切。

王铮： 时间不一定会解决一切。我记得有一个非常真实的案例，一个小伙子过来找我，他说感觉最近的人际关系出现了问题。他在银行工作，非常优秀，被外派到了首都工作了五年。在此期间，领导也找他谈话，说回来以后可能就会提拔他，但最后并没有。他觉得自己好像干的所有工作都白费了，心里很难受。如果我们给他简单地定义为职场压力或者职场人际关系或者没有实现等问题，好像也说得通，这就是格式塔心理咨询治疗或者未完成治疗，自己是不自觉的。因为他一再重复白费了，白干了。当我再去让他反复去重复的时候，我问他这个感受、这种躯体动作、这个情绪又让你想到了什么？他说我想到了我的未婚妻，我在工作期间，她一直和我很好，都要领结婚证了，结婚旅游的飞机票都买好了，结果未婚妻给他打了一个电话，说："我们分手吧，对不起，我们不合适。"他就崩溃了，觉得他五年的时间都白干了。这并不是简单的人际关系和工作的问题，而是引到了这个地方——他对人际关系的不信任，对领导的猜疑、怀疑等。这都源于女朋友对他过去的没有完成的事件，或者说他认为的伤害就是他没有跟女朋友进行一个很好的分离和告别，或者是女朋友给他的承诺没有实现，且没有给任何的解释。恋爱的时候，当你不喜欢一个人时，最好能坐下来把事说清楚，不去逃避，不去回避，有一个很好的分离，否则这个人总是耿耿于怀。当这个小伙子有一个很好的分离之后，再来咨询室，他感觉什么都不是问题，轻松了很多。当然希望青年人都有一个美好的恋情，但是如果遇到这样的突发状况，不要逃避去坐下来，把事儿说清楚，和对方有一个好的分离，不要造成未完成事件。

主持人： 其实大家可能也能够想象，小伙子的这件事情就好像在他的心上戴了一个枷锁，他平时的生活就好像是大象戴着一个镣铐在跳舞，非常沉重。

王铮： 大象戴着枷锁跳舞画面感很强。我想起了过去的印度人训大象，在大象小时候就给它戴上一个枷锁。实际上大象很大，足可以去挣脱这个枷锁，但它不去，因为它觉得能力不行，内心弱小。

主持人： 这样的一些枷锁可能就会让人觉得，我的过去是多么的失败，可能也会使自己的未来和明天蒙上一层灰。心理学有一个词叫习得性无助，人会在未来觉得我一定不行，我一定会失败，你还是找别人吧，我真的不好。

王铮： 这在心理咨询和治疗上叫泛化。女性朋友可能对伤害过自己的人，泛化到某一类男人甚至扩展到所有男人，有泛化、绝对化的想法。我的一个来访者，她总是去相亲找男朋友，和人家接触以后，不敢去恋爱，不敢去结婚。她就是害怕被伤害，也就是习得性无助，但实际上最伤害她的那个事件是个根源，是个诱发事件，也是她的未完成事件。在格式塔咨询和治疗里面，对未完成事件的解读有一个叫此时此地还有那时那地，所以我们要回到那时那地，让她把未表达的情绪、语言、行为表达出来，这可能就会让她有一个非常好的改变和接纳。

主持人： 格式塔疗法对于很多朋友是第一次接触，未完成事件可能大家听到的机会就大得多了。时间不一定可以解决一切，听起来好像有点悲情、消极的情绪在里面。

王铮： 我想强调的一点，我们谈未完成事件的时候，好像都会把它贴成一个负面的标签。其实未完成事件实际上也对人的成长和发展有积极的一面。尼采说过，"那些没有杀死我们的，必将使我们变得更强大"。我们的这些未完成的看似是有创伤的东西，反而能够让我们更觉醒，带给我们更多的激励、更好的发展和成长。

未完成的事件能够让我们更觉醒，从而更好地发展和成长

我们会看到生命当中有一些人，可能小时候他的生活经历并不是安逸富足，反而在他的内心当中，他会有一种思考：我要改变世界，我要改变自己的状态，我一定要怎么样，我要出人头地。他可能因为这种未完成的事件变得更强大。例如，小时候被人欺负了，想去打人家但没有打过，他觉得人家有钱有势，他以后也要成为这样的人，要和他对抗，可能这样的事件反而会激励他成长，最后甚至可能要去匡扶正义，拯救世界，有英雄主义的气概。所以，对于未完成事件，我们不能完全定义它就是不好的。但如果我们产生了心理问题或有些阻碍了，去做自我探索的话，那么在很多情况下跟他的未完成事件是有关系的，要处理好未完成事件。

主持人：说到未完成，让我想到遗憾这个词。遗憾应该也是我们生命当中可能会经常出现的，比如，好遗憾，那次聚会我应该去的……，可能会在日后的聊天或者脑海当中会再现这个词。

王铮：我们很多的时候都会去再现人生当中不同的遗憾，比如我没有去，我没有干什么，如果怎么样就好了。人面对问题的时候，为什么会出现心理问题？因为不能够去面对当下的问题，总想回到过去。比如你现在做了一件非常错误的事情，这个错误让你被领导骂了，通常人的正常思维模式是：如果我当时没有去玩电脑，如果我当时再仔细一点，这个事就好了。所以，人还是希望回到过去，而不再面对当下，但我们需要的是正确地面对当下，此时此刻能够做些什么，感受是什么，如何面对当下，这是最重要的。

主持人：这让我想起了游戏存盘的概念，比如游戏输了，就会调到那一关继续打。人在生命当中是不可能回到那样的一个时刻，很多就会带着遗憾活很长的时间。

王铮：现在格式塔心理咨询和治疗，引进了国外的一些先进的工作模式和工作路径。特别对老年人的未完成事件的团体，我们现在在一些大的医疗机构去展开工作，专门将老年人生命中遗憾的事件组成一个团体去做服务。在中国的大健康战略下，老年人是政府特别关注的一个群体——老有所养，老有所依。在这种情况下，更重要的一个问题是心理健康怎么办？老年人最重要的一个问题是他总会活到他的过去。人老了就总说他过去的事。

主持人：因为年轻人可能还有机会去弥补，去完成，而老年人可能他的身体、心智已经比较衰退了。这些未完成的事件可能会加剧他心理的不健康。

王铮：哈曼是德国的一位非常著名的心理治疗师，他的博士论文做的就是老年人未完成事件团体的研究，他把老年人分成不同的组，研究结果发现他们有不同的团体。有未完成事件团体,有怀旧团体,对不同的团体实行不同的疗法。从最后的效果来看,对未完成事件团体的解决,有利于老年人的身心健康。在让老年人谈过去的事情的过程中,帮助他们去重新对待未完成事件,这对他们的身心健康非常有利。

主持人: 我们现在有很多老年朋友过得不开心,不快乐,很大一方面可能就是由于他心中的某一些未完成事件。比如我很想去一趟首都,很想在天安门前拍张照,这个愿望可能是他从小就许下的一个愿望,但是到现在已经七八十岁了还没能实现。

王铮: 你讲的这种愿望型还不算严重。我们会看到有一些老年人,他甚至出现了一些躯体的障碍,比如一些老年人在养老院里总是不停地生病,只要他的儿女来看望他,病就会好很多。这是一种什么感觉?当然是对家人的思念,对亲人的思念。作为年轻人应当常回家看看,老人越老的时候或生命能量下降的时候,他需要的是一种陪伴和支持,更需要的是一种关注。在这个时候更容易发生心理咨询和治疗上的退行,退到小时候,我们经常叫老小孩,可能更多的一些未完成事件会出现,包括他更渴望一种关注,渴望一种爱。

主持人: 您刚才举的例子可能要有一个第三方的人来关注到这个现象。比如儿女一来这边看他,他的病就会好一些。这也是需要被观察到的。有一些人可能就很粗心,觉得反正就是这样,时好时坏。

王铮: 这方面的问题需要现在很多的养老机构和专业的社工师、咨询师关注到。国家在战略发展上,包括制度上也都在慢慢地健全这一方面。不久以后,社区里面都会有专职的咨询师、专业的社工师,能够在这一方面有所觉察,并提供相应帮助,让老年人的身心更健康。

主持人: 那回到广泛的人群中,怎么分辨生命中的一些未完成的事件,并且这些事件可能对你造成了一些阻碍、一些纠结。

王铮: 我们通常首先会对自我做一个评估。可能今天你遇到了一件事,作为普通大众你没有去做心理咨询的意愿或意识,也没有条件。比如今天你和领导吵了一架,领导说了你几句,你心里很不舒服,这时你要去体察身体的感觉。有的人可能身体有点发抖,躯体障碍比较严重。有的人可能总是一听到某些话心里面就觉得憋气胸闷。如果没有这么严重,可能也耿耿于怀,相关画面总会出现,某些话也反复在大脑里出现,包括强迫性的思维、图像等闯入性的东西。在这个过程中我们就要去了解去感受。这个感受让你想到了什么,比如你不行,你做得不好,你这个人怎么什么事情都做不好。这种表达的模式带给你当下的感觉是什么,感受是什么，又让你想到了什么。这个过程当中，你可能就会跟自我过去的一些事情相联系。通常可能有些人他有一个过程，他想到小学的时候，他的老师也曾经这样说过他。比如他的老师说这道题这么简单，你还做不好，这道题全班只有你做错，这种情况与其对待人的模式、情绪、态度等方面一定会有相似性。从这个角度去看相似性，他说自己小学时也有这样的情况，可能再往前翻，像幼儿园老师或者父亲，相似性是一点一点形成的。这是格式塔心理咨询和治疗结合中国的本土文化，我个人所创立的"心理地图"技术。

主持人： 照您的说法，未完成事件应该也分层级。

王铮： 这个就是怎么从未完成事件中找到核心的未完成事件。1994年有一个格式塔治疗师提出了格式塔心理治疗的基本内容。第一个内容就是未完成事件和重大事件，第二个关注此时此刻，第三个你的行为模式，第四个你的抗拒模式。他把未完成事件和重大事件放到了一起，通常我们会认为离你越久远的事件，或者你思考时记起来的一些事件，对你的影响是最大的。所以，在这个过程中我们通常先去疗愈他所表达的。比如他通过一个诱发事件，而联系到发生的比较久远的一个事件。我们通常会做这个久远的事件的工作，往前回到最前面，有时可能回到最早的那个未完成事件并不是他真正的未完成事件。可能他生命中有过一些重大事件，比如他受过体罚，受过一些创伤，这些重大事件甚至就是令他困扰的根源。我们可能会从这样的角度对他进行疗愈，根源疗愈后，剩下其他的那些事件也就疗愈了。有一本书叫《自我疗愈》，作者说未完成事件被疗愈了，剩下的其他的事件就真的能够随时间自我疗愈了。

主持人： 每个人可能在心底都会有无数的创伤，无数的伤口。据您的说法，要回到当下，回到那个时刻、那个场景。那会不会又有一个问题产生，你明明在那个时候已经受过一次伤了，现在你又回到了那个当下，你又要经历那样的一个心理状态，可能物理上不会去经历了，但是你的心里可能还会再回放一遍。

王铮： 这个也是我们经常会提醒大家所注意的，如果你内心出现了严重的心理问题，或者更严重的神经症层次的，那你就要找专业的心理咨询师或者心理治疗师。当下有不少人处在亚健康的状态，生活压力也非常大，对于一般性的心理问题，我们可以通过自己的方法去解决。但是我们不要以身试险，如果你的心理问题很严重，你已经失眠很久，你每天早上到点就醒，你的情绪总是很低落，那这个时候你不用总是去刨你的未完成事件，你拨开了也没有用，你没有助己的能力，没法帮助你自己。所以一般性的心理问题，我们可以通过找到未完成事件，自己去解决它。当然，这有一些小小的方法和技巧，比如如果你内心有一些情绪，你可以写一封信，这封信会让你回到那个时候。信写好以后，你把这封信表达出来或者去处理掉，仪式感非常重要。我们可以去拿一把椅子或者找一个替代品，把自己那个时候最想表达的话、压抑的话说出来就好了。你也可以躲在屋里把情绪慢慢释放出来就好了，千万不要去压抑自己的情绪。我们需要情绪有一些释放，那找到合理的方法去做就行了，活在当下是最好的一种方法。

主持人： 你怎么知道你在这个当下，比如你放了一把空椅，你跟它诉衷肠，讲了一些心里想说的话，那会有一些感觉告诉自己，你可能已经慢慢地走出来了。

王铮： 在我们心理咨询和治疗的研究当中，空椅技术的治疗实际上很早就有，但是在学术层面的证明就要看疗效。有一位非常著名的美国心理咨询师，也是格式塔疗法的治疗师，创立了一种疗法，主要是用空椅技术来做的，叫作情绪聚焦治疗或者情绪聚焦理论。它指的是当一个情绪被释放出来，你面对的时候，这个就是有疗效的，当一个情绪被反复地释放几次以后，这个疗效会更好。

主持人： 所谓的空椅技术或者写一封信给过去的自己也好，这些都是一些方法论，它们都是能够帮我们来和过去的自己做一些和解。其实生命当中总有那么多不顺的事情，尤其是对一些有所谓的处女座情结的人而言。

王铮： 对自己过于追求完美，不允许自己不完美。实际上这当然跟未完成事件有关系，但是有时候我们不一定用未完成事件的工作的方法（如空椅、写信）来解决，我们还有一些其他的方法来解决追求完美的这部分问题。追求完美就是我们对现在的自己不够满意，所以你总想让自己变得更好。未完成事件也有好的作用，让我们不断进取、不断追求完美做得更好。但是可能由于你过于追求完美，过犹而无不及，那就会产生问题，过度强化强大完美的自己，而忽略了弱小、不够完美的自己。其实人都有两极，阴和阳、强和弱，有时候你会有一个弱小的自己，可能那个弱小的自己，你总不去看到他，也不太喜欢他，也不想和他待在一起，你还要把他删除掉，在你的生命当中你只想要那个完美的自己。

主持人： 其实成功学当中会叫你说"我很棒""我很好"，这可能也会慢慢强化了你所谓的那个很好的强大的自己。

王铮： 当一个人不能去接纳弱小的部分时，其实那个强大也是不存在的，强大即弱小，弱小即存在。哥伦比亚大学法学院的有一位教授曾经得了精神分裂症，他从来不去用药物治疗。有一天他犯病了，跑到天台上唱《Lemon Tree》，他的学生很担心他跟着跑上去，他冲着学生们说"You jump，I jump"，学生们吓坏了。他站在天台上的那一瞬间，看到了一个很丑陋的魔鬼，魔鬼说："Come on，你跳下来就好了。"过了一会儿，他在魔鬼的旁边看到了一个美丽的天使，那个美丽的天使告诉他"No"。这个时候他就去驱赶魔鬼,他发现他驱赶了那个魔鬼,他的天使就不在了,后来他也不去用药,他一直这样生活着。他说如果我用药,魔鬼走了,天使也不在了。人的生活中既有天使又有魔鬼,天使即魔鬼,强大即弱小,弱小即强大。

主持人: 要接纳自己生命当中的每一个存在,不管是强大还是弱小,在生命当中也要示弱。

王铮: 我们要允许自己适当的时候示弱,适当的时候退行。在某个适当的时候,我们偶尔也可以任性一下。我们经常要接受小小的退行,只要不是过激的行为,没有伤害到他人,就可以允许自己任性。

"心灵绿洲"小课堂

格式塔心理学是源于德国的一个心理学流派,它强调对当下感受的重视,不从问题出发而转向个人的探讨和体验。它的核心概念就是未完成事件,也就是一个人一生当中一些成长中的缺憾,而在成长中的这些缺憾会影响我们此时此刻的一些行为、方式、态度,但这些是不被我们所觉察的。格式塔心理学带给我们未完成事件最初的理论的基础和模型,就是你总被打断的,没有顺利完成的,它会影响着你,让你一直记着,一直要回到过去。格式塔兼具动力性、整体性和结构性,我们谈未完成事件的时候,倾向于给它贴上一个负面的标签。然而未完成事件,实际上也对人的成长和发展有积极的一面。这些未完成的看似是有创伤的东西,反而能够让我们更觉醒,带给我们更多的激励、更好的发展和成长。面对未完成事件,我们需要的是正确地面对当下,此时此刻我能够做些什么,此时此刻我的感觉是什么,感受是什么,我如何面对当下,这是最重要的。

皓月繁星
24位大咖的心理课堂

孟迎芳
心理学到底研究什么？

嘉宾简介

孟迎芳，福建师范大学心理学院教授、博士生导师、院长，福建省心理学会理事长，中国心理学会心理学教学工作委员会委员。

主持人： 今天请孟老师来到节目当中一起探讨一下心理学专业的二三事。作为资深心理学人，您在求学期间学习的内容，跟现在您任教所教学的内容有什么区别吗？

孟迎芳： 随着学科的不断发展及社会的进步，心理学的内容肯定是越来越丰富。现在心理学的领域也分得越来越细，各个领域都为心理学专业的学生提供丰富的教学内容和资源。

主持人： 以前来学心理学专业的大多是服从调剂的学生，现在心理学成了一个热门的方向，有很多的学生都是冲着心理学而来。您接触了一届又一届的学生，他们对心理学的理解也会随着时间的变化而改变吧。

孟迎芳： 心理学专业在社会上很热门，大家认为心理学是一个很神秘的专业，很多学生也是抱着这样的好奇心理学习这个专业的。但实际上，社会上对于心理学的理解可能会存在一定偏差。一般在学生接触心理学专业之后，我们会对他们先进行一个认知的调整——告诉学生真正的心理学是什么，应该怎么去学习心理学。我在学校教心理统计学——有点像数学。我要教学生们怎么去计算数字，很多学生会感到非常疑惑，这门课程听起来怎么跟最初想象的不一样，学心理学为什么还要学统计？其实这门课程是心理学专业课程中最基础的一门课程，是学生必须掌握的一门技术。因为心理学最重要的就是研究规律——行为背后的规律，通过大数据去了解行为背后的规律到底是什么。你只有了解了规律，才能更好地去解释、预测，甚至有可能改变人类的行为。

主持人：经过了四年或者七年的学习，学生们可能对心理学的认知、看法就不一样了。

孟迎芳：学生这时候发现原来心理学还可以做很多的事情。我们经常会告诉学生，心理学来源于生活，应该服务于生活。他们要能够运用所学的知识，更好地帮助人们认识自己、改变自己，让人们知道怎么去过上更幸福的生活。既然要帮助别人认识自己，首先应该把自己梳理清楚了。我们要先让学生明白，他在这大学四年到底要做什么。从学生角度，应该要有一个自己的学习目标；从个体的角度，应该要有一个人生的目标。因为只有在有目标的情况下，它才会指引着你一步一步地前进。我们希望学生能够很清楚地认识到自己的目标到底是什么，怎么去实现自己的目标。我们就会对他的学习进行合理的规划，比如你应该怎么去规划大学四年的时间。大一的时候应该做什么，你可能会懵懵懂懂，但要尽可能地去了解、熟悉你的专业，找到你自己的定位，或者把"爱上这个专业"作为大一的口号。学生首先要爱上这个专业，才会进一步地探索。我们会对学生在不同

首先要爱上心理学这个专业，再进一步地探索

的学年设置不同的目标。简单来说，心理学院肯定希望最后培养出来的学生是一个既全面发展，又有过硬的专业能力的学生。其实心理学专业的学生毕业后能做的事情有很多，他们可以去企事业单位里从事人力资源方面的工作，也可以成为心理咨询师以及心理健康老师等。福建省大中小学都有我们所培养的学生，这令我们非常自豪。

主持人：学生们可能会面临三个问题——我是谁？我从哪里来？我要去向何处？唐僧其实很好地回答了这三个问题——贫僧三藏，自东土大唐而来，去往西天拜佛求经。在孩子们的学习过程中，应该也是要有这样的逻辑的。

孟迎芳：就像您刚才说的唐僧式的问题，那接下来就要去回答这些问题。第一，我要爱上这个专业，也就意味着我是这个专业的人，我的学生经常用一句话来说——我是心理人，这就是第一个定位的问题。第二，我从哪里来，意味着我将要往哪里去，你要考虑今后的定位。为了今后的定位，如去做心理健康的老师或从事企事业单位的人力资源工作，你应该要学习哪些课程。其实现在很多的社区是非常需要心理咨询的，不同的定位需要有不同的基础、不同的训练。我们会尽可能提供各种条件，但也需要学生有一个精确的定位——知道自己需要什么，要往哪方面去努力。

主持人：进入心理学院之后，可能大家都会有一个疑惑，也是学校希望教给大家的开学第一课，就是心理学到底是什么。

孟迎芳：可能很多学心理学的人都会遇到一种情况。比如我本人，我跟朋友初次见面聊天的时候，我介绍自己是学心理学的，很多人马上就不敢跟我说话，觉得学心理学的人会看穿你的内心。心理学究竟有没有这么神奇呢？心理学绝对有它的神奇之处，但它也不是无所不能的。我希望学生正确地了解什么是心理学，心理学研究什么。作为一个心理学专业的学生，如果你不能科学地解释这些问题，那就说明你白学了。我作为老师，首先要教给学生们第一课——什么是心理。心理是人脑对客观现实的主观反映，学心理学的人都会的一个基本概念。心理学来源于生活，服务于生活。用通俗的话来讲，就是三个点。第一，首先涉及的一个词是大脑，我们通常会说心理是大脑的机能，大脑是心理的器官，即心理是由大脑而产生的。听起来可能跟医学沾边，事实上医学中的某些精密仪器，我们也会使用。心理学类似于医学，心理与脑神经、脑科学的联系尤其紧密。比如，认知神经科学是目前非常热门的一门学科，它说明了人的各种行为、各种心理状态跟大脑之间的联系。举一个简单的例子，现在我拿一个大棒槌敲你的后脑勺，一般情况下你会有眼冒金星的感觉，因为你的后脑勺主要是枕区，它主管着你的视觉，你的后脑勺被敲击了,肯定就会影响到你的视觉。你的各种心理反应是由大脑产生的。当一个人出现心理或行为问题时,也有可能是他大脑的某部分出现了一些病变,由此导致他会做一些很怪异的行为。人脑是心理的器官,这是第一点。

大脑是心理的器官

第二点是客观现实。这意味着你的心理是反映客观现实的。心理是受环境影响的,它具有社会性。人是属于社会的。如果现在给你一个机会,让你可以去一个很美妙的地方,但是你要远离这个社会,一个人生活,你愿意吗?

主持人: 我好像听说过这样一个实验:给你提供一个住宿环境优美,食物可口的地方,但是你不能带手机,要与外界完全隔绝。

孟迎芳: 心理学确实是有一些这样的研究,当然这个研究相比我们刚才所说的假设更严格一些,它真的是切断了你与外界的各种联系,甚至连简单的视觉都没有。人在这样的环境里待久了,心理就会出现问题。心理具有社会性,我们在理解他人的行为时,可能要考虑到他所经历的一切。这点非常重要,也是心理学研究需要去关注的。我在这里聊心理学,也是希望帮助大家更好地去认识心理学。这些认识可以帮助我们更好地去理解心理、理解生活,去获得幸福的生活。

主持人: 幸福是所有人追求的,但幸福到底是什么呢?央视也做过调查,每个人有不同的回答。

孟迎芳: 确实如此,就如同我们刚才这句话——每个人的经历是不一样的。这个经历可能会影响你看待问题的角度,每个人看问题的角度不一样,对幸福的理解也就不一样,比如在人际关系里面,比较难处理的一个问题——婆媳关系。

其实所有的婆媳矛盾，并不是一些涉及原则性或者利益性的问题，往往就是琐事。对这些琐事，婆媳可能会有不同的看法。我的朋友曾经跟我说过这么一个案例：她说婆婆帮她带孩子，带得很尽心，给了她很多帮助，但是却发现两个人在对待孩子的观念上会有一些差异。这个可能是所有的家庭都会遇到的问题。比如孩子受惊了，婆婆很着急，婆婆就提出了一个她能想到的解决方案——她小时候，包括她以前在养她自己的孩子也有这个情况时，就去路边捡些石子来煮水，然后给孩子喝下去，这样受惊就会缓解。因为路边的石子是每个人来来回回经过的，会把不好的东西带走。但是很多宝妈会觉得，怎么可以这么做呢？问题的关键是你怎么去跟婆婆说。

主持人： 有两种做法，一个是跟婆婆硬碰硬，说这个不符合科学原理；一个是妥协，就听婆婆的让她那么去做。

孟迎芳： 但是我估计这两种很多人都不会接受的。前面一种可能会造成你们的冲突，后面一种应该很多的妈妈们是不会接受的。如果是我，也不会接受，但是我也不会采用第一种方式，这里就涉及你是怎么去理解婆婆说的这件事情。刚才提到人的心理是具有社会性的，婆婆这么说是有她的经历的。她认为，这件事情是合理的。但你没有办法接受，毕竟时代与环境不一样。如果是我来处理这件事情，首先我不会完全地否定她，因为婆婆也是出于好心，也是希望为你分担，要有这一份理解。然后我会从另外一个角度跟她解释——现在的环境不一样，路边的石子可能没有那时候的石子干净，有很多的尾气、重金属都附着在上面。我相信这么一解释，婆婆一定能够理解了。

主持人： 这样一来，她可能主观地就不做这个事情了，并且很赞同你的看法。

孟迎芳： 其实主观反映跟经历是有关的。只是不同的人有不同的经历，就会产生不同的看法。比如我是学过心理学的，既然我知道了这个概念，那么这个概念就会嵌入我的头脑，它就会影响我的一些判断。你刚才说的有两种做法，我肯定不会选择后面一种，我相信很多妈妈也不会选择，但我也不会选择前面一种硬碰硬。这时候，我们对同一件事情产生了不同的看法，这种不同看法就是我们说的第三点——对客观现实的主观反映。每个人的反映可能会不一样。心理是人脑对客观现实的反映，而反映前面还有两个字，那就是——主观，心理是具有能动性的。举个简单的例子，我现在拿了一朵玫瑰花，你可能会觉得它很漂亮，但是我觉得它不漂亮，因为我刚刚被它扎了一下手。同样的一朵花，在不同的人心里面，可能就会引起不一样的感受，而这不同的感受可能跟他所经历过的事情是有关系的。

总结起来，就在于心理的概念我们一共讲了三点，也是今天我想跟大家分享的第一个问题。说到心理，一定会说到心理学。我经常问学生心理学研究什么，学生就告诉我心理学研究心理，心理的概念我们已经知道了。心理学的研究目的是什么呢？就是让人能够更好地认识自己。我们刚才的所有讲解，其实目的都是希望人能够更好地认识自己。比如有时我们会做一个简单的测试：给你一张纸、一支笔，要求你在五分钟之内写下自己的五个优点和五个缺点。我们可以观察你首先写出来的是优点还是缺点，能写全的是优点还是缺点，从而看出他对自己有没有一个明确的认识。或者也可以把这个测试的问题换一换，比如写下最近发生的五件开心的和五件不开心的事情。从心理学的角度来说，我们更希望人们能够尽可能多地去想开心的事情，因为这意味着你的思维定位是积极的。我们会发现学过心理学的人会特别地开朗、自信。

主持人： 这也是最近很多网上书店或者实体书店里一些心理学的书都热卖的一个原因。

孟迎芳： 有一种是市面上非常流行的"心灵鸡汤"，它从不同的角度解释了心理学的应用，背后确实有一些心理学的原理。从正确地理解心理学的角度来说，你不仅要知道这些应用，你更应该知道它的原理，是心理学真正想传递给大家的。漂亮话谁都会说，关键是要知道漂亮话说完了之后，它有什么作用。就像你去跟别人聊天或者劝导别人的时候，你把这些都说清楚了，也许别人更容易接受。我建议大家去看一些心理学的专业书籍，也许可以给你更广阔的空间。我给大家推荐——《心理学与生活》，它把心理学的概念和我们的生活结合得非常紧密，大家可以去了解什么是科学的心理学。心理学来源于生活，生活的方方面面都可能涉及心理学，比如我跟你聊天也涉及了心理学。你在跟别人聊天的时候，你的眼睛应该看哪里，这里就涉及人际交往等各个方面的问题，心理学无处不在。现在有一个比较流行的心理学词汇叫 EQ——情商，其实心理学不仅有 EQ，还有很多专有名词。EQ 还有另外一个名字——情绪智力，也可以说它是一个人聪明与否的指标之一。

主持人： 与情商对应的一个词 IQ——智商，可能很多家长在这方面比较在意，有些家长会带着孩子去做智商量表。

孟迎芳： 智商很重要，因为它确实会影响到孩子的学习，但家长们也不用太过于在意，因为除了 IQ，还有 EQ、AQ 等指标。一个人的行为会受很多方面的影响，也就是说你可能 IQ 不高，但还有其他各方面的补充。试问，如果你现在要选择女朋友，有两个人站在你面前，一个非常聪明，但是她脾气很不好，周围也没什么朋友；另外一个可能并不聪明，但是她的情商却很不错，你会选择谁呢？当然每个人可能会有不同的选择。后面这个人可能在情商方面会表现得好一些，会更受人欢迎。EQ（情绪智力）主要是一个人对自己情绪的调节、控制等的能力，还包括自我的认知，是否有良好的人际关系等。

主持人： 谈情商首先就讲到了情绪，情绪可能也是现在严重困扰很多人的一个问题。

孟迎芳： 即使是我们学习心理学的，也不可能整天都乐呵呵地，也会有消极情绪。我自己在遇到不良情绪的时候，也总是在不断地进行自我调适。我教大家一些最简单的调节情绪的方法，也是我自己经常采用的很有效的方法——对自己微笑。笑是表达情绪的一个最佳的方式，多对自己笑一笑，你也许就会觉得世界变得更美妙。它其实也是一种心理暗示。这种心理暗示不仅是对自己，而且也会对别人。比如你的朋友整天都对你板着脸，这样的朋友你会喜欢吗？笑有时候也是向别人表达或传递——你是一个容易亲近的人。

主持人： 如果说一个人对情绪的控制力比较好，一般也会认为他的情商比较高。

孟迎芳： 这是情商的一个方面，除此之外，也包括自我认知。因为情商高的人一般对自己都会有一个清晰的定位，知道自己想要什么，知道为了想要的东西该怎么去做。

主持人： 说到自我定位，可能会有两个极端，一个叫自大，另一个叫自卑。

孟迎芳： 我们就要找到平衡点，虽然度不太好把握。这时候就在于你怎么去认知，认知在度的把握方面也是非常重要的一个因素。因为只有你自己最了解自己，才能去调节。根据环境适当地去调整自己的心理，也是情商包含的一部分内容。很多人能直观感受到的就是人缘。人际关系也是情商非常注重的一个方面。曾经有一个学生来咨询，问的就是一个关于人际关系的问题。他是有一个朋友陪着过来的，朋友一直陪着他，没怎么说话。最主要问题是他觉得没有人愿意跟他做朋友，这时候我就问他："旁边那个人是你朋友吗？"他说："是，他的朋友就非常多。"接下来我就问他："那你觉得你们俩有什么区别？"他其中说到一点："可能跟我聊天的方式有关，比如我在跟别人聊天的时候，我希望是我说别人听，而他更多地会去照顾别人，会去倾听别人。"他觉得也许这就是为什么他们人缘不一样的原因之一。这个就是我们说的情商高低。

主持人： 我觉得他能够发现这个问题，也是情商觉醒的开始。其实在大学，人际关系应该算是简单的。

孟迎芳：大家相互之间的想法很单纯。但其实学生在学校里也会涉及各方面的人际关系，比如新生就涉及该怎么处理好跟舍友之间的关系。这是第一步，而这第一步很重要，因为宿舍以后就是你在大学的第一个家。如果这一步处理得好，那你就会有一种家的感觉；如果处理不好，可能就会不喜欢待在宿舍，大学生一定要学会去处理关系。其实除了宿舍关系，还有师生关系、社团关系等。但学校跟社会比起来，可能会更单纯一些，我们希望学生能够多出去历练，也会给学生提供各方面的机会去历练，让他们去感受一下外面的世界。这样他们毕业以后，就会更好地融入社会中。但是人际关系也涉及很多方面，比如你是怎么去认知的。毕竟每个人的经历不一样，人与人之间相处，你需要考虑对方是怎么去想这个问题的。群体里面更是这样了，因为来自天南海北的人，每个人的习惯可能都会不一样。要学会相互包容，相互包容也是情商的一部分。只有相互包容，宿舍才会更融洽。大学的同学之情、舍友之情是一辈子最珍贵的友情。

主持人：我也听到身边很多做 HR 的朋友抱怨，现在很多毕业生没办法融入公司的环境，总觉得他特立独行或想法很怪。

孟迎芳：可能我们的校园有些时候跟社会有脱节，这也是我们在努力平衡的，希望他们尽早地适应。但难免会有这样的变化，环境的改变肯定会带来一些心理上的变化。心理是对客观现实的反映。接下来就涉及我们怎么样去调整，在这里可能又涉及另外一个概念——情绪，你知道情绪是怎么产生的吗？情绪是客观事物和主观需要之间关系的一种评价，如果这二者关系一致，你就会产生积极的情绪；如果二者关系不一致，你就会产生消极的情绪。这里就涉及客观事物和主观需要。大学生步入社会的时候，他的客观环境变了，但有可能他的主观需要还停留在他的理想状态——学生时代，对外界的一种美好的向往。比如他觉得按照他的水平毕业以后，工资应该是这样的，环境应该是那样的，对于高知分子，应该是有怎样的待遇，但实际上有可能客观环境并不如他们想象得美好，是不一致的状态，那自然就会产生消极情绪，觉得会有点沮丧，可能就是您刚才所说的那些 HR 抱怨的原因了。在这个过程中，大学生应该先弄清楚自己的主观需要和客观环境，想一想现在的位置，这二者之间该如何去进行平衡。

主持人：这时候大学生可能会对自我有一个评价，HR 或者公司的其他同事也会给他一个评价。这时这么多的评价可能会有比较大的落差。

孟迎芳：有些学生能很快地适应，有些学生可能适应得比较慢。说到评价，很多时候可能是我们一种主观的评价，完全从自己的角度去看待问题。有时候我们会给出建议，你应该从不同的角度来看待问题，也许你就会有不同的看法了。

主持人： 要透过现象看本质。社会上其实也有这样的一个说法——可恨之人必有可怜之处，同理，可怜之人必有可恨之处，这听起来是一个闭环。但其实这也证明了评价不能是主观的，应该看到后面的一些客观情况。

孟迎芳： 我们对一个人的评价要全面，不能片面。每个人都会有他的优点和长处，也都存在着一些缺点。一个很完美的人并不见得会受所有人的喜欢。比如女孩选男朋友的时候，她更喜欢选择的是那些稍微有一点缺点的人，真正完美的人是可遇不可求的。生活中也会有这样一种现象，如果这个在你心目当中一直是很完美的人，哪天做了一件不完美的事情，落差会特别大。他有了一点点的缺陷，你反而觉得这个人是一个真实的人，可能也就是你刚才所说的可恨之人必有可怜之处。对一个人我们有着不同的评价。

主持人： 我们在生活当中，往往只关注一个人的行为——他做了什么，而可能会忽略他心里面的一些逻辑。

孟迎芳： 因为我们能看到的就是行为，虽然我们经常说眼见为实，但实际上眼见不一定为实。有时候我们可能会根据所看到的去简单地评价，但也许你需要去考虑它背后的原因。每个人的经历不一样，可能产生的想法就不一样；每个人所处的位置不一样，可能说出来的话就不一样。家庭里面也一样，大人和孩子可能对同一件事物的看法就不一样。我们不是经常说在家里一个要唱白脸，另一个要唱红脸，其实就是我们所说的平衡，要从不同的角度来看待问题。

主持人： 这就是要阴阳平衡，我们的行为是外在的，看得到的应该叫阳；我们的心理逻辑是内在的，看不到的应该叫阴。这时候可能也需要阴阳协调。

孟迎芳： 如果一个人既能关注到你的行为，又能关注到你行为背后的情绪状态的话，那他的情商应该是比较高的。这样的朋友接触起来可能就会觉得更愉快一些。讲到行为与心理，我跟你分享一个有意思的例子。有一次一个朋友来找我聊天，聊了挺久。因为我第二天也有事情，我就想着能不能早点结束，但不能表现出焦急、不耐烦，我还是尽可能地去回应他的讲话。第二天朋友打电话过来跟我说："昨天我在你那里聊了好久，聊得很痛快，但你是不是有点不耐烦了？"我就很惊讶，我说："没有吧，我一直在回应你，也在很高兴地跟你聊天。"他说："没有吗？其实你的身体已经暴露了你，因为当时你跷着二郎腿，虽然你眼睛看着我，但是你的脚在不停地抖动。"通过行为其实可以洞察一定的内心，察言观色很重要。比如工作中，下属若不善于察言观色，在老板很生气时还在那里一直喋喋不休就糟糕了。

主持人： 这时候可能也会涉及情绪认知的问题。有些人对别人情绪的觉察非常迟钝，可能在交往中就会出问题。套用刚才您说的情商的三个逻辑，他们可能对自我的认知也会有偏差，比如会觉得自己在老板眼里一定是最重要的员工，自己说的话他很重视。

孟迎芳：对自我的定位会存在着一定的偏差，他可能会认为我只要不断地说，老板就会关注到我，但事实并非如此，反而有可能让老板产生厌烦的心理。他只从自己的角度去评价这件事情，没有考虑到对方的角度，这是错误的。

主持人：人际关系不仅有自己跟老板的，还有部门之间的。

孟迎芳：这时候你就要察言观色。很多人觉得察言观色是一个贬义词，其实不是。从另外一个角度来说，它可以体现出你这个人的情商高不高。在人与人的交往过程当中，有时候察言观色其实是非常有必要的。因为它意味着你们俩能不能继续交往，尤其是男女谈恋爱的时候，男朋友就需要去观察女朋友的各种表情，有可能她嘴上是这么说，但是她的肢体语言却透露出另外的信息。

主持人：在情商的海洋中，刚才我们说的是职场里的一些情况，还有一些情况是在家庭中。在家庭的亲子互动中，情商可能显得尤为重要。

孟迎芳：心理学一直都在强调家庭对孩子的影响。现在经常会谈到原生家庭，家庭的氛围、父母的关系对孩子的影响非常大。父母是孩子的第一任老师，夫妻之间是如何相处的，包括父母亲与爷爷奶奶、外公外婆之间是如何相处的，都会直接影响到他以后跟同学、同伴之间的相处，他所认知的社会是从家庭里开始学起的。父母一定要做好孩子的榜样。

家庭的氛围、父母的关系对孩子的影响非常大

主持人：IQ 可能相对比较固化，生来就是这样，但 EQ 是可以后天培养的。

孟迎芳：情商可以通过后期各种不同的方式来进行相应的培养。父母应该关注一下自己孩子的其他方面，不要总是关注孩子的成绩，应该多关注孩子的一些心理方面。比如孩子是否善于交朋友，他跟朋友相处得是否顺利，这都非常重要。心理健康加之好的性格和习惯，对学习有很大帮助。

主持人：一方面是会对学习有兴趣，另一方面是会有学习动力。这对他的成绩来说是一件好事。

孟迎芳：善于交朋友可能也有助于扩大他的交往范围。名校里真正学习成绩好的孩子，往往是全方面发展的，既会唱歌又会跳舞，有的甚至画画非常好。他总有一些业余爱好，很多时候，业余爱好也没有影响他的学习。业余爱好与学习并不矛盾，是一种相互促进的关系。不要总是关注成绩，成绩只是其中一个方面，要多关注孩子的心理方面。

主持人：有些家长可能会有一些困惑，自己每天也会陪他不少，他还是不能和小伙伴们很好地相处，该怎么办呢？

孟迎芳：其实有时候我们可能想得太多了，孩子确实需要家长的陪伴。但你的陪伴可能有时候并不需要做太多。就像我女儿，即使我出差在外，她每天晚上九点半上床的时候一定会给我打个电话，道一声晚安。因为这时候她会觉得我在陪着她，虽然我不在她的身边，但是她会觉得我是跟她在一起的。如果我没说这个晚安，她可能就会睡不着。这就是一种陪伴，让孩子觉得你在他的身边。这种陪伴不像家长陪伴孩子做作业。其实有些时候陪伴不一定是要直接介入进去，你可能只需要在旁边陪着，让他感觉到你的关心，你对他的关爱，这种陪伴才是最重要的。我想跟家长朋友们说——多回家陪陪孩子，给孩子提供一个良好的环境，对孩子来说是一件非常开心的事情。心理是对客观现实的反映，客观现实是一种环境，环境越好，孩子的心理也自然会更好。我们可以看到心理学能够提供的能量非常强大，希望大家都能够关注心理学，科学运用心理学，使自己的工作更加地顺利，生活更加地幸福。

"心灵绿洲"小课堂

心理学来源于生活，服务于生活。其实心理学最重要的就是研究行为背后的规律，了解这些规律，去更好地解释、预测，甚至改变人类的行为。心理是人脑对客观现实的主观反映。心理是大脑的机能，人脑是心理的器官。心理受环境影响，具有社会性。主观反应则与个人的经历有关，不同的人因为有不同的经历会有不同的心理。因而在理解他人行为的时候，需要考虑到他的经历。心理又具有能动性，不同的人会对同一件事有不同的看法。生活的方方面面都涉及心理学，心理学无处不在。认识心理学，可以帮助我们更好地去理解心理，理解生活，获得幸福的生活。

　　当我们在生活中遇到不良情绪的时候，可以进行自我调适。比较有效的方法就是对自己微笑，这其实就是一种心理暗示。自我认知也是心理学的一方面，在进行自我定位的时候，我们需要把握自大和自卑之间的平衡点，根据环境去调整自己的心理。在人际关系当中，我们需要学会察言观色，从不同的角度看问题，洞悉一个人行为背后的情绪。在家庭关系中，我们需要给孩子提供陪伴，让孩子能感受到来自家长的关心和爱护，给孩子一个良好的环境。心理学的目的就是让人更好地认识自己，让生活更加美好。

樊富珉
了解 EAP，幸福职场路

嘉宾简介

樊富珉，清华大学心理学系咨询心理学教授、博士生导师（荣休），现任北京师范大学心理学部临床与咨询心理学院院长，中国心理学会认定心理学家、注册督导师（D-06-010），教育部普通高等学校大学生心理健康教育专家指导委员会委员，中国心理卫生协会常务理事、伦理工作委员会副主任委员、团体心理辅导与治疗专业委员会荣誉主任委员，中国心理学会危机干预工作委员会前任副主任委员。

荣获中国科协第七届全国优秀科技工作者称号（2016年5月），中国心理学会学科建设成就奖（2019年10月），中国心理卫生协会团体心理辅导与治疗专业委员会终身成就奖（2019年10月），健康中国十大年度人物（2019年度）。

主持人： 在每个人的人生规划当中，将来能有一份好工作非常重要。

樊富珉： 其实所有的学习都是为了将来在职业生涯当中能够更好地定位，更好地获得个人的发展。

主持人： 现在大学生对职场有一些不同的理解或想象，有些可能会觉得很轻松，有些可能有负面情绪。

樊富珉： 这种现象都很常见。高校的学生发展和心理健康工作，有一部分非常重要，叫职业生涯规划。职业生涯辅导主要是协助学生更好地认识自己，更好地认识职场，学习怎样做抉择和判断。我们希望每一位同学都能找到适合自己的领域，适合自己的工作场所和岗位，更好地施展自己的才华，能在实现自己个人价值的同时更好地服务和奉献社会。

主持人：您觉得这样的教育在哪个年龄段或者哪个阶段开展会比较好？

樊富珉：职业生涯规划与辅导，一般在西方国家与我国香港、台湾地区都较早开始，很多从小学生时期就开始了。实际上在幼儿园的时候，孩子们的游戏中就融入了职业启蒙。对一个人较早进行未来职业生涯发展的引导与探索特别重要，这关系到能不能找到适合的工作和发展的领域。学生们常常讲要找个好工作，那什么叫好工作？好工作就是适合自己的，要找到适合自己的工作就得探索自己是谁，是怎样一个人，了解自己的优缺点，自己的性格、兴趣、价值观。这一系列自我探索是今后走入职场必须具备的基本生涯知识。

幼儿园的游戏融入了职业启蒙

主持人：相当于知己知彼。

樊富珉：知己知彼是职业生涯中的重要要素。首先要了解自己，然后要了解职场，在了解自我和职场的过程中，找到适合自己的定位。

主持人：最理想的状态是从小学，至少在中学开始就要有这方面的教育。但是我们目前的教育现状还略显遗憾，学校、家庭等都没有太多的精力顾及。

樊富珉：近些年已经有了很大的发展和变化，职业生涯辅导和规划已经成了大学生的必修课。很多中小学也开始引进职业生涯教育，包括中考后到底是上职高还是上普高，能不能上重点，都和未来的发展密不可分。高中教育改革也强调以生涯发展为指导。在人生中学习的每一个阶段，我们所有的选择，所有的努力，其实都是朝着自己的梦想奋斗的过程，从而达到理想目标。工作对个人非常重要，绝不仅仅是谋生的手段，更是个人幸福的最大来源。在职场中生存与发展是两个重要的话题，很多年轻人可能在找工作的时候，会更多考虑的是这份工作能提供的收入水平，能不能满足我基本的生存需求。当生存问题解决后，可能更多地希望找到的工作特别有意义，自己很喜欢，又能得心应手，施展自己的才华。在工作中，既能得到自我价值认可，还能为社会做贡献。

主持人： 其实在最近几年的招聘市场中，有一个很奇怪的现象——企业招工难，个人求职难。

樊富珉： 这个问题已经引起了广泛的关注。我们在引导学生的过程中发现这其实是关于期望的问题。企业在招聘的时候，会从岗位的需要出发。而学生在选择工作时，会考虑许多方面的因素，比如待遇、机会、能力等，毕竟选择职业不是一锤子买卖，而是一个过程。所谓过程是我们对自己的认识具有阶段性，包括我们对工作与职场的认识，你不走进去，永远都是不清楚的。当你走进职场，在职场发展过程中，仍会有很多彷徨与疑惑，也有许多犹豫与难以抉择。同时企业也会提供相应的服务，这些服务其实与员工的成长密不可分。

主持人： 说到企业和员工的关系，我想再请教樊老师一个问题。我曾经看到过一句话：每一个人在职场中的第一份工作可能就决定了他在未来职场当中的方向或者角色。

樊富珉： 我不知道这样的观点是否具有代表性，因为实际上我们在选择第一份工作时，往往是比较迷茫的。因为不清楚职场到底是什么。"人职匹配"实际上是一个宽泛的话题。所以，在职业心理学研究中，一个非常重要的主题就是我们怎样了解自己与职业，怎样找到最适合自己的职位，而不是追求所谓的待遇好、工作少、离家近（钱多活少离家近）。我们常常渴望这些东西，因为它会带来更多的闲暇时间，我们可以花在喜欢的事情上。其实，对自己的了解永远是一个不断探索的过程。例如我自己，本科在清华大学学的是机械工程系的铸造设备及工艺专业。留校从事的专业教学都是教研组安排的，虽然我教过多门工程方面的课程，但那个时候我其实不知道自己擅长什么，不知道自己要什么，不知道什么适合自己，也不知道有多少工作领域可供探索与选择。在经过多年的工作后，我才慢慢意识到自己对"人"及其相关的工作更感兴趣。在对自己与职业有更多了解后，我就更关心什么是可以让自己感到"人职匹配"的。"人职匹配，其乐无穷"，如果个人特点与工作要求相契合，那么工作本身就非常愉悦，也有更多的成就感。

主持人： 樊老师用亲身经历告诉大家，不要拘泥于第一份工作，每个人可能都是在工作过程中不断地探索自己，调整自己的方向。

樊富珉： 生涯规划没有标准答案，每个人都不一样，独一无二。即使你对自己和职场的了解有限，不清楚自己真正想要的是什么，不能在第一次选择中找到适合的工作，但这不等于你可以停下探索的步伐。有一些比较关注员工的企业，员工入职后，企业会提供一些员工职业适应和职业发展的服务，例如 EAP。很多的人是在和工作相伴的日子里，不断地认识、探索自己，不断地接近自己的职业理想与目标。

主持人： 刚才樊老师说到一个关键词，叫作 EAP。请樊老师为大家来解释一下这个概念。

樊富珉： EAP 是一个概念的英文缩写，英文原文是 Employee Assistance Program，我们一般翻译为员工帮助计划或员工援助计划。EAP 到底是什么？一言以蔽之，EAP 是组织买单，员工及其家属受益的，以心理健康服务为核心内容的综合员工福利计划。这个计划里，除了心理健康与身体健康，还包括法律援助、理财指导等。

主持人： 员工在职场中面临的一切问题和困扰，是否都可能涵盖在这个计划当中？

樊富珉： 要看各个机构的 EAP 服务的具体内容。EAP 员工帮助计划起步于美国，最早可以追溯到 20 世纪初，到 20 世纪 40 年代影响更大。因为当时美国企业出现员工酗酒的问题。员工酗酒就会产生行为问题。酗酒会影响他的判断、精神与效率，影响工作。为了更好地发展，企业想方设法解决员工酗酒问题。企业不认为酗酒是认识或者道德问题，而认为它是一种心理疾病。所以，企业邀请心理学家帮助有需求的员工克服行为问题。在这个过程中，心理学家发现酗酒只是一种行为的外在表象。酗酒背后的原因是千差万别的，比如工作不如意、上下级冲突、不适应工作、工作任务太重，也可能是家庭的原因，如夫妻矛盾、子女成长问题、老人赡养问题，这些问题影响到员工精神情绪。酗酒或许成为摆脱痛苦、减轻压力的一种手段和方法。企业主请心理学家帮助员工处理个人发展和工作相关的问题，由此带动很多企业开始关注员工帮助计划（EAP）。

主持人： 刚才樊老师为大家解读了 EAP 的起源。直到现在，EAP 应该也是在不断地调整和完善的吧？

樊富珉： 确实。EAP 根据企业和员工现状需要而不断改进。世界 500 强企业基本上都在使用 EAP 服务。其中 EAP 服务有两种：一种是内部 EAP，另一种是外部 EAP。内部 EAP 是在组织机构内部设置心理健康服务的专业人员，例如企业的心理健康服务中心。而外部 EAP 是组织花钱购买 EAP 机构的服务，邀请他们进入组织内部为员工提供心理健康服务。作为一种组织的人文关怀，无论是内部 EAP 还是外部 EAP 对企业与员工的发展都是有帮助的。企业发展的原动力和最宝贵的资源是员工，健康的员工才是组织发展的基础和保障。

主持人：不同行业的 EAP 需求是不同的，每一家企业都会根据自己的情况来做考量。

樊富珉：EAP 服务的领域不仅有科技领域也有普通职场，如美国政府会给警察、教师、医生等购买 EAP 服务。简单讲，EAP 的服务对象是所有劳动者或所有职场人士。

主持人：那 EAP 这一概念是在什么时候传入中国的？

樊富珉：EAP 服务传入中国的时间有不同说法。一些大型跨国企业有这样的传统，当他们进入中国市场后，就把 EAP 也带进来了。我较早知道 EAP，大概是在 2000 年左右。实际上，1991 年我在日本留学期间，就已经关注了日本的 EAP 服务，当时日本称为产业心理咨询，更准确的是称为职场心理咨询。我的导师当时担任日本创业心理咨询学会的会长，带我参加了几次学会的学术年会和培训。当时看到日本企业有这样的服务，我感到十分新奇，因为在 20 世纪 90 年代国内的企业还是以做思想政治工作为主。留学归来后，我也在讲座当中介绍过日本的产业心理咨询，它属于内部 EAP 服务。2000 年以后，我和中科院心理所、北师大心理学院、上海 EAP 中心、中智德慧等研究人员、教授以及 EAP 提供商，开始研究国内 EAP 发展和 EAP 人才培养。真正有企业购买 EAP 的服务大约不到二十年。现在越来越多的企业强调人文关怀，EAP 在国内得到迅速发展，增添了很多中国特色，以帮助实现企业和员工的双赢。

主持人：您提到 EAP 时都是用"购买"一词，是由政府或者企业来购买这项服务？

樊富珉：外部 EAP 就是组织通过购买获得专业的服务。提供 EAP 服务的公司一般都有心理学家团队以及法律专家团队，会根据企业的需要，提供相应的订制服务。目前，国内以外部 EAP 为主，也有一些内部 EAP。内部 EAP 要求要设立专门机构，培养相关团队。其好处是对组织知根知底，包括掌握内部的流程，了解岗位，内部 EAP 处理问题更容易，劣势在于服务人员和企业员工上下班时间是相同的。员工上班期间没有时间寻求服务，员工有时间寻求服务时，服务部门也下班了。此外，提供服务的部门从属于企业内部，在遵从专业伦理时会产生压力，尤其是涉及双重关系、保密的问题。例如员工进行心理咨询后，上级领导可能会询问咨询内容。服务部门就会面临是否告知的难题，毕竟这关乎个人隐私和尊重。而外部 EAP 这方面的压力较小，可以在提供服务时较好地遵守专业伦理要求。

内外部 EAP 有各自的好处与局限性。目前，企业较多地选择购买 EAP 服务。根据企业的需求，开展培训、心理测评、个别咨询、团体辅导、线上咨询等，让企业员工更方便地接触到 EAP 服务，构建员工与企业双赢的环境。大量的研究发现，当员工能够处理好个人和工作问题时，他对工作的投入会更多，带来的绩效也更高。国家积极倡导打造真正有人文关怀的企业，关心员工的发展。部分国有大型企业，已经进行心理疏导、心理健康教育。EAP 现在已经慢慢地在中国普及，不仅落地生根，而且具有中国特色。在中国文化里，我们更愿意以更积极的形象出现，很多企业用"员工幸福计划（EHP）"代称 EAP，还有的企业就称为"员工成长计划（EGP）""员工健康计划（EHP）"或"心理资本增值计划（PCA）"。幸福是每一个人的追求目标，员工听到提升幸福的计划，就会较主动愿意接受服务。只要接触到这些服务，员工就会发现原来每一个人都需要相关知识来帮助自己更好处理问题和提升自我。

主持人： 不少企业家或者管理人员了解过 EAP 之后，可能也有推进所在企业的 EAP 服务的想法吧？

樊富珉： 实际上，企业面临很多挑战，如市场竞争、社会变化、人员流动和短缺。企业会有一些裁员或组织内部变革，这些都会给员工带来很多的挑战和变化。企业什么时候需要 EAP 服务？从人的需要层次来讲，每个阶段都需要。但企业主在遇到危机和困难时，更关注 EAP 服务的需求。除了企业变革带来的困扰，个人职业发展也会有困扰。进入了某个工作领域后，才发现这个工作其实和自己不匹配，很难适应。岗位如何调整？个人如何发展？此外，员工最大的压力其实是来自职场的人际关系。办公室里的人际冲突，甚至勾心斗角，互相间的不服气与不良竞争等，再加上婚恋和家庭问题、子女教育的负担。职场人士心理健康面临很多挑战。除此之外，现在越来越多的企业开拓海外市场，在海外建分支机构，员工还要面临着异文化、新环境适应和冲突的境遇，影响个人身心健康。像中石油、中石化这样的大型企业，越来越关心员工的需求和健康，在给员工提供一定物质保障的基础上，也开始为员工提供更多的心理健康服务和支持。

主持人： 企业主在团队中发现了这样的苗头，就应赶快寻求帮助。那向谁寻求帮助就很重要了。

樊富珉： 如果企业有条件，有一定的资金保障，有一定的专业人员，就可以构建内部 EAP，比如，在人力资源、工会、党群、健康管理等部门设立员工关怀和心理健康服务中心。但是一般中小型企业会去寻求外部 EAP，通过购买服务获得帮助。EAP 服务一般有四个步骤，包括需求调研、服务设计、实施方案、评估效果。首先 EAP 相关机构获得邀请，甚至需要通过招投标才能进入企业。进入企业后，需要做的第一件事情是调研。看看企业主所反映的问题是否存在以及企业员工状态。

主持人： 企业与员工的诉求不同，企业主可能是为企业的运营考虑。而对于员工来说，诉求会更多样化。

樊富珉： EAP 公司会先对管理层进行深度的访谈，对员工用问卷等方式进行调研，了解员工的需求和企业发展中需要的服务内容，如现在很多企业重视的员工工作压力管理。再比如，组织中的青年员工比较多，婚恋问题也很重要，还有员工的家庭和工作平衡问题。心理健康服务一定是根据员工的需求来设计的。第一步调研完成后，第二步就是设计方案，根据需求来设计，明确服务的对象、内容、形式。对象可以是基层员工、中高层管理人员、员工家属等；服务的内容可能是情绪管理、职场人际关系、职业生涯发展、压力调适、自信提升、团队凝聚力等；服务形式可以是讲座、电话咨询、网络咨询、团体辅导、工作坊等。第三步是实施方案。EAP 公司也不见得拥有所需要的专家，他们会根据不同的主题，邀请不同的专家，进行方案的实施。第四步是评估服务的效果。在提供服务后，员工或员工家属是否在服务中受益、员工抑郁或焦虑状态是否下降、亚健康状态是否改善等都需要进行科学的评估。很多人在接受 EAP 服务后才认识到 EAP 很温暖、很贴心，是一个帮助我们更好更健康地生活所不可或缺的服务。因为大家不是太了解，所以我们要根据国情加强宣传和科普，让企业和员工了解心理健康服务是组织和个人发展中不可或缺的。以前组织在这方面的了解较少，包括对心理健康的关注都是近二三十年发展起来的。员工在人生的不同阶段会遇到不同的问题，年轻时不适应工作，中年面临"中年危机"，老年面临离岗退休……所以主动寻求帮助，是我们每一个人对自己负责，对家庭负责，对工作负责的一种表现。

主持人： 推广 EPA 服务真的是任重而道远。一方面是我们有不同的企业业态，不同的业态要提供不同的服务，另一方面每个企业有不同的岗位，不同的个人有不同的境遇。

樊富珉： 确实涉及的面很广。人本身非常立体，所面临的问题和变化也是各种各样。一般来讲，因为企业及个人的不同，EAP 服务一般没有服务标准，而是量身定做，根据岗位和需求，还有经费的投入来提供不同的服务。

主持人： 这就涉及另外的一个问题——企业主对 EAP 的重视程度，会影响 EAP 服务所产生的效果。

樊富珉： 根据国外的研究，EAP 服务是有效的，大概 1 美元的 EAP 投入可能产生 8～10 倍的回报，但投入以后，常常是需要一定时间才能看到效果。所以，企业需要有人文关怀，以人为本。如果我们能够关注员工及其家属，使员工能够更健康地发展，员工会对组织有更多的归属感。当然，关键是要找到真正有资质的专业人员和专业的 EAP 公司。很多人是因为看到了 EAP 存在广阔的市场前景而加入的，他们不具有专业资质和良好的服务信誉、绩效，不能满足企业和员工的需要。所以，寻求 EAP 服务需要找对机构找对人。

主持人：企业如果希望做这方面的工作，应该从哪些方面来入手？

樊富珉：企业首先要了解员工的需求，也要知悉企业本身发展中面临的问题。有些企业处于战略调整期或者进行裁员，可能会引发一系列的问题和危机，企业可以在这之前做好防范，请一些 EAP 公司提供服务。如果是遇到一些突发事件，事发以后组织也可以寻求 EAP 服务，比如危机管理、危机干预。不同的 EAP 公司所提供的服务不一样，公司本身大小、规模、专业及擅长领域也不一样。EAP 服务是一个复杂的系统，需要充分的准备与调查，要选择企业需要的机构。当然还要公司间彼此信任，服务公司要对得起企业的信任，认真负责地进行调查研究。一个好的 EAP 公司能给整个企业发展带来积极的促进作用。

企业在战略调整时不得不裁员，不是员工表现不好，而是他的能力不符合组织发展的需求

主持人：那在您的教学过程当中，有没有专门定向地来培养这样的人？

樊富珉：高校培养人才要对接社会的需求，国内目前有一些大学专门在应用心理学专业研究生培养中开设了 EAP 的课程，我们也编写了"员工援助师"培训教材，社会上也有一些 EAP 的专业培训。但总体看，这些还无法满足社会的需求。

主持人：相当于通过考证的方式来完成学习。

樊富珉：暂时还没有国家层面的专业机构负责相关的考试与认证。更多的是企业内部设立员工帮助专员或 EAP 专员，接受一些在职的培训。因为应用心理学专业的学生将来可能到企业或学校工作，所以我们会在研究生课程当中增加 EAP 的内容，比如开设职业心理学、职业心理健康、职业心理服务等课程。

主持人：回到最开始的话题，高中生在选择大学专业时可以从这个角度做人生规划。

樊富珉：职业生涯辅导是一个人职业发展过程中应有的服务。至于将来是否可以把 EAP 作为个人职业发展的方向，可能因人而异。现在越来越多的企业关注 EAP。目前在职场上的 EAP 服务人员很多都是根据组织的需要慢慢转岗。毫无疑问的是，应用心理学方向的学生从事这方面工作的人会较多。当然，EAP 的服务是以心理健康服务为核心内容的综合员工福利计划，由心理咨询师、心理治疗师、专业医师、法律工作者、社工等组成，是团队服务。最新的 EAP 发展趋势不再以解决员工存在的困扰和问题为目标，而是协助每个员工更好地认识自己，找到并发挥自己的优势和团队优势，提升个人在职场上的胜任力，以提高职场中的幸福感为目标。

EAP 服务是团队服务

主持人：企业常常会提到企业文化建设，EAP 是否是企业文化建设的升级版？

樊富珉： 很多企业把 EAP 看作企业文化建设当中不可或缺的一部分。企业要建设怎样的文化可能不同的企业差别很大，但是员工的健康幸福永远是企业文化的主题。在这里我衷心地祝愿每一位职场人士都能够更健康幸福地成长和发展，勇敢追逐自己的梦想。

"心灵绿洲"小课堂

本文介绍了 EAP（由组织买单，员工及其家属受益的，以心理健康服务为核心内容的综合员工福利计划）的重要性，以及 EAP 这一概念的传入和传播，对企业和个人的影响，企业该如何选择 EAP 服务。最后，专家樊富珉对 EAP 的未来发展提出建议，做出展望。

职场人员面临着裁员、社会变化、家庭关系等各种问题，由此产生的压力如果不能得到合理的调节，他们可能会采取酗酒等方式排解压力，造成工作效率降低。EAP 可以帮助他们减轻压力和焦虑，提升工作效率，促进企业发展、社会进步。

EAP 可分为外部 EAP 与内部 EAP。两者各有利弊，企业应根据自身情况，合理选择。EAP 服务应按照科学步骤，循序渐进。企业与 EAP 服务公司应通力合作，互相信任。EAP 有着诸多好处，经过实践，已经发展出具有中国特色的规划服务。但 EAP 市场仍不成熟，存在服务公司资质不足、人员参差不齐等问题。EAP 服务是一项团队工作，需要不同专业的人员通力合作，也需要社会各方面的支持。

Part 2 家庭教育和青少年成长

蔺桂瑞
让爱住我家

嘉宾简介

蔺桂瑞，首都师范大学教授，从事心理教育与咨询工作30年。原任首都师范大学心理咨询中心主任，首都师范大学教师心理研究与发展中心专家委员会名誉主任、首席专家，中国心理学会首批注册心理咨询督导师，国际认证萨提亚治疗模式咨询师、督导师，国际认证欧文·亚隆团体治疗师，北京市高校心理素质教育专家指导委员会副主任，北京高教学会心理咨询研究会名誉会长，中国心理学会婚姻家庭心理咨询与研究专业委员会委员，中国心理卫生协会大学生心理咨询专业委员会常务理事，北京大学等全国25所高校心理健康教育兼职教授、顾问，北京西城区等教委心理健康教育顾问。完成国家级、市级科研课题20余项，发表学术论文50余篇，主编（合编）著作13部。

主持人： 今天我们聊的主题与《让爱住我家》这首歌息息相关，在您这么长的心理咨询的工作当中，肯定留下了很多关于爱的印记。

蔺桂瑞： 是的，今年是我做教师的第48年，经常跟学生们在一起，师生之间有很多的爱。我自己有两个孩子，如今也做了奶奶。在这个过程当中，我对爱有很多的感受。

主持人： 爱在生活中无处不在，但现在有很多人生在爱里却不知爱。

蔺桂瑞： 父母爱孩子，是人类的本性。如何让孩子感受到父母的爱，并把这个爱转化为孩子成长的一种资源和力量，这就是需要我们共同探讨的一个话题。

主持人： 这也是心理学界很多学者正在研究的，即积极心理学。如何正确地来表达爱，如何让爱有正向的作用。

蔺桂瑞： 首先要知道我们的爱是希望孩子成为一个什么样的人。

主持人： 家庭中存在很多形态的爱，有一种泛滥的爱叫溺爱。

蔺桂瑞： 溺爱可能是发自父母自己内心的需求，有时候这种爱并不是孩子本身所需要的，跟孩子生命成长的需要也不一定吻合。如果是符合孩子心理成长需求的爱，那么这份爱就是孩子成长的一份动力，一份滋养。但如果这份爱不是孩子自身成长需要的，那么它可能就成为孩子成长的阻碍。

主持人： 有些家长不这么想，他认为，孩子要手机，要平板，要滑板鞋，我都买给他了。这就是在满足孩子的需要。

蔺桂瑞： 其实父母没有真正懂孩子。孩子的需要是其作为一个独立的个体，内心成长的一种需要。比如如何让孩子学会独立，学会延迟满足，这些都是他在未来成长中特别需要的。如果父母不注意培养孩子的这些能力，而是什么都满足孩子，未来孩子走向社会，一旦他人满足不了自己的需要，遇到了挫折，可能会出现各种心理问题。

主持人： 溺爱现象比较普遍。

蔺桂瑞： 有的时候问题也挺复杂的。一方面有的父母爱孩子，但不知该用什么方式去爱，可能就用了自己认为好的方式。

主持人： 家长会觉得，自己那时候穷，物质需求得不到满足。现在孩子有需求了，家长就会想尽一切办法去实现。

蔺桂瑞： 这可能就是家长自身成长中的一种缺失或匮乏，他们没有得到的满足，我们称之为一个未完成的事件、一个未完成的期待。他就把这个期待投射到孩子身上，通过孩子的满足使他自身也得到满足，但那并不一定是孩子内心深处成长的需求。

主持人： 爱在家里的形态，除了有溺爱，还有可能是没有表达或者不善表达的爱。

蔺桂瑞： 因为爱其实是一种情感的传递。一方面是通过行为来传递，另一方面是要通过语言表达。没有表达，孩子可能就接收不到，有时候就会出现误解。父母说我就是爱你的，孩子却没有感觉到，反而认为父母是压抑、控制了自己。

主持人： 这个应该也有中西方文化的差异。西方人习惯把"I love you"挂在嘴边，而中国人的表达就可能比较含蓄一点。

爱更多的是一种情感的传递，一方面是通过行为来传递，另一方面是通过语言来表达

蔺桂瑞：是不一样的。但是，从爱的本质来说中西方是一样的，从人的需求来说也是一样的。在适当的时候，父母还是要把爱表达出来，因为家长不表达的时候，可能同样一个行为，每个人的理解会不同。比如，我曾经听到有个孩子说，妈妈从小就不爱他。我说，怎么不爱你啊？他说我妈妈是位医生，我十岁的时候生病住院了，妈妈把我放下就走了。孩子觉得别人的妈妈都守在身边，那才是爱。但实际是什么呢？因为他妈妈本身是医生，觉得孩子病得不重，而且附近的医生护士她又很熟悉，把孩子交给他们，她很放心。妈妈并不是不爱他，但是孩子就不这么认为。

主持人：这可能也会给孩子的这一辈子或者很长的时间留下一个印记或者创伤。

蔺桂瑞：对，如果这位妈妈表达出来，说妈妈其实特别爱你，特别关心你，知道你生病也会特别难受，也知道你特别希望妈妈能陪在你身边。可是妈妈本身也是医生，其他的孩子也像你这样需要妈妈，而且妈妈已经把你交代给我的同事、朋友们了，其他医生、护士也会像妈妈这样关心你。那孩子听到这些，他就可以理解这份爱了。

主持人：甚至可能会以妈妈为荣。

蔺桂瑞：可能这件事情就不会成为他内心的一个缺憾了。

主持人： 但如果一直在空洞地表达爱，让爱变成一个口头禅，这样可能也不利于孩子的成长。

蔺桂瑞： 父母心里要有一个清晰的认识，爱孩子是希望他成为自己，因为每一个生命都是独特的。孩子在小时候可以依赖父母，但是他将来毕竟要长大成人，要独自面对社会，成为一个独立的人。我爱的目的不是我只爱你，把你留在我身边，而是让你成为你自己，成为一个独特的精彩的生命。

主持人： 这就是爱在一些家庭中的不同形态，包括泛滥的爱和不善于表达的爱。还有一个也是现在很多学者认同的一个说法叫作"无条件的爱"，是指即便小孩犯了错，做了一些不太得体的事情，我们也要站在孩子这边说，你不是被抛弃的，我是爱你的。

蔺桂瑞： 对于"无条件的爱"每个人的理解可能不一样，有的人可能就错以为是无限地满足孩子的需求。实际上"无条件的爱"是指不能把爱当成一个契约。比如有些家长喜欢对孩子说，你现在先写作业，写完之后准许你看电视。那么这种爱实际就是把爱当成一种条件交换，一种契约式的爱，是有条件的爱。而我们所说的"无条件的爱"是要接纳孩子的一切，无论孩子长相如何，无论他的行为是不是你喜欢，都不是重要的。重要的是家长要去接纳孩子，孩子是一个独特的生命，无论怎样，都会去爱他。

主持人： 现在很多家长只爱那个乖巧的孩子，对那个不太乖的孩子就不爱了。

蔺桂瑞： 因为家长认为孩子得满足父母的需求，而不是去满足孩子自己的需求。

主持人： 出发点搞错了。爱的感受，是让爱变成孩子自己的感受。

蔺桂瑞： 对，让孩子能感受到你对他的爱。

主持人： 家长传递的爱，孩子能接收到多少，可能也是一个问题。

蔺桂瑞： 对，他能感受到你的爱，更重要的是他可以把这个爱变为他自我成长的一种资源或者力量。

主持人： 那在爱的传递过程中，损耗还是挺大的。因为很多的家长都认为付出自己的所有去爱孩子，但是孩子没有感受到很幸福，或者没能很好地成长。

蔺桂瑞： 分享一个典型的学生案例。这个学生考上了一所重点大学，到外地去读书，但去了半年，放假后就再也不想上学了。后来大家就发现他缺少自己独立处理问题的能力。像是到宿舍办让人家调换一下宿舍之类的事情，对于其他学生来说再简单不过，但是对于他来说是个难题。为什么呢？是因为他在家里的时候父母对他的关怀太过无微不至了，家长从来也没有让他去独立办过自己的事情，这样他在离开了家之后的适应能力就很差。当他意识到自己适应能力很差，而别人都能很自如地去处理事情的时候，就可能会感到自卑。他越来越自卑的时候，就产生了退缩情绪，就不愿意去接触社会了。

主持人： 很多小孩可能会觉得父母给了我很多，包括物质的东西。物质能够给人的幸福感的存在时间好像是72小时，过了这个期限，可能这份幸福感就没了。

蔺桂瑞： 我们表达爱的时候不能单靠物质，承载情感的事物更重要。比如在我小时候，物质条件不太好，家里很困难，但是我能够深深地感受到父母对我的那份爱。父母对你随时的关心，能够知道你的喜怒哀乐，给予你很多情绪价值，爱不一定是物质的东西。

主持人： 现在家长的出发点其实也没错。

蔺桂瑞： 但是，用物质的东西代替了给孩子情感的爱。其实物质的东西代表了什么呢？父母没有跟孩子传达出内在的深厚情感。孩子只是得到了那个物质本身，并没有感觉到父母内心深处的那份爱。

主持人： 我们希望通过今天的节目，给大家带来一个新的观念——爱，应该通过恰当的方式、途径来表达。在孩子接受爱以后，父母也要跟孩子继续互动，让这些爱能够变成孩子自己的能量。但这个是挺难的一件事情，毕竟还有代沟。

蔺桂瑞： 我们生育了孩子，但不意味着这个生命就属于你。孩子确实是需要被保护呵护的，但是孩子是一个独立的生命，每个孩子都希望能活出自己的价值感，而不是依从于父母。让孩子觉得自己有被需要，有价值，这是自我成长的一个非常重要的目标。作为父母，要了解到这一点。父母替孩子做所有的事情，能够显示父母的能力，但并没有让孩子感受到自己是有能力的，是重要的。泛滥的爱会剥夺孩子自我成长的能力，导致孩子内心深处没有价值感。

比如一位大学生已经要就业了，却因重度抑郁不能工作。别人都很羡慕他的成长经历，家庭条件好，什么也不缺。但后来大家了解到，他从小到大什么都是听父母的，小时候买什么衣服都是父母来替他做决定，上大学的时候选什么专业也是父母说了算。他觉得自己没有价值。在和父母沟通的时候父母并没有想到这一点。父母认为自己都是为了孩子好，也觉得很委屈。但这件事情好像也不能怨父母，因为父母本身的初心是好的。所有的父母爱孩子的方式都是以他们认为最好的，没有父母会故意用不好的方式对待孩子，只是说他们还没有学到用更科学的爱的方式。

主持人： 教育都有用到心理学知识，随着心理教育的普及，很多家长也特别愿意学习相关的知识，以实现更好地自我成长，同时也陪伴孩子更好地成长。

蔺桂瑞：我相信每位家长都希望自己的爱能够真正成为孩子成长的动力。

主持人：爱的目的是能够让孩子成为一个独立的个体，活成他自己该有的样子，不要变成复制大人的模式。如何达到这个目的，如何能更好地表达爱，也是一门学问。比如怎么和孩子沟通，怎么表扬孩子，怎么批评孩子，在表扬和批评的同时，也应该能够让孩子感受到爱的存在。

蔺桂瑞：首先家长要有一个非常明确的认识。家长要接受孩子是一个独立的个体，要尊重孩子（的样子和行为），生命的本身是值得尊重的。不要总是批评孩子，不要试图把孩子塑造成一个父母想要的人，生命不是塑造。我很欣赏根雕艺术家。树根本身像什么，他们就把它塑造成一个相应的雕像。父母要去了解孩子的特点，把他培养成像他自己的人，这样孩子才能够活出自己生命独特一抹色彩。

主持人：提到塑造的概念，现在很多家长会通过图书或网络了解到一些名人的教育方式，希望把这些成功的经验复制粘贴到自己的教育里。

蔺桂瑞：家长希望孩子能够具备科学家、名人的那些品质，这是挺好的。但重要的是，不是一定要追求像名人那样成功。什么是成功？在传统的观念里，成功是一些外在的，考一个好分数，拿第一，变得有名气，或者物质生活有多么的富有。而追求外在的，往往满足的是家长的一种心理需求。真正的成功应该是把自己活出来，活得自信快乐健康。我认为自己是什么样的人，就把自己活成什么样。每个人的特点不一样，不意味着谁好谁坏，只是各有特点。现在有些家长喜欢把孩子与别人家的孩子比较，忽略了孩子自身的特性。每个孩子本来就跟别人不一样。

主持人：您怎么看待家长购买励志或教育书籍这件事情？

蔺桂瑞：家长可以从书中去学习培养孩子优良品质的做法，但是不要把这些东西生硬地加在孩子身上，要考虑到孩子的特点。父母要对孩子有更多的尊重和了解。他有什么兴趣爱好？他在想什么？他希望成为什么样的人？他现在情绪怎么样？家长要根据他的特点顺势而为，陪伴成长，而不是要特意塑造。

主持人：在顺势而为或陪伴中，一些家长会遇到很头疼的问题，就是怎么表扬和批评孩子，并在表扬和批评当中能够贯穿爱？

蔺桂瑞：这实际上涉及沟通的问题。有的家长的表扬就是说"你真棒"，像这样的表扬其实是无效的。孩子可能不清楚家长表扬自己的原因，或者不认为自己优秀，这时候孩子心里反而觉得不真实。首先家长需要明白表扬的目的是激励孩子更好地成长，希望他具有某些好的品质，所以不能是笼统地表扬。其次也不能单纯地表扬孩子的行为。假设今天孩子回家擦地了，家长就表扬说今天地擦得真好，如果某天孩子不擦地了，孩子是不是就会认为自己就不好了呢？父母要表扬孩子擦地行为背后所表现出的品质，比如夸奖孩子做事非常认真，热爱劳动等，那么孩子就会发展这个品质。如果家长只表扬擦地的这一个行为，孩子可能就会一直擦地，而不去做其他事。表扬是对孩子积极的一个评价，受到表扬，孩子就会不断地去提升自己的优秀品质，而不是停留在某一个具体的行为上。

主持人：但家长有时候会说"这擦了跟没擦一样。"

蔺桂瑞："算了，还不如我来擦"这种话，就把孩子的自主性全都否定了，扼杀了。不光是擦地，也包括学习。假设孩子过去可能考了60分，这次得了70分，这10分当中他付出努力了，父母看的不应该是70分的结果，而是说孩子进步了10分的过程。表扬孩子这份努力，是激励他，关注他的点滴进步。家长常常想要一个绝对化的结果，认为做不到就等于没做，把孩子一概否定。其实，孩子已经在努力了，家长更要去注意表扬孩子点滴的变化。

主持人：很多家长可能还忽视了表扬的力量，比如家长在玩手机时，孩子过来说爸爸妈妈我做了一件怎样的事，家长边看手机边回复真棒真好，非常敷衍。

蔺桂瑞：表扬要真诚。有些家长表扬的时候很敷衍，其实孩子非常敏感，父母心里怎么想的，孩子是很明白的。另外表扬不能附加期待，那是在满足父母的期待，而不是真正地看到孩子本身的想法。常常听到家长表扬孩子说"最近学习有进步，但是还不够，还要继续努力"，"但是"就把前面所有表扬的效果都磨灭了，这个表扬就是无用的。孩子没听到父母前面的表扬，听到的都是"但是"后面的内容，孩子因此很受挫。此外，父亲不要吝啬表扬，父亲的表扬对于孩子来说分量可能比母亲要重。原因是父亲跟母亲相比，通常孩子认为父亲是一个更权威的角色，加之父亲的表达一般不如母亲多。我记得在自己成长的过程当中，爸爸很少直接说出表扬的话，偶尔说一次，我听后感动得一直哭，现在还会回想起被父亲表扬的场景。

主持人：表扬可以给孩子很多的能量。那批评呢？批评有可能比表扬更需要注意。批评如果不妥当的话，可能会让孩子破罐破摔或者往更坏的方向走了。

蔺桂瑞；首先父母要认识到批评也应该带着爱——父母是希望自己的孩子变好。有时候家长的批评只是表达自己的愤怒，宣泄自己的情绪，所以孩子听不到父母批评中真正的爱的含义，爱的用意。批评跟表扬不同。表扬的时候提到要注重表扬那个行为背后的品质，而批评则不要发散到品质，要就事论事。概括性批评也是不可取的，比如"你看这件事你一直做不好，你哪件事做好了"这样的话，就是把孩子"一棒子打死"了。

主持人： 这个是原则性的。

蔺桂瑞： 还有一个方面是，批评的时候一定不要带着情绪。当父母有情绪的时候，先把自己的情绪调整好了，否则孩子感受到的只是父母的情绪，听不到父母批评的内容了。

主持人： 我们聊完了怎么样表扬和批评，接下来我们回归家庭本身。家庭是孩子所赖以生存生长的土壤。

蔺桂瑞： 通常说家庭是制造人格的工厂，父母是孩子的第一任教师。孩子成长的第一个场所就是家庭，孩子很小的时候，没有独立的能力，也没有独立的思考判断能力，他都是照着家长的教育来长大的。家长和家庭对孩子的成长有特别重要的影响。

主持人： 在心理学界有一个概念叫原生家庭，这个可能对人的一生都是特别重要的。

蔺桂瑞： 原生家庭就是你与父母组成的家庭，父母与孩子之间的关系很重要。原生家庭对孩子一生的成长具有重要的作用，特别是孩子出生之后的五年之内，因为那个时候孩子很弱小，他自己没有独立判断、思考、选择的能力，父母之间的关系，父母跟孩子之间的关系，父母对孩子的教育，对孩子的一生都具有特别重要的影响。

说到婴幼儿的依恋关系，若父母在孩子很小的时候能够去关爱他，让孩子感受到爱，孩子虽然不会思考，但内心深处能感觉到父母的爱，意识到自己是重要的，是被喜欢的，那孩子在心里就会慢慢滋生出自我价值感的最早的感受。如果父母没有给孩子足够的关爱，或者在孩子长大过程当中不断地贬低他，排斥他，疏远他，就会让孩子感觉到自己不重要，自己不是被爱的，那么他就会比较自卑。一个人对自己的看法和感觉，称之为自我价值感。自我价值感是人一生当中最重要的，是支撑他能不能有幸福感的最重要方面。

主持人： 或者叫整个人的心理支柱。

蔺桂瑞： 对，如果一个人活着连自己都不爱，觉得自己不重要，活在自卑当中，那么他不可能幸福和快乐，也不可能成就他的人生。在教育孩子的过程中，被称为核心关系的夫妻关系是最重要的。把孩子教育好，最重要的不是父母跟孩子的关系，第一层的关系是父母之间的关系，夫妻间能不能相互尊重，相互关爱，同时各自又自信、独立、积极、乐观。这在无形中对孩子就产生了影响。

主持人： 单亲家庭可能在这方面有一些劣势，对吗？

蔺桂瑞：单亲家庭会有一定的影响，重要的是父母如何去对待。假设孩子的父母关系不好，他们无法同频，分开也是正常的。但是要让孩子能够体会到，这是大人间的事情，认识到不管父母关系如何，父母都是爱你的，以减少给孩子带来的负面影响。

主持人：父母首先要成为健康向上、积极乐观的父母。

蔺桂瑞：父母希望孩子成为一个自信自强、积极乐观的人，首先就需要父母自己成为这样的人。我曾经接待过一个小学生，他经常逃学，家长把他带来后我就问了孩子，你觉得要处于什么情况下就不逃学了？孩子说爸妈别再骂人，别再打麻将了。孩子说的是真话，他心里对父母有看法，从内心深处就感觉到父母不是自己的榜样。

主持人：可能逃学本身是孩子情绪的宣泄，但父母看到的只是孩子逃学这个行为。

蔺桂瑞：父母可能从来不去反省自己。我们在做大学的心理健康调查过程中发现，那些自信乐观向上、人际关系和谐的学生，通常其家庭关系也和谐。有心理问题的学生80%～90%的原因可能是父母关系或父母跟孩子的关系不好。

主持人：一个自信健康的家庭培养出的孩子也是比较积极向上的。我们看到的很多孩子的问题，是一个家庭问题外化的行为表现。

自信健康的家庭环境透着积极向上的气场

蔺桂瑞：孩子是家庭系统的反映，建设和谐健康的家庭氛围非常重要。家庭关系平等，家庭成员之间相互尊重，相互支持，相互交流。首先彼此之间要表达情感，更要尊重各自不同的地方。每个人都不同，丈夫与妻子，性别本身就不相同，孩子跟父母生活的年代不一样，各自要去理解彼此的差异。在家里所有的情绪都需要去理解，去接受。在我自己的家庭中，有一件事让我非常感动。我在结婚40周年的时候，让家里的每一个人写一封信。儿子说，看到父母相亲相爱，让他感觉在这个充满爱的家庭当中，人人都能够自信自强。女儿说，爸妈相亲相爱40年，风雨同舟，我和哥哥很幸运，生活在这样的家庭里。当我看到孩子们这么表述的时候，我就更确认了心理学上的一个理论，就是当我们自己把家庭经营得和谐幸福快乐，父母自身成长得更自信健康积极、情绪稳定的时候，孩子在这种氛围当中就能够健康地成长。

主持人：或者可以叫作共情？

蔺桂瑞：这就是沟通的另一个层面的问题。共情是说我不把自己的想法强加在你身上。共情需要家长站在孩子的角度去感受他，需要家长先把自己的想法放空，别把自己的观念想法强加到孩子身上。当家长把自己放空了之后，才有可能听得见孩子的想法。再一个方面就是共情的时候要注意什么？首先不是某件事情本身，而是先感受他的情绪。这个孩子现在是开心，还是有些愤怒不满呢？先感受他的情绪，然后再讨论事情，这样孩子会觉得父母能够理解他。

今天跟朋友们聊了很多，我希望父母首先要明确一点，爱孩子是让孩子成为他自己，让他成为一个独特的自己，让他的生命活出他可以有的那份精彩，让他的潜能得到充分发挥。其次，父母要懂得如何去尊重孩子，如何去和孩子恰当地沟通。最后，最重要的是父母如何做孩子的榜样，如何去营造一个健康和谐的家庭关系。

"心灵绿洲"小课堂

爱在我们的生活当中无处不在，爱的能量是巨大的。

父母首先要明确认识到，爱孩子是让孩子成为他自己，让他成为一个独特的自己，让他的生命活出他可以有的那份精彩。恰当的爱是符合孩子心理成长需求的爱，不恰当的爱会成为孩子成长的阻碍。其次，家长要找到合适的方式来表达爱，让孩子能够感受爱、接受爱。表达爱，不能单靠物质关怀，情感更重要。

在处理让多数家长深受困扰的表扬和批评问题中，重要的是能够在表扬和批评中贯穿爱。表扬时要注重表扬行为背后的品质，而批评则不要说那个品质，要就事论事。

最重要的是父母要学会做孩子的榜样，营造一个健康和谐的家庭关系。家庭是孩子所赖以生存生长的土壤，家长和家庭对孩子的成长有特别重要的影响。家庭成员之间要相互尊重、支持、理解。家长还要学会与孩子共情，要站在孩子的角度去感受他，理解他。

梅建
早期教育教什么？

嘉宾简介

梅建，中国儿童中心研究员，中国优生科学协会副会长，中国关心下一代委员会专家委员会副秘书长，中国优生优育协会常务理事、专家委员会委员、标准委员会副主任委员。

主持人： 梅老师好！今天的主题与您常年的研究对象——儿童有关。

梅建： 我在儿童领域工作了大概三十几年。刚入职时，中国正好恢复联合国席位。当时国家的确需要儿童方面的专家，包括营养补充、疾病处理和儿童保健领域的专家。随着社会发展，心理教育专家也开始关注这一领域。刚一开始，由于肺炎、免疫系统疾病、小儿麻痹后遗症等，儿童死亡率较高。对此，首要的工作任务是保护母亲，第二是鼓励接种疫苗，第三是预防感染性疾病。由于腹泻脱水造成的儿童死亡，肺炎导致的发烧感染治疗不及时导致死亡，严重的佝偻病或营养不良造成儿童生长发育较差，当时中国儿童体重和身高发展在全球处于较低水平。

主持人： 那时，我们更多地关注孩子身体方面的发育。现在条件好了，大家可能不需要操心物质生活条件，关注焦点可能转向另一些方向。

梅建： 通过十几年的奋斗，也就是在1995年和2005年时，调研发现中国儿童体质状况基本上是良好，且发展趋势向好，目前在亚洲是数一数二的，在全球也靠前。但是，出现两个问题。首先，我国经济和生活条件明显好转，但科学进食知识普及不到位，造成许多成年性的慢性非传染性疾病，包括肥胖、脂肪肝、高血脂、高血压、糖尿病等，以及疾病所引发的脑出血、脑梗等。现在孩子生长发育营养不良的问题虽然已经得到解决，但出现了营养过剩。同时因生活方式改变、工作压力增强、经济发展和社会变革等原因，人们的压力逐渐加大，造成了很多的心理问题。

主持人： 近年你们的工作重心是否转向心理方面的研究和普及？

梅建： 是的，我是中国心理学会常务副秘书长。早期工作中，我们发现儿童的生长发育是伴随着心理成长的。儿童生长发育和心理发展统称为儿童发展。早期的研究中，我们发现在生活条件或环境变好后，人们可能忽略影响儿童早期心理发展的因素。儿童早期的心理发展将会影响儿童的智力发展和未来社会适应。比如，我和吴凤刚教授调研发现，黄河中下游地区存在一种特殊的养育儿童的方式——沙袋养育。从儿童身心发展的角度看，这种养育方式非常令人揪心。早期经济不发达时，沙袋的第一个作用是代替尿布，第二个作用是防止孩子掉在地上，用沙袋保证孩子的安全。然而沙袋将孩子固定在床上，孩子长时间对着天花板，没有早期教育和早期刺激，导致孩子发生认知问题。发现这个问题后，我们做了详细调研和干预研究，发现长时间将孩子放在沙袋里，对孩子的智力发展将产生终身影响，放置时间超过两年半甚至是三年的孩子会产生智力缺陷问题。这些问题导致这些孩子无法完成小学阶段学业任务。

主持人： 一大批像您这样的儿童工作者，逐渐将关注点由身体发育转向儿童心理健康，尤其是目前的热点——学前教育领域。

梅建： 无论是社会，还是家庭或者教育界，在关注孩子生长发育的同时，也关注到了孩子的心理发育问题。早期教育的问题也越来越成为关注的热点，而且早期教育的痛点给家长造成越来越多的模糊认识。

主持人： 在您看来，学前教育或者早期教育，大概什么时间开始合适？

梅建： 很难细致划分。简单来讲，早期教育应该在从出生一直到6岁阶段。

主持人： 因为这一阶段的儿童正处于高速成长的过程，可能一天一个样，从出生到6岁应该是比较笼统的划分。早教的年龄是否有更细致的划分？

梅建： 孩子在0～3岁，即上幼儿园之前，这一阶段主要以家庭教育为主，以母亲为主体。不论农村还是城市，孩子在3～6岁时进入幼儿园、托儿所或早教班是我国的普遍现象。但学前教育的机构究竟教什么，这就是今天我们要讨论的问题之一，也可能是家长比较关注的问题。

主持人： 有一个词叫天分，说某人善于在某方面的工作中发挥优势，具有天赋，您认可这种说法吗？

梅建： 我认可这种说法。人类发展跟遗传有一定关系。这种遗传可能能够决定智力的基本情况，孩子的后天教育和引导孩子的方法对孩子后期发展至关重要。

主持人： 是否会存在以下这种情况，即家长可能在教育过程中不了解或者认识不到孩子可能存在某方面的天分，导致孩子的天分被埋没？

梅建： 这种问题肯定存在。因为在教育过程中，家长不能清楚地了解孩子的发展需求。

主持人： 他们可能会按照自己的成长轨迹帮孩子规划。

梅建： 很多家长存在一种根深蒂固的观念，即应该让孩子学到更多的东西，比如要背多少个单词、多少首唐诗宋词，或者记多少数字。但是孩子究竟需要什么，家长们可能并不清楚。我们强调不能把小学的功课内容搬入早期教育中，这不叫早期教育。比如，因为国际交流和往来的需要，大家都很重视外语学习，有些家庭为孩子报了外语辅导班。我曾经和中国社会科学研究院的佟乐泉教授及相关的专家们讨论过，在母语系统没有建立之前，学习一门新的语言需要暴露在这个语言环境中，而暴露时间应该占用个体一天中清醒时间的三分之一，即一天中应用这门语言的时间应该占到清醒时间的三分之一，才能够打好掌握这门语言的基础，将来才能更好地运用这门语言。但是大多数外语辅导班的学习时间都不会超过一天清醒时间的三分之一。此外，学习的语言种类过多有时候不利于儿童语言相关能力的发展。前些年深圳有一些孩子三四岁都不开口说话，家长觉得可能有问题，带孩子到医院检查，结果孩子的听力没有问题，领会他人言语意义的功能没有问题，情绪情感表达能力也都很好。语言专家和儿童成长与发展方面的专家调研发现，在这些家庭当中，父亲说普通话，母亲说粤语，家里保姆又说另一种方言，孩子在幼儿园接受的是普通话，导致孩子不知道如何开口。这是造成儿童不开口说话的原因之一。一般情况下，孩子接受的语言种类最多可以达到三四种。在特殊情况下，有些孩子能接受的语言种类就只有两三种，超过这个数量时，他们可能就没法开口说话。所以，语言的发展不正常可能是由环境因素造成的。

主持人： 现在教普通话居多。在某些方言区，可能存在方言教育，鼓励孩子说方言。紧接着可能会希望孩子接受英文方面教育。

梅建： 我们不反对学方言，也不反对学外语，但要明确学外语和学方言的目的是什么。方言的学习跟当地的文化传统和当地民俗传承是有关的，但应该注意方言学习所占日常生活的时间比例。

主持人： 小孩想要说话，但是脑袋中可能有三四种语法、语言逻辑在打架，导致他可能不知道该如何说话。

梅建： 这种情况也确实在很多小孩身上出现过。这令有些父母感到困惑，甚至会怀疑孩子语言或听力功能存在问题。

主持人： 我想可能会有一种更可怕的情况，就是家长觉得孩子不会说话，就拼命让孩子学更多语言。

梅建： 一般情况下，发现孩子不会发音或者不会说话，家长都想找医院解决问题，但这不是医院能解决的问题，这应该属于社会心理和教育学的问题。家长应该多了解孩子语言发展的特征和规律，最好不要在语言发展的关键期让其学习三四种语言。

主持人： 说到早教，语言学习是很重要的一部分。很多家长爱子心切，希望孩子不要输在起跑线上，将起跑线不断往前移。原来小学是起跑线，现在可能幼儿园，甚至于将刚出生、刚怀孕时都当作起跑线了。

梅建： 确实很多人都在说不要输在起跑线上，我想这应该不只指知识。起跑线不应该教的全是知识，而应该教的是能力。所谓的知识学习是什么呢？是在个体有充分准备的情况下接受知识。个体怎么准备呢？俗言道，磨刀不误砍柴工。"磨刀"包括身体层面上的生长发育。保证正常的生长发育需要避免过分喂食。现在很多家长在孩子出生前便开始进行早期教育，对孕妇开展有关预产早期教育、教授饮食知识以及形体训练。世界卫生组织建议，孩子出生时的体重在 2.5kg～3kg 是比较合适的，如果太轻了，可能存在营养不良的情况。这也是对孕妇的一种保护。

不能输在起跑线上

主持人： 像这样的学术论断可能与大家长久以来形成的观念有冲突，大家总会觉得，怀孕就应该吃好吃多。

梅建： 是的，大家都很关注产妇。目前对于孕产的关注也更加科学了。现在孕妇更愿意去比较好的孕产妇学校学习，也更愿意听营养老师的指导。她们在孕产期和抚养小孩时，也更希望得到正确的指导与建议。

主持人： 早教应该先教育妈妈们。

梅建： 在早教发达地区或知识层次比较高的地区，甚至已经推进到领结婚证时就开始进行早教。很常见的是，在夫妻备孕期间，会建议女性补充一些人体必需的微量营养元素，并进行相关检查。而男性则会建议他们戒烟戒酒。

科学备孕

主持人： 我们会发现一个很明显的现象，很多小孩的问题可能因为家长的行为习惯或教育方面出了问题。

梅建： 确实。通过反馈和回顾性的调查，能够发现上述的问题确实存在。随着机械和机器逐渐替代人力劳动，现代女性与过去需要付出更多体力进行劳动的妇女不同，所以现在的剖宫产率特别高。从专业角度来讲，剖宫产给孩子造成了很多的问题，学习能力不足，学习困难或者感觉统合失调。在中国中等及以上城市的生育中，剖宫产率在40%～50%。美国学者研究发现剖宫产的孩子在工作当中经常出现问题，容易遭到斥责。从医学的角度讲，通过子宫的压力把孩子从阴道压出来的压力是个体的一生中遇到的最大压力。顺产的小孩出来以后，脑袋都是变形的。婴儿的头是软的，通过前面所体验到的压力感，就好像脑组织和液体都要膨胀出来了。这种压力是人类出生以后体验不到的，它所起的作用就是把全身的感觉神经激活。这对感知觉和感知反应的作用是巨大的，是建立神经反射非常重要的一步，所以处于孕产期的家庭要谨慎考虑是否选择剖宫产。现在国家规定，妇产医院要尽量鼓励孕妇自然生产，而且在生产之前，孕妇应学习一些相关的知识，让她们为自然生产做好准备。不要将胎儿养得太大，或者通过体质锻炼增加腹肌的力量，从而降低剖宫产比率，这对妇女产后修复和孩子一生发展都是有好处的。

主持人： 随着科学的深入研究，包括心理脑科学，剖宫产的比例会慢慢降低。但是家长们溺爱孩子的程度和趋势却是不停向上走的。

梅建： 这也是我们非常关注的话题。在中国的家庭结构中，这也是争论较多的话题。老一代与年轻一代的关注点不同，老一代可能不将教育孩子作为主要的关注点，但是年轻一代却尤为关注这一问题，表现为让孩子学习更多的知识，或者严苛管教孩子。

主持人： 这应该是所谓的隔代问题。

梅建： 隔代教育会让孩子在选择或遵从何种价值体系的问题上产生模糊的概念，即应该听从爷爷奶奶的，还是爸爸妈妈的，从而其对于自身的控制便会产生矛盾感。

主持人： 这与刚才讨论的早教语言问题有点类似，即有两种评价标准同时加诸同一个体身上，个体该如何选择的问题。

梅建： 对于孩子，这是很难选择的，也很难出现大家都渴望的结果。

主持人： 刚才我们聊了很多，从早期教育的由来到其发展演变，也谈到了隔代教育的问题，那么隔代教育可能是很多家庭矛盾的根源之一。

梅建： 在有些多子女家庭中，父亲为家庭生计去奔波，没有对管教孩子起太大的作用，母亲的主要功能是照料孩子的起居生活。但是在隔代教育中一旦发生了问题，父亲可能回来会批评甚至惩罚某个孩子，在批评和惩罚的同时，没有受到责罚的孩子也会引以为戒。这样的教育是具有比较性的，能够增加孩子的正向行为，提高他们的社会能力。

主持人： 这可能得在多孩家庭才能够实现。

梅建： 但是，目前家庭中的比较性教育较少，除了受到独生子女政策的影响，还与一些隔代老人对孩子无条件疼爱有关。隔代教育中的家长除了给予孩子疼爱之外，还对孩子报以极高的期待。因此，家长认为应该让孩子学习更多的知识，为其增加了不少学习负担，这样的现象需要广大家长反思。

在中国儿童中心有一个儿童心理咨询中心，曾有一个成绩优异的 11 岁孩子，他的祖父母和父母经常陪着他来儿童中心上课。但有一天孩子不愿意上学了，家长非常着急。孩子进入咨询室后，我们了解到家里给他报了很多辅导班，不只双休日要上课，放学后也要参加辅导班的学习，因此他特别不愿意去上学。当然，可以看到家长为了他的学习，在经济、体力和精神上付出了很多。于是，我们从社会这一角度试图引导孩子，即步入社会需要满足社会需求，而满足社会需求就代表需要具备某项社会需要的能力。他说他现在并不担心有没有工作，而是他没有一点休息时间，虽然学习好，却感受到许多压力。于是，我问他究竟想如何生活，他说想像爷爷一样退休在家，什么也不用干。可以看到，这个孩子脑中的想法并不能帮助他解决问题，原因在于他还处于受教育的阶段，离不开教育阶段的任务。最后，经协调，孩子跟家长就去哪些辅导班的问题进行了谈判，辅导班去掉了一半，因此他非常高兴。这个孩子休整了一星期后，回到学校，仍然保持着优异的成绩。

主持人：孩子的学习压力确实比较重，但是在这一阶段，他们的自我适应和自我调整能力应该也是最强的。

梅建：是的，我在儿童中心工作了这么长时间，关于早期教育究竟教什么的问题，我的体会是，不是教孩子更多的知识，应该教他们能力。除了学习能力，最主要的发展领域是个体的社会适应能力、身体素质以及培养自身的兴趣，例如体育活动、绘画和舞蹈。因为如果将学龄期的知识迁移到学前期当中去，并在学前期领会到知识后，进入小学课堂可能会出现对这部分知识不认真学习的情况。从出生一直到四五十岁，人类都更愿意接触新事物和挑战，这样的精神和品质在当今的时代背景下更应该得到延续。目前，培养孩子对新生事物的好奇心和探索精神是非常重要的。对这一点，大家应该深有体会，原来单位里的收发室有收发员，现在由快递公司替代了；原来单位需要打字员，现在人人都会使用电脑了；原来的单位需要司机，现在人人都学会开车了。也就是说有些工作逐渐地被一些机器和专业的社会服务机构所代替，这份职业可能就消失了，而且其消失速度可能非常快。例如，某人在从某个专业毕业后，其所对口的职业便消失了，那么个体如何应对这样的情况？如果个体具有广泛的兴趣和较强的社会适应能力，就知道该如何去转换身份和适应社会，因此培养兴趣和提高社会适应能力对于现如今的人来说非常重要。

主持人： 但家长总觉得不能输在起跑线上，将孩子与其他孩子作比较，微信群里的妈妈们帮孩子报三五个班，自己的孩子也得报几个班。

别人家的孩子

梅建： 是的，中国的传统就是过年看邻家，体现在下一代身上就是将自家的孩子和别人家的孩子作比较。过去老话说孩子还是自己的好，但是家长一看人家的孩子比自己孩子学习和掌握的知识更多，家长又非常着急。在当今的社会发展背景下，教育应该关注并培养孩子的韧性，即培养孩子社会适应的心理弹性应该成为早期教育中更为重要的议题。

一位美国专家做了一个经典的实验叫软糖实验，这个研究主要探讨了延迟满足对于个体发展的影响。实验过程中，主试给每一个小孩发了一块糖，并告诉他们，主试一会儿要出去办一些事情，回来时，没有吃掉糖的孩子，不仅可以将手上的糖吃掉，还可以再奖励他一块糖。结果有一部分孩子没有抵制住诱惑，将软糖吃了。这说明这些孩子的自我控制能力和延迟满足水平并不高；有一部分学生没有吃掉软糖，并且后来又得到了一块糖的奖赏，这有可能说明这一部分孩子已经学会了先观察分析再做决策的能力。事实上，在个体步入社会时，观察一分析一决策的能力对其成功起着积极的作用。研究人员持续观察了20多年，发现延迟满足水平较高的孩子的成功率比立即满足的孩子更高。实际上，这种延迟满足的能力对孩子将来持之以恒发展自己的学习能力和社会适应能力非常重要。

主持人： 连自己都管不好，要怎么管别人。还有一个问题是关于孩子自理能力方面的，有一些家长会觉得应该培养孩子自己动手、自己吃饭和自己穿衣服的习惯。但是，有些家长认为"船到桥头自然直"，到了相应的年纪自然就会做相应的事情。您是怎么看待这个问题的？

梅建： 船到桥头自然直，这句话对，但也不对。原因在于过去的家庭中可能有好几个孩子，大的帮助小的，小的效仿大的，孩子管教孩子。例如，哥哥姐姐对弟弟妹妹的管教是非常直接的，而且这种直接的效应都完全可以通过模仿让弟弟妹妹所习得。假如不听话，哥哥姐姐可能会采取武力的方式让弟弟妹妹屈服，弟弟妹妹的心里可能会产生惧怕。除此之外，哥哥姐姐在管教弟弟妹妹时，后者可以迅速学习和模仿，这种学习和模仿对儿童的社会适应能力和生活自理能力的培养非常重要。在生育政策放开后的一段时间，或许大家可以观察到类似的现象。

主持人： 那在"一孩"时，大家可能还要花一定的心思来做与提高社会适应能力有关的培训和指导。

梅建： 孩子在参加与提升社会适应能力相关的活动时，家长们应该进行鼓励和表扬，但是鼓励和表扬不能太频繁，否则容易使鼓励和表扬失效。对孩子渴望的内容，或者其希望通过努力得到认可的事项进行表扬和鼓励时，鼓励和表扬的效果和作用持续时间才能更长，对于其良好行为习惯的养成才更为有利。值得注意的一点是，来自重要的人或者个体尊重对象的表扬和鼓励也能够在较长时间内维持其正向的行为。

主持人： 个体早期的培养是非常重要的。《世说新语》提到"小时了了，大未必佳"，意思说的是如果你小的时候很厉害，长大了未必会好。从早教对个体人格健全的作用来说，这是否有一定的道理呢？

梅建： 主持人说得非常好。但是，与孩子有关的评价标准应该是社会上的评价标准，而不应该是小家庭的评价标准。

主持人： 因为在家庭当中，有家长会自以为是，自然地用自己的标准来评价孩子。

梅建： 应该从社会标准出发去评价孩子，给予孩子鼓励，这样让他尽量去靠近社会，适应社会的评价。因为小家庭的评价并不能代表社会评价，孩子若是拿家庭的评价标准鞭策自己的行为，可能使其与社会存在一定的距离。

主持人： 因为个体终究要脱离家庭，走进学校，再到社会发展的。

梅建： 个体的发展并不是在家庭中获得认可就算成功了，而是要在所属的群体和所处的社会中得到认可，那才能算是成功。

主持人： 是否还存在另外一种情况，即孩子已经很优秀了，但家长仍会对小孩有所苛责，永远对孩子有所要求，树立一个新的目标以鞭策孩子往前走？

梅建： 这就是家长对孩子过分的要求，一般情况下，只要通过努力取得了比过去更好的成绩，就应该给予认可，但是如果家长的标准太高，那么孩子可能会认为即使得到暂时的认可，父母也永远不会满意。什么是最好的教育？适当的教育和指导是最好的。例如，树上有一颗苹果，孩子不用蹦，也不用跳，顺手就拿过来，那么是低标准；假如苹果所在的位置非常高，跳三五十厘米还够不到，那么标准就是过高，因为在这种情况下孩子跳多少次都拿不到苹果，非常容易丧失信心，打击了孩子的积极性；假如通过孩子的努力，蹦跳到一定的高度，他拿到了苹果，完成了任务，也得到了认可，这就是最好的标准。也就是说，适度的要求与教育就是最好的目标。

主持人： 家长也要设定合适恰当的目标，当然也不要一味捧杀孩子，过分夸奖孩子。

梅建： 不同孩子的适度评价标准可能是不一样的，应该根据孩子的基础水准和孩子可能付出的努力程度设定合理的目标，如此才能对孩子形成鞭策和鼓励。

主持人： 那接下来的话题是现在的家长们非常关心的，有关智商和情商。

梅建： 智商属于老生常谈的话题了。智商被称为智力商数，目前在国内有很多的评价方式。最为经典的是采用智商筛查型量表，不同年龄段有不同的测量方法和量表。量表内容的完成难度不高，但是要求在做量表时，孩子应该处于休息好且平和的状态，测验环境必须安静，其测量结果才可提供参考。

主持人： 那您是否建议孩子们去做智商筛查性量表呢？因为我曾经听过一些小朋友们在攀比自己的智商是多少，其他人的是多少，这是否会让孩子形成一个有关智商的刻板印象呢？

梅建： 我的建议是没有必要去做，原因在于大部分个体的智商差别并不大。如果让孩子觉得自己智商很高，那么其学习可能就不会那么努力，其表现可能就不如智商较低的孩子，笨鸟先飞、龟兔赛跑反映的皆是这样的道理。

主持人： 家长可能要重新定义和认识智商了，和智商相对的就是情商。

梅建： 情商引入中国的时间并不长。很多企业在员工入职时会对员工的情商进行调查和评价，包括评估员工的社会适应能力和合作能力，以评估员工是否符合集体的工作需要。情商与智商哪个更重要？在心理学中，并没有就这一方面进行过严格的评估。但是我认为情商评价的标准和方式肯定能对个体步入社会时所需的合作能力和管理能力产生一定作用。情商和智商的评价方式都是采用问卷来评估的，对环境的要求，对操作时间和被测者的状态要求都较高。

主持人： 很多家长都觉得情商和智商很重要，总希望自己的孩子双商都高。那在您看来有没有能够提高孩子双商的培训或者方法？

梅建： 因为家长会更加关注智商，因此先从智商讲起，在过去几十年中，我们曾经做过一些尝试。比如，在学前教育中，采用学界操作得较为熟练且社会影响较大的"3·3·3教学体系"，这一体系是杨玉英研究员和朱法良研究员发明的脑科学的操作方式，通过体系的培训来提高孩子的认知水平，同时提高社会适应能力。在中国儿童中心的早期教育中，曾经采用"3·3·3教学体系"进行实验和培训（被试不知道实验和培训的具体目的），研究数据表明培训组和不培训组有很大的差别。因为培训的主要内容是训练儿童手眼脑协调，以及加速大脑皮层血液供应的培训，培训时长大概两个学期，后期再次评价培训组和不培训组孩子之间的差别，发现他们的差别非常大。因为学前期儿童的形象思维已经发展了，但是逻辑和抽象思维还未得到发展，通过培训的刺激，个体的抽象思维和逻辑思维得到了一定的发展，在需要运用抽象思维和逻辑思维的题目时，培训组的成绩显著更高。当然，情商的培养也是一样的，我们筛选出智商较高的孩子，让其接受情商培训和训练，考试时，他们的学习能力和情绪可能更加稳定，从而成绩可能更好，成就感也更高。

主持人： 是的。今天的节目从早期教育说起，关于早期教育到底该做什么，从什么时候开始做等一系列的问题，也与大家做了充分的分享，因为我们的根本目的是希望孩子能够更好地、更健康地、更快乐地生活在这个世界上。

梅建： 心理健康是指强大的心理，让内心富有更大的弹性，这样才能保证一个人在遇到挫折的时候能够想办法去解决问题，转向另一个方向和策略，而不是硬碰硬，最终导致崩盘。在孩子表达自己脾气和情绪的时候，家长应该等待孩子的情绪平复，并注意观察其情绪发作和平复的过程，即观察什么方法使其情绪得到平复，或者什么方法使孩子宣泄情绪无效，对趋向积极方向的行为和方式表示认可，从而强化这一行为，这是增加其心理弹性的一种方式。在处理孩子情绪的过程中，要注重增加孩子的抗压性，提高心理弹性，这是将来进入和适应社会应该具备的一种心理品质。

主持人： 要增加孩子的心理弹性，增强他们将来面对生活、面对世界的信心。

梅建： 我们现在面临着很多来自社会的心理挑战，增加孩子的社会适应能力和心理弹性，让他们更进一步地适应社会，将来他们在社会当中才会取得更好的成绩。

"心灵绿洲"小课堂

儿童生长发育和心理发展统称为儿童发展。而儿童早期发展将会影响儿童的智力发展和未来的社会适应。早期教育是从出生一直到6岁这一阶段。

首先,早期教育应该尊重儿童的身心发展规律和孩子自身的发展需求来进行教育。例如语言教育,一般情况下孩子接受的语言种类最多达到三四种,在一些情况下,有些孩子只能接受两三种,超过一定数量会造成孩子的语言表达障碍,甚至无法开口说话。

其次,早期教育也要对妈妈展开教育。对孕妇开展有关孕产早教、健康饮食以及形体训练等指导,不仅是对孕妇的一种保护,同时更对孩子的生长发育和发展起着非常重要的作用。

再次,早期教育应该注重能力的培养,特别是培养孩子适应社会的心理弹性。早期教育不是注重更多知识的输入,而是学习能力的培养。最主要的发展领域是个体的社会适应能力、身体素质以及培养自身的兴趣,尽可能地从社会标准去评价孩子,给予孩子鼓励。心理健康也是早期教育的重要的一方面,要注重提高孩子的抗压能力,即提高心理弹性,增强他们面对未来生活和世界的信心。

连榕
怎样帮助孩子学习

嘉宾简介

连榕，福建师范大学二级教授、博士生导师，中国心理学会常务理事，中国教育学会学校教育心理学分会副理事长，福建省学校心理健康教育发展中心专委会主任。

主持人： 今天的话题是很多家长朋友特别关心的，也是现在教育学界比较关注的一个问题，即如何帮助孩子学习。

连榕： 学习心理是教育心理学研究的最重要的问题。因为教是为了学，家长要帮助孩子学习，首先要了解他的学习心理，才能知道怎么去帮助他。教育学提出的一些教育教学原则是建立在学习心理研究的基础上，并根据学习心理来制订教学计划、原则以及具体的方法。

主持人： 现在读师范专业的学生们应该都会学到教育心理学。

连榕： 教师一定要学教育心理学。教育心理学是帮助教师了解学生学习心理的一门重要课程，研究教与学的心理特征与规律。作为未来的教师一定要了解孩子的学习心理，教是为了学，为了帮助指导学习。家长也需要了解孩子的学习心理。学习是孩子最主要的活动，通过学习注意、记忆、思维、意志，甚至包括情绪调节、人格培养，孩子才能够得到很好的发展。学习是促进孩子心理成长的一个最重要的因素，不能把学习只看作成绩多少，排名多少。家长不要过于重视学习的结果，过程最重要。

主持人： 很多家长需要改变思维观念，不能单看卷子中的 95 分、98 分，甚至 100 分。

连榕： 要重视学习过程，因为这个过程在塑造孩子心理的成长。实际上影响人成长的有两大因素，一个是成熟，另一个是学习。成熟是基因所携带的遗传信息，按照时间顺序展开。这里讲的学习，是心理学研究的学习，是一个更广泛的概念。学习是通过获得经验引发能力和行为持久变化，是影响人成长最重要的因素。

主持人： 教育心理学这门课程大概存在了多久？

连榕： 教育心理学作为心理学的一个分支，现在已经有 100 多年的历史。心理学的历史很长，但作为一个学科的历史并不长。心理学有长久的过去，只有一个短暂的现在。心理学是从 1879 年开始成为一门独立的学科，之后很快就形成了一个分支——教育心理学。我国的教育心理学是在清末随着师范教育的兴起而产生的，逐渐开始了教育心理课程的教学与研究。

主持人： 那时候可能已经跟西方的教育心理学接轨了。

连榕： 当时师范学堂的教育心理学课程采用的是西方的教材。在此之前，我国历史上很多的思想家都有很好的教育心理学思想，比如孔子的"学而时习之""温故而知新"，这都是学习心理。

主持人： 刚才您提到了教育心理学有两个部分：怎么教和怎么学。教的部分更多地交由师范学校里完成。

连榕： 学校的教学是有计划地按照一定的时间秩序有组织地进行。教育心理学是未来教师必须学习的一门课程。作为教师，必须了解学生的学习心理，才懂得怎么教。没有经过师范训练，没有学过教育学、教育心理学，可能就不能很好地胜任教师职业。

主持人： 刚才聊的更多的是教的方面，学的方面跟家长的联系就会比较密切。因为学生的学习的环境，无非在学校和在家庭当中。

连榕： 在家庭中，父母是孩子学习的重要帮助者和支持者，要辅导和帮助孩子的学习，当然就要了解孩子的学习心理。学习是一个广义的概念，是指人在社会实践活动过程中获得个体经验，并由经验引起行为较持久的变化过程。这里的学习是跟成熟相对应的概念，是影响孩子成长的最重要的因素，家长需要了解孩子的学习心理，才能够懂得怎么去更好地帮助他。

主持人： 让孩子爱上学习，比帮助孩子学习更重要。

连榕： 如果孩子爱上学习，愿意学习，他就有了主动性。这个是家长跟老师期待的最理想的状态。家庭教育非常重要。现在孩子的很多心理问题，父母跟孩子的矛盾冲突，往往跟学习有关。如果我们能够很好地帮助指导孩子学习，那么对促进他的心理成长，对亲子关系的良性发展，都很有帮助。

主持人： 针对孩子的家庭学习，父母应该怎么做呢？

连榕： 家长首先要了解的是现在的学习实际上主要有两个问题：第一，孩子愿不愿意学，要不要学，想不想学，也就是学习动机问题。我要学，我想学，有了这种内在动机，才有积极性的基础。第二，孩子会不会学，能不能聪明地学，这个就是学习方法、学习策略问题。家长要懂得从这两个方面让孩子爱学习，会学习，从这两个方面去帮助他、培养他、支持他。要先解决原则性的问题，再解决具体细节的问题。

主持人： 家长可能也会纠结，就是孩子可能在学习方面确实需要辅导了，家长该介入多少？

连榕： 如果孩子确实需要辅导那我们要分析一下原因。如他这次考试，数学没考好，家长要分析是什么原因造成的，是他努力不够？是他学习方法不对？还是他数学基础有问题？还是他数学方面的能力确实差一点？不同的原因，所需的帮助是不一样的。如果是因为方法问题，家长要帮助他去改正方法。如果是不够努力，要寻找为什么不愿意努力的原因，找到动机问题根源。如果是基础问题，是前面的基础没有打好，进一步地学习他感到难了，那家长要给他补基础。

主持人： 现在很多家长可能会用一个居高临下的角度来看孩子正在学或者构成瓶颈的问题。

连榕： 第一，家长没有考虑自己当年可能也是很难的，因为在不同的发展阶段，学生学习能力不一样。第二，家长辅导帮助的方法不对，孩子碰到了问题，需要你给他指导，而不是直接给他指出结果。先关注问题在哪里，然后再提供合适的帮助。

如果家长采用简单粗暴的方法，那么孩子最容易产生的一种心理就是抵抗，造成亲子矛盾。在这种情况下，孩子的学习不可能有很好的效果。消极的情绪就已经阻碍了他的正常思维。这里的关键还是学习情绪，因为情绪直接表现为行为。而家长更重要的是帮助孩子去调节学习情绪，引导孩子去思考问题。

主持人： 学习无外乎一个是动机问题，一个是能力问题，即想不想和会不会这两个问题。

连榕： 学习就是愿不愿意学和想不想学，最好的学习状态是我要学。"我要学"是一种内在动机，所谓内在动机是发自内部的一种愿望和需要。当学习是为了享受学习的过程，享受学习的快乐，体验学习的乐趣，而不只是为了分数时，它一定是源于内在动机的，是有内在愿望的。厌学很可能是因为动机不明确或内在动机很弱，孩子可能会觉得学习是为了父母和老师而学，源自内心的学习欲望并不强烈。

主持人： 如果是孩子的学习兴趣比较弱呢？

连榕： 学习兴趣是动机的表现，动机表现出来就是兴趣、愿望。兴趣分为直接兴趣和间接兴趣。直接兴趣就是对活动本身感兴趣。比如我对数学本身感兴趣，这是直接兴趣。间接兴趣是对学习的结果感兴趣。比如我对英文本身并不感兴趣，但是我对获得英文的高分有兴趣，这是间接兴趣。

主持人： 如果孩子在学习过程中对当前的学习任务所表现的兴趣不强烈呢？

连榕： 孩子不可能对所有的学习任务都有直接兴趣。直接兴趣跟间接兴趣是可以协调的，包括动机也是这样。一个人不可能对所有的活动都拥有直接兴趣，但内在动机是可以和外在动机结合起来，这样的学习积极性会维持得更好。

主持人： 如果孩子在学习过程中出现厌学情绪，家长应该从哪些方面入手帮助他们？

连榕： 当孩子出现厌学情绪时，家长要深入分析其产生的具体原因。厌学的情绪是不会突然出现的，通常来讲是一个逐渐积累的过程。这可能与长期的失败有关，如数学成绩总是不好，从而导致了孩子对数学失去了兴趣，甚至逐渐产生了厌恶感。在这个过程中，孩子往往经历了多次的失败，进而产生了自我否定，认为自己不适合学数学，最终自暴自弃，表现出厌学的行为。此时，家长最重要的是要帮助孩子恢复信心。首先，要分析数学成绩不好的原因，是因为努力不够、学习方法不对还是基础不行。分析完以后，根据分析的结果找到具体的学习方法，并付出努力，让孩子自己能看到进步。当孩子通过自己的努力看到成绩提高，他们会重新拥有自信，点燃学习的热情。

主持人： 许多家长在面对数学学不好的问题时，会选择直接给孩子报数学补习班这样简单粗暴的方法。

连榕： 报数学补习班并不能解决问题，因为它不能解决根本性的问题。学习的本质是自己去学的，是主动去获取知识的过程，要形成主动学习的能力和习惯。让孩子掌握自主学习的方法和技巧最重要。其他学科和领域的学习也一样。家长不能依赖补习班来解决学习问题。

主持人： 许多家长在教育孩子时，会将自己的经验生搬硬套地强加在孩子的身上，因为家长在当年的学习过程中没有很好的心理介入。其实，在教育孩子时需要转变方式。

连榕： 如今我们提倡的帮助孩子会学习，不能简单地把它理解成一些方法，这是一种能力的培养。学习方法就像木匠的工具，工具箱里面有各种各样的工具，学会如何使用这些工具，以及在什么时候该用哪种工具，才是最重要的。学习有很多方法，找到适合自己的方法最重要。

主持人： 教育是一个非常复杂的过程，需要考虑怎么教，怎么学。其中，教的部分更多的是在教育机构完成，而学习的部分则需要家长们付出更多努力。

连榕： 学习主要依赖于学生自己，老师和家长都可以起到指导和帮助的作用，但前提是充分了解学生的学习心理和需求，才能够给他们需要的帮助和支持。学一些教育心理学、发展心理学有助于家长帮助孩子。

主持人： 这块知识要怎么学呢？

连榕： 对于家长来说，自学是很好的方式。目前，家长们的学习意愿很强。发展心理学中有家庭教育学，也有家庭发展心理学。无论是网络还是书店这方面的材料都很多。家长可以多读多看，要多与孩子沟通和交流，每个孩子都有不同的学习动机和兴趣点。

主持人： 会不会有些孩子天生对学习充满热情，而有些孩子对于学习就欠缺兴趣呢？

连榕： 每个人都有他的长处，也有他的短处。每个孩子都有其独特的智力潜能和优势。心理学上讲的"多元智能"，是指每个孩子一出生就具有的八种智力潜能：言语智力、空间智力、音乐智力、数理智力、身体运动智力、人际智力、内心智力和自然智力潜能。这八种智力潜能在每个孩子身上的表现都是不一样的。比如言语智力潜能优秀的孩子可能在语文学科上表现出色，而音乐智力潜能一般，身体运动智力潜能可能比较差。音乐智力潜能出色的孩子可能在音乐方面展现了天赋，在其他方面则平平无奇。每一个孩子都有自己独特的优势，即使是同一个孩子也可能在不同的领域表现出不同的优势。然而，当前的教育体系往往只重视言语智力和数理智力的发展，忽视了其他的智力潜能。其实，这些都很重要。教育是为了让每个孩子都能成为更好的自己，发挥优势，弥补不足。老师和家长在关注孩子全面发展的同时，也需要了解他们的长处和短处，帮助他们发掘自己的潜力，并提供支持和指导。天生我材必有用，必须建立在了解孩子的前提基础上。

多元智能

主持人： 其实这就是短板理论。在弥补自己的短处的同时把最长的那个木板尽量地去挖掘。

连榕： 让孩子的优势能够得到更好的发展，就是最好的帮助。我们不能要求每个人都能够成为爱因斯坦，每个人都能够成为柴可夫斯基。每个孩子都有闪光点或优势，我们要因势利导，帮助他们把自己的优势发展得更好。

主持人： 那短板理论也请您再做一下补充。

连榕： 人的智力具有多元性和差异性，每个孩子的潜能都有其独特性。九年义务教育是对于所有孩子的基本要求。我们可以让孩子达到基本要求，但不能够要求他的短板也能够变成长板。与其纠结于孩子的短板，更应该把时间和精力花在如何去提高他的长板上，使他的优势发挥得更好。同时，我们还需要认识到，不同的智力之间也有相互促进的作用。例如，一个孩子可能在身体运动智力方面表现得十分出色，但是数理智力显得差了些。这并不意味着他在学习方面就一定会很差，相反，运动领域的优势会促进学习。我们应该鼓励孩子发现并发挥自己的优势，引导他们挖掘好自己的潜力。

主持人： 现在假期中的记忆类夏令营受到许多家长的关注。家长也希望培养孩子的记忆能力。

连榕： 确实有些人具备出色的记忆天赋。记忆心理学研究证明，记忆能力是无法在短时间内快速提高的，但可以通过改进记忆方法来帮助孩子。例如，孩子由于长时间无法背诵整首唐诗，可能会产生不良情绪干扰记忆，这时可以帮他考虑一下是否有更好的记忆方法，提高他的学习兴趣。学习很重要的是培养孩子的学习兴趣和积极性，让他们更愿意去学习。

主持人： 家长不要去解决记忆能力问题，而是去解决动机问题，效果会更好。

连榕： 提高记忆，重要的是方法的改进。提高记忆有很多好的方法，通过短期的训练记忆能力不可能得到飞速的提升。

主持人： 除了记忆，还有许多家长会抱怨粗心问题。

连榕： 有两种情况可能导致孩子这样。第一是孩子没有养成良好的学习习惯，粗心大意，写错了。第二是孩子对自己的学习能力缺乏足够的认知和调节，导致他在学习过程中无法有效地分配注意和记忆资源。心理学上称之为元认知，类似反省能力，是学习过程中自我调节能力的基础。如果孩子的这种能力相对较弱，就可能在不该出错的地方出错。从外部行为上看，他像是粗心大意，但实际上是元认知的能力相对比较弱。只有自我调节，才可能成为一个自觉的学习者。

主持人： 会不会还有注意力的问题，比如上面明明是5+5=10，那下面成5+5=9了。

连榕： 我们可以对孩子进行一些注意力的训练，要注意培养孩子对学习、对自己心理的反思反省能力。

主持人： 还有一个许多家长所关心的问题，孩子在平时的小考或单元测验中表现不错，但一到期末考或中高考就"掉链子"。

连榕： 这种情况确实存在，可能是由负性情绪问题引起的。由于紧张和焦虑影响到记忆，孩子在考场上无法正常回忆和思考，导致表现不佳。考试结束后，当他的精神状态放松，也就重新想起来了。因此，情绪的自我调节能力非常重要，家长应该帮助孩子培养这种能力。

主持人： 有些家长非常关心效率问题，孩子每天做作业的时间过长。

连榕： 如果是这种情况，家长首先需要了解同班同学是否也需要花费超过半个小时甚至一个小时的时间来完成，也可能老师布置的作业量太大了。

主持人： 现在有个指导标准，比如小学的作业要半个小时以内完成。

连榕： 如果我们了解到，大多数的同学在半个小时之内能够完成作业，但孩子仍旧需要一个小时。这就说明有些内容，孩子可能会遇到一些问题，我们就要了解到底是什么原因造成的，如孩子的听课效率、对知识的消化程度、解题方法。只有正确了解了问题的原因，才能更好地帮助孩子。

主持人： 有些孩子平时作业完成得还可以，但是一到考试就会感到紧张焦虑，从而出现动作慢，考试答题做不完的情况。

连榕： 这个涉及效率问题。家长应该引导并帮助孩子养成良好的解题习惯。例如，采取"先易后难"的解题思路，这样孩子在考试中能够更加从容地、有节奏地应对。此外，也可以做一些心理调节，通过心理暗示告诉自己"我不会别人也不会"，来缓解紧张的情绪。在考场，如果能够放松心态，效率自然会提高。同时，家长应该协助孩子规划好作业的时间，让孩子管理好自己的学习。

主持人： 现在手机和社交媒体也成为了孩子生活的一部分，您如何看待环境对他们的影响？

连榕： 如果孩子能够正确利用手机，将其作为学习的工具，这对他们的学习是有积极影响的，如他们可以通过朋友圈、同学圈互相交流学习难题，解决问题。也有些孩子可能会利用手机抄袭答案，这表明孩子对自己学习负责的心理还没有形成。

主持人： 家长也很难发现，孩子是在秘密地做这件事情，您认为家长应该如何来约束？

连榕： 家长在监督孩子学习时可以采取一些措施。首先，每天孩子回家后，可以和孩子一起坐下来了解他们当天需要完成的作业，帮助他们规划时间。其次，家长在平时要培养孩子对学习的责任感和主动意识，使孩子成为主动的学习者。如果孩子对于学习是被动的，只是为了应付父母和老师，就很有可能抄袭答案。激发孩子对学习的兴趣、培养他们的自我负责的精神很重要。

家长如何让孩子主动学习和愿意学习，有两点值得注意。第一，要帮助孩子设定明确的学习目标。给孩子确定的学习目标不能太容易，也不能太难，这个目标是经过努力可以达到的。每个孩子的学习能力、学习速度和学习水平也都不同，家长要了解孩子现在的状况，孩子能够在努力过程中能够看到自己进步，这样可以激发孩子的学习动力。

激发孩子的学习动力

第二，家长在孩子的学习过程中扮演着至关重要的角色，可以通过鼓励和表扬来支持孩子学习。表扬分为两种类型，一种叫控制性表扬，一种叫欣赏性表扬。比如老师布置学生写关于春天的作文，一个孩子写得很好，第一位老师表扬："你真有水平，你是我们班上最聪明的，如果你一直这么努力，将来会很有出息。"第二位老师说："我非常欣赏你的这篇作文，这篇作文对春天的描绘非常细致，我非常欣赏你的观察力。"第一位老师的表扬是一种控制性表扬，也就是你要听老师的话，按照老师说的做，你就会怎么样。第二位老师的表扬是欣赏性表扬，我很欣赏你的观察力，你的观察力非常细腻细致。父母对孩子的表扬很多是控制性的。如果你听话是一种结果，如果不听话就又是一种结果，也就是一种控制性。人的成长更多地需要自主性，欣赏性的表扬能够起到更好的激励作用。家长要更多地用欣赏性表扬，这样的孩子能够养成积极主动的自主行为。

在辅导孩子的学习中，让孩子有更多良好的学习感觉，要让孩子能够体验到学习进步和学习的乐趣。在这样的进步中，孩子才能觉得有能力学好，才有学习的自信。而这种自信是学习心理最重要的心理基础。有了对自己的信心，愿意去学，愿意去努力，才会真正地进步。给予孩子良好的学习体验非常重要，不能过多地用批评、用惩罚去督促孩子学习。

主持人："没有不会学的孩子，只有不会教的父母"这句话还是很有道理的。

"心灵绿洲"小课堂

了解孩子的学习心理是家长和老师去更好地帮助孩子的前提。家庭中的教育是孩子学习中非常重要的一环,家长需要格外注意培养孩子良好的学习习惯和学习兴趣,鼓励孩子积极主动学习。同时家长应该给予孩子足够的自主权和自由度。如果孩子的成绩有问题,可以帮助孩子去分析原因并给予帮助。老师和家长应该更加关注如何引导孩子去思考问题,让孩子产生学习的动机和兴趣,体验到学习的乐趣。我们需要去培养孩子对于学习的能力,而不是专注于成绩的好坏。每个孩子都有独特的优势和天赋,教育的初衷是扬长避短,帮助孩子找到并发挥自己的优势,让每个孩子成为更好的自己。

家长如何帮助孩子学习?第一,关注孩子对于学习的兴趣和学习能力的培养,注重去观察成绩背后所展现出来的孩子当下所遇到的问题。第二,每一个孩子都有自己独有的长处,应该去发掘其长处和兴趣所在,并给予支持和鼓励,让孩子对于学习这个行为有一个良性的情绪上的循环。第三,在学习中,孩子的情绪和一些对于学习的情绪化的表现,可以从侧面展现出当下孩子所欠缺的需要家长和老师共同努力去改进的方面,要多去和孩子沟通,观察孩子的情绪,而不是用暴力去解决问题。

高文斌
孩子与手机

嘉宾简介

高文斌，中国科学院心理研究所研究员，心理健康促进研究中心主任，中国科协全国心理学首席科学传播专家，中国科协心理应急志愿服务队总队长，国家标准委心理咨询分技术委员会主任，中国心理学会心理学标准与服务研究委员会主任，中国优生优育协会心身发展评估工作委员会主任。

主持人： 今天，我们很荣幸地邀请到了高文斌先生。随着越来越多的家庭在努力应对智能手机使用带来的挑战，他将针对智能设备对儿童心理影响，为家长提供一个新视角、专业化见解。

高文斌： 许多家长都在为孩子过度使用智能手机而感到苦恼。我也深知手机在生活中所扮演的重要角色。在当下社会，人们或许可以没有带钱包，但缺少手机会带来诸多不便。

主持人： 可能大人自己都会出现所谓的手机焦虑症。

高文斌： 正因如此，我们需要更加关注孩子在手机使用过程中可能被忽视的问题。如果使用得当，智能手机可能成为孩子学习和娱乐的有益工具；反之，则可能主宰他们的生活。帮助孩子学会如何使用智能手机，使其成为他们的良师益友，这是我们的目标。

主持人： 家长要知其然要更知其所以然。

高文斌： 每个孩子的手机都是从家长手中接过去的。新生婴儿很早就开始接触手机，这并非他们主动要求的，而是家长提供的。

主持人： 当小宝宝哭闹时，家长为了方便可能会随手给他一个 iPad 或手机。

高文斌： 确实，我们需要认识到，问题的起源是我们选择用手机来安抚孩子。在这个过程中，家长是否考虑了后果？是否意识到这可能会开启孩子与这些设备之间的联系？如果最初只是用手机来吸引他们的注意力，我们需要考虑这样做满足了孩子哪些需求？这种行为是否妥当？在其他情况下，我们可能不会随意给孩子危险的物品，为何在智能手机上我们却如此轻率？

主持人： 家长常常面临选择，是给孩子积木玩，还是一个智能手机？

高文斌： 随着孩子年龄的增长，与手机的互动内容、接触时间和方式都在发生变化，如果不了解孩子的心理发展规律，可能忽视这一点。虽然孩子刚开始不上瘾，但我们制造了这种环境。

主持人： 可以回想一下原本没有智能手机时，孩子们是如何度过娱乐时间的？

高文斌： 在过去，孩子们通常看电视或听音乐。现在智能手机更便捷。孩子在很小时只能接受感官刺激，给他手机，他会觉得亮、炫。问题来了，很多家长觉得孩子很小就用手机很值得炫耀。这无疑下意识已经将孩子与手机紧密联系在一起。

你的反应其实已经鼓励他继续用了，家长可能没意识到，将来他可能会控制不了。虽然你只是觉得这是一件挺值得炫耀的事，但你已经开始给自己埋雷了，将来什么时候引爆你不知道。接下来问题又来了，刚开始小孩会不会没完没了地去使用手机呢？不会的。因为不同年龄段孩子的注意力保持时间及兴趣维持时间，是不一样的。大部分很小的孩子在你递给他手机时，他可能会看，甚至有时候你要看时他会抢，不过这并不是因为他对手机已经很着迷了，而是他把手机当作一种玩具，玩一会他就放到一边了，这是个很自然的使用过程。但是，我们后来会不断创造新的机会让小孩去用手机。比如你觉得烦的时候、忙的时候，你就说"去看会儿动画片吧"，然后把手机给他。还有可能是你发现了个新玩意，你主动地跟他说"哎，宝宝看看这个东西"，这时候你就在不断地制造他的新需求。

主持人： 这就是好奇点，他会觉得手机和平板电脑里总有好东西，很新鲜。

高文斌： 对，这些设备就不再是当时的一个玩具了。你如果还没有发现，只是因为小孩小，你能控制他。但是随着他年龄的增大，这件事就不在你的控制范围之内了，这个时候你就说手机是坏东西，但实际上整个的历程是你给他的。我们再把这个年龄段捋一下，从 0 岁到 1 岁这个阶段，手机对孩子来说是一个刺激源，就跟看铃铛、拨浪鼓一模一样，玩一会儿就没劲了。在年龄增长之后，小孩主要是听点什么，或者看点视频，这个持续时间也很短，你让他在上面完整地看

不断地制造宝宝的新需求

一部动画片是不可能的。

不是所有的动画片都适合小孩看，比如《米老鼠和唐老鸭》。为什么我们说并不适合低龄儿童长时间看呢？因为它的节奏本身是成人动画片，不是给小孩子看的。很多儿童在看动画片时，眼睛是离不开屏幕的，连手里拿的雪糕都化了都还在盯着屏幕，这是因为他的脑子未加工，是被拽着跑的，所有的注意力都被抢走了。这样的动画片对于低龄儿童来说短期是没事的，如在医院的儿科会放这个，就是为了让小孩转移他的不适感，但这个不能变成毒品一样的东西，短期没事，但如果你养成习惯的话，儿童认知的发育、思维的发育会受影响。因为他的大脑不加工了，只会跟着跑。

主持人： 原来选择孩子观看的动画片也需要这么多考虑。

高文斌： 挑适合孩子的动画片非常重要。十年以前，英国制作的《天线宝宝》就是专门为儿童设计的。很多成年人可能不理解这部动画片的意义。这种动画片，孩子看10～20分钟是有意义、有帮助的，因为内容与其节奏、思维相匹配。

主持人： 应站在孩子的视角去选择内容。

高文斌： 现在电影院里经常看到的很多所谓大制作的动画片，绝大部分都不是给小孩看的。

主持人： 现在细想觉得挺可怕的，《喜羊羊与灰太狼》《熊出没》其实都是给成人或者稍大的孩子看的。

高文斌： 模式重复，消遣时间，但是你偶尔看一看会觉得挺放松的。

主持人：《恐龙特辑》《奥特曼》其实也是一种重复模式。

高文斌：没错。这种类型的节目符合幼儿园和小学低年级孩子的心理发展。若你要把这个放给两岁小孩看，他可能不看。他觉得画面不好看，甚至感觉害怕。以手机为例，你得给合适的数码产品，一定要符合这个阶段特点，如果你不加挑拣，就会给后面造成麻烦。比如给小孩吃饭，有些东西不能给孩子吃是建立在一定的常识基础之上的，之后还得家长要再建立新的知识体系。你给他玩的和看的东西同样是有讲究的，手机再方便，它也只是一个载体。如果里边什么都没有，就是块板砖，这个手机就没人玩了。刚才讲到的是幼儿，大一点就到了学龄阶段，小朋友使用手机的功能开始延伸了，甚至于在上面开始有一些社交的活动，QQ、微信都开始用了。延伸社交功能之后，你还要了解到不同年龄段孩子的需求是不一样的。有一个现象，初中以下小孩网名一般都是实名制，他不会给自己起很多古怪的名字。但是到了初中以后就开始出现很多奇怪的名字，而且变化很频繁。到了高年级以后，变换名字的节奏就慢了，这也是由心理发展的过程决定的。

主持人：听您这么一分析确实有道理。

高文斌：低年级的小孩不换自己的名字，是因为好不容易才搞清楚自己叫什么，这件事对他来讲就是个建构的过程，比如我叫张宝宝，她叫李媛媛。这件事他好不容易才弄明白，他对外界就要讲清楚我是这个或那个。前几天我在马路上正好看见两个小孩互加电话好友后，其中一个小孩对另一个小孩无网名感到奇怪，便问他："你怎么不起个别的名字？""我为什么要起一个别的名字？"这段对话虽然很短，但是非常典型，就是这么大小孩思维的正常表现。他逐渐地进入青春期后，对自己的探索增加了，才开始用一些古怪的名字。但是这个过程是不稳定的，就跟他的想法经常瞬息万变是一个道理。你问初中的小孩是否喜欢学物理，他说喜欢，可能没有两个礼拜，他就说不喜欢了。为什么？可能就是因为一次考试没考好，或者是因为那个老师挺讨厌的，今天批评他了，他就变了。

当让孩子进入社交平台之后，家长要理解他在网络上做的是跟他在现实心理成长中同样的任务，并不是说被虚拟成两个人，他就要完成一个任务，我是我，直到青春期稳定之后。就像你现在已经走路很顺畅了，就不会老去琢磨迈左腿、迈右腿、迈多远的问题。但一两岁的小孩就必须得要想清楚，这个过程就是不断地重复。你觉得他挺烦的，在屋里到处溜达，这是他练习、学习的过程，不能把这个过程给剥夺了，剥夺了他就不会了。说话也是并不断地重复，慢慢就会说了，刚学会说话的小孩好不容易学会一个词，他说啥都是这个词，直到后来慢慢又有别的词替代它，这就是丰富化的过程。游戏或手机社交活动，他很快就会烦的。

这个时候他可能有几天，根本就不愿意上微信看，过两天可能又因为老师在上面搞了个活动，他又去看了，这个过程就是正常在使用此工具的过程。但是如果手机上面一旦附加了新功能，他开始依赖或成瘾事儿就多了。

主持人： 这让我想起来正常我们是用 QQ 来传递消息，但是有一阵子大家都流行去 QQ 上偷菜。

高文斌： 游戏没有永远不变的，总要换招。中学以后，小孩再使用手机，变得更复杂了。在很多城市，学生的学习需要在手机上完成，这个时候你就更得给他手机。

主持人： 听说有一些地方上课都要求用平板电脑。

高文斌： 电子设备是多功能的。小孩用电子设备除了做这个，还会做别的。

主持人： 比如一把刀可以用来切肉，还可以用来伤害人。

高文斌： 这个时候他就更要去把握用这个工具的时机与方式。这就变成了要学会自我管理与控制。这是到了中学、高年级需要开始具备的一个新能力。

主持人： 自控力也是在这个阶段逐渐上升的。

高文斌： 低龄的孩子也有自控力。你不能因为他只自控了一分钟就说他没有自控力。在他那个年龄段一分钟就是自控力。但如果你在他只有一分钟自控力的时候，要求他干五分钟的事，你就会认为他没有自控力，实际上就破坏了自控力的正常成长。这主要还是因为很多家长不太了解儿童的发展过程，没有按照规律去办事。不能按照一个固定的方式去让小孩去学习去娱乐。家长如果能明白，那么你现在手边的手机或者电脑，都是你的帮手，但如果不懂，就都是麻烦事情。

主持人： 很多家长都是在盯着手机看，忽略了孩子的疑问和需求。有时候孩子想：妈妈，为什么天是蓝的？妈妈，为什么树是绿的？但妈妈都不理会。

高文斌： 甚至有时你总感觉我拿手机在做正事，但这件事对你而言是正事，对他来讲，是不成立的。

主持人： 他也不知道你在干什么，他只看到你盯着手机看这个事实。

高文斌： 他找你的时候，如果找了你五次，你有四次都在拿着手机，他就会认为现在是手机在捣乱。

主持人： 手机是我们关系的破坏者。

高文斌： 对，他刚开始抢手机，实际上他不是要拿它做什么，而是想给你捣乱，让你放下手机跟他玩。

如果你没意识到，你就会觉得，好像是他不懂事，甚至于你又给了他一个手机，一人一个，这回就不用抢了吧，这是在低龄儿童阶段出现的不好的状态。到了小学有点学习任务时，他的事情开始增多了之后，你总会容忍他玩一段时间，但他一旦花的时间长了，你就开始干扰他。最主要他还不是长时间看手机，而是因为你看到他的时候他都是玩手机，你就认为他一直在玩手机。有个孩子也反映了一个很糟糕的情况，妈妈出门的时候看见他玩手机，如果妈妈回来的时候，他还拿着手机的话，妈妈就认为玩了一整天，不管中间有没有放下。如果她回家的时候，他手里没有手机，她还会很奇怪：哎，你没玩手机？潜意识里面还是觉得你应该玩。其实家长的判断往往很主观，甚至于你把他推到了手机的那边去。

主持人： 就好比说你不玩手机都不正常了。

高文斌： 所以，在孩子小学阶段，家长不要养成往这方面去判断的潜意识，他会玩这个，但是他也会玩别的。这个时候，我们倒要反问一个问题了，你想他在大了以后不去玩手机，那么他一定要在小的时候学会玩别的吧。

主持人： 对，这也是强化孩子的技能。

高文斌： 在孩子小的时候，学习当然重要，但肯定不仅仅是那几本书，孩子必须学会一些能让自己娱乐放松的东西。家长在小学阶段做了什么，要反思一下我们该干的事干了没有，而且这个时候他还需要陪伴。他不是大孩子，需要你带他玩。你带他玩过什么，你教会他玩什么，如果什么都没有，你带他的时候都是在一起看手机。那好了，你又提高了他的"战斗技能"了。所以，在很重要的阶段，没做好这件事，到中学的时候，这件事就会变成爆发点。

主持人： 就像把手机置于学习的对立面。

手机和学习的对立

高文斌： 在这个过程当中，正常使用手机都被影响了。很多极端冲突为什么在中学阶段会发生？这个问题是一步一步强化，一步一步严重的。最后，家长说"哎呀，我孩子是被手机害了"，实际上你是其中很重要的一个加害者，最开始就是你给他接触的机会。我们不是埋怨家长，而是说家长如果在不知道这个规律的情况下，你无意识当中就做了一个推手。到了有问题的时候，还没有时间和精力弄清楚为什么会这样，就想让他现在不用手机，这就叫无理要求。因为你一点儿都不考虑这个过程，家长就觉得反正就这么几个月了，现在讲什么道理都不重要了，就想让他现在把所有的身心都集中在学习上。没道理呀，这就相当于说这个人由于平常饮食造成的习惯特别不好，现在身体出现了严重问题，你这时候跟医生讲，现在你跟我说这些东西都不重要了，现在就是想你能不能有招让这个人一下就好起来。没招。你现在如果想解决，有没有可能？有可能，你得允许有一个时间段，有一个过程。在越早的年龄段的时候形成的问题，在越靠后改善就得花更多的时间。

很多问题是逐渐积累的，需要时间和耐心，不能期待一夜之间的改变，假如出现这个问题已经一年半载了，现在你可能要花两三年时间才能改变掉。

主持人： 甚至现在可能是三五年，你甚至要花更长的时间去解决这个问题。

高文斌： 对，越是低龄的孩子养成的习惯就越稳固，就跟我们自己一样，好多的习惯是小时候养成的。

主持人： 这样来说，是不是跟我们学骑自行车、学游泳一样。小时候学的，你这辈子都忘不了。

高文斌： 没有什么极端情况，你可能想忘都忘不了。学会了这门语言，你再想忘可能不太容易了。习惯也是这么养成的，那你在他早期阶段，为什么不给他养成一个好习惯？

主持人： 相当于装一个好的操作系统。

高文斌： 这个实际上就是我们现在跟各位家长朋友要聊的问题，使用手机其实也有一个规则性问题。对于无论多大的孩子，给他新的东西时，伴随的首先肯定是规则问题。没有规则，你给他任何东西都可能是双刃剑。开车是这样，骑车也是这样，如果大家从一开始骑自行车就没有好的交通习惯，他开车也不可能有。你只能靠外力强压，警察、摄像头、罚款，他不得不去遵守。骑自行车逆行惯了，开汽车难道就不会偶尔有那种情况？它是一样的。

主持人： 很多家长觉得现在孩子不可理喻的状况，都是自己前面挖的坑。

高文斌： 对，其实家长也不用太懊恼，你是无意当中去做的。希望大家了解相关行为的背后逻辑,知其所以然,对症下药,效果会更好。

"心灵绿洲"小课堂

本文深入探讨了智能手机对儿童心理发展的影响,向家长厘清了孩童对于玩乐的心理机制,并向家长科普了对于不同年龄段孩子手机管控的方法。为了更好地让孩子与手机形成友好的关系,家长应该注意以下几点。

- 引导有意义有价值地使用:限制娱乐时间,确保手机使用符合孩子的年龄和发展阶段。
- 制定合理的使用规则:设定清晰的手机使用规则,包括使用时长、使用场合等,以确保孩子在使用手机时能够保持良好的行为。
- 鼓励多样化的兴趣:鼓励孩子培养其他兴趣爱好,如阅读、体育活动、绘画等,以保持生活的多样性。
- 亲子互动:定期与孩子一起参与手机互动,了解他们的兴趣和需求,促进家庭亲子关系。
- 树立榜样:家长应该成为适度使用手机的榜样。

在动画片内容选择方面,家长需要挑选与孩子发展节奏相匹配的动画片,而不仅仅是关注内容。一些成人动画片的节奏对于低龄儿童可能并不适合,容易使其过度依赖。

智能手机具有正负影响,如果得到正确的引导和使用,智能手机可以成为儿童学习和娱乐的有效工具。为了确保孩子健康地成长,家长需要在孩子使用智能手机的过程中制定规则和设置界限。对于幼儿,应将智能手机作为一种感官刺激源,而对于学龄儿童,则需要在家长的监督下适度使用。对于青少年,建议学习自我管理和控制的技能。家长和老师应理解孩子在各个发展阶段的需求,并提供适当的支持和指导。

总而言之,家长的有效管控、社会大环境的监督呵护都是搭建儿童与手机之间桥梁的重要一环,只有在知其所以然之后才能对症下药,药到病除。

时勘
青年人的生涯规划

嘉宾简介

时勘，温州大学温州模式发展研究院教授、院长，中国科学院大学社会与组织行为研究中心主任、教授、博士生导师，清华大学现代管理研究中心教授，浙江省文科重点实验室首席科学家，中国心理学会首任监事长，中国社会心理学会前任副理事长，中国管理现代化研究会组织行为与人力资源管理专业委员会副主任，中国人力资源开发协会常务理事，亚洲组织与员工促进（EAP）协会主席。

主要从事工业与组织心理学、社会文化心理学和人力资源管理研究，先后承担国家自然科学重点项目、国家社会科学重大项目、科技部和教育部项目40余项，获得国家级、省部级以及中国人民解放军科学技术进步奖10项，获得中国心理学会"学科建设成就奖"。正式发表学术论文470余篇，学术专著40余部。

主持人： 时勘老师教学和主要研究方向是职业生涯方面。

时勘： 是，每个人都会进行职业生涯的探索，职业生涯最重要的因素是心理资本。青年人在成长的过程中，孜孜不倦的学习精神，会使他遇到困难时会不断地去寻求改变，这是遇到问题时的一种韧性，也就是心理资本。对于青年人来讲，心理韧性的抗逆力很重要。

主持人： 这相当于在逆境中怎么样来面对、来适应生活，其中有几个关键的指标。

时勘： 首先是自信心。第二是控制的能力，要把关键的事情控制好。第三是乐观的心态，要有乐观主义精神。最后还需要整个社会包括家庭的支持系统。

青年人一定不要遇到一点事情就灰心丧气，更不能怨世。这就是我讲的第一个问题——青年人的心理资本的重要性。

心理资本——在遇到问题时的一种韧性

主持人： 嗯，保持足够的韧性和弹性。

时勘： 下面我们来讲第二个问题，职业生涯跟心理资本，特别是跟胜任特征之间的关系。首先，对于人来讲，职业生涯的概念有狭义的也有广义的。狭义的职业生涯是指一个人从他的职业学习开始到他的职业劳动结束；广义的职业生涯是指从职业能力的获得到职业兴趣的培养，再到选择职业、就职，最后完全退出劳动。如果想要职业生涯发展好，那胜任能力很重要。胜任特征分为两种——基准性胜任特征和鉴别性胜任特征。基准性胜任特征是执行力，鉴别性胜任特征是领导力。如果制定一个日程，领导力是确定大方向，执行力是做计划、做预算。

第三个问题是从什么时间开始指导人生的职业生涯呢？首先在高中阶段，填写志愿以前，要进行职业生涯规划的教育，才能在这个过程中做出正确的职业选择。进入大学后，要做两件事，一个是了解自己，一个是了解职业，知己知彼，最后做出最适合你的职业选择。

主持人： 这样才能无往不利。

时勘： 对，大学二、三年级要开始规划职业生涯，需要了解社会，包括职业类型和发展趋势，结合社会的需要进行职位的搜寻。在这个过程中确定自己职业生涯发展的方向，还要去进行一些职业信息的查询、访谈和实际的考察，这非常重要。

主持人：要了解是否需要具备一些特殊的知识技能和能力。

时勘：对，这是最根本的。如基础学科方面，医学知识、统计学知识、社会学知识是心理咨询师必须掌握的。

主持人：还要了解行业的竞争关系以及未来的发展和走势情况，包括短期和长期的发展情况。

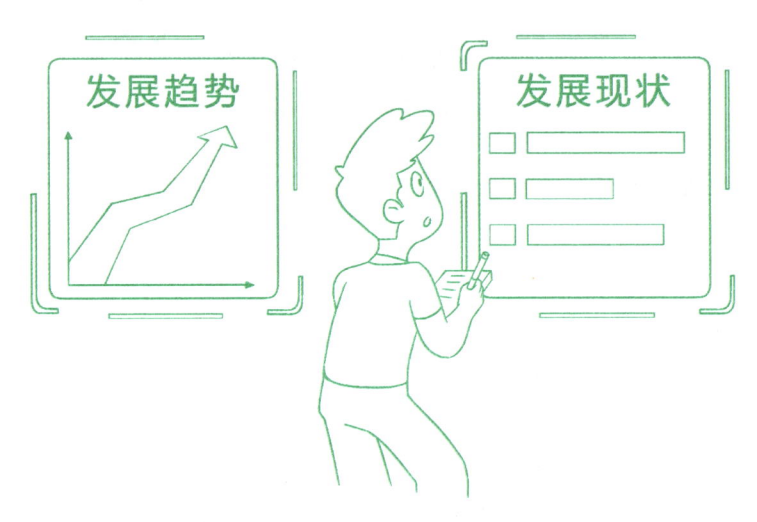

了解各类职业的发展现状和发展趋势

时勘：大家可以从事心理学专业领域的工作。目前心理学在我国是一个新兴专业。心理学是属于国家科学委员会所列的18个主要的发展方向之一，还有工程心理学、社会心理学、军队和军事心理学等。毕业后可以从事高校老师、企业事业单位的心理咨询师等。

主持人：这些更多的是知己和知彼的部分。

时勘：对，有一个了解自己的心理或能力测验，比如6 9（）24 36，中间的空，你是填21，还是15？应该填15，为什么？因为6到9是一个3，9到15是两个3，15到24是三个3，24到36是四个3。另外，还有个图片投射测验——根据讲述人所讲述的故事来判断其性格特征，这里需要主持人的配合。现在设定一个情境，在一个漆黑的夜晚，实验室里依然灯光闪烁，老师和学生二人正在做一个研制有价值的化学药品的实验，现在这个实验进入了关键的时刻。主持人可以接着讲下去。

主持人：在这个实验之前，已经失败过了无数次。此时，老师点出了学生在以往实验中的一个关键点，针对这一点给学生做了一个铺陈的展开，学生还在迷茫当中。

时勘：好，如果说现在看起来困难还很大，那么一个星期以后，他们俩在这个实验室里发生了什么事？

主持人：在这段时间，这个学生就按照老师的提点做了一些改进，然后就把这个困难和问题解决了。

时勘：很好，我们可以看到主持人的描述是学生在研究过程中遇到了困难，于是老师对他进行指导，最后学生通过坚持不懈地努力，把这个任务完成了。这个测验测的是成就动机的特征，对照评分标准，主持人是属于成就动机比较好的人。在职业导航中，了解社会，了解自我，进行人职匹配在职业选择中非常关键。

主持人：嗯，不要去迷信现在所谓的热门专业、热门学科，还是要根据自己的能力去做选择。

不要去迷信现在所谓的热门专业、热门学科

时勘：第四个方面是职业适应能力的培养。某著名公司总裁要访问你的公司，并洽谈合作项目。作为接待工作的主管，你已经安排好了一切，预订了房间，准备了欢迎宴席，通知了各大媒体，包括各级电视台。结果在临开会前五分钟，你接到一个电话说该公司总裁因故取消了来访。如果你是一个新闻发布人，会如何发表演说？

主持人：首先要和媒体说明情况，因为媒体在这个环节当中是最重要的一环。

也要把自己公司的情况来做一些报告并在其他方面做协调。总之让各方都能够了解当下发生的情况，并把给企业造成的困扰降到最低。

时勘： 比如我是记者，问你刚才所说的是对方总裁不能来了，但总裁被发现正在跟另外一个单位签协议，是不是有这么回事？

主持人： 嗯，这个事情我们还在核实了解中。

时勘： 记者还会问，你觉得总裁迟到或不能来的主要原因是什么？能不能跟大家讲一讲？

主持人： 我觉得可能是因为他自己的工作行程发生了一些变动，我们也会进一步地跟进联络，在合适的时间再举行这样的一个宴会，然后来跟大家报告。

时勘： 对于现场的人员，你怎么来处理这个情况？他们其他的工作都停下来了，专门来到这里，就是想得到你们签协议的结果，结果现在突然遇到这个问题。你会怎么办？可以这样回答："我们先实事求是地告诉大家，总裁确实迟到了，我们跟你们一样是同时得到的消息，所以我们也在进一步核实原因，但是请你们相信，我们公司是一个负责任的公司，我们始终会坚守诚信为本的原则，肯定能够让你们得到满意的答复。为了补偿，我们将会报销今天你们来回的机票。今天的晚餐，我们还是继续进行。如果这个活动要继续延期，我们会随时通知你们。"通过这样的话就可以及时果断地处理变化的事情，能够取得较好的结果。采取了巧妙的措施协调各方面的关系，把因为变化而给企业带来的负面影响降到最小，这是非常关键的一点。

再举个例子：有一对飞行员夫妻，不幸地生了一名双目失明的婴儿。面对这个情况，他们有两种选择。一种选择是放弃飞行，留下来培养孩子，但这样就很可惜，对不对？如果他们俩都能够继续飞行的话，是很不错的，或者丈夫选择放弃，支持妻子继续飞行。另外一种选择就是把孩子交给福利院，他们可继续飞行下去。遇到了这种状况，你怎么办？

主持人： 这个问题是一个小家和大家的冲突。如果大家在更大的层面来看，培养一个飞行员的成本非常高，飞行员就应该坚守这个岗位。但是如果从小家来看，当然是来照顾这个孩子。现在就看如何取舍大和小的问题了。

时勘： 专业飞行员会回答："当我发现生下来的是双目失明的孩子的时候，我毫不犹豫地决定把他留下来，将孩子抚养成人，因为孩子是由于我的原因才来到这个世界上的，我必须对我的行为所造成的结果承担责任。"这个是他讲的第一点。第二点他讲到了："不过也要说清楚，我们在这个训练中心已经是第8个年头了，我从来到训练中心的第一天就对祖国发誓，我们要为了国家的飞行事业而放弃小我，要能够克服困难，要以国家为重。因此，由于承诺国家在前，家庭的小我在后，我只能含着眼泪把孩子交给国家，自己去飞行。"他这样讲，大家就会觉得更有道理一些。可能现在学生们在求职和职业选择的过程中，也会遇到类似的问题。不在于说你是放弃孩子，还是坚持把孩子抚养成人，而是看你在表达的时候，你的宣讲能力能不能鼓舞别人，我们选的实际上是你的表达能力。

主持人： 嗯，其实并不是事情本身，而是你如何看待这个事情。

时勘： 最后一个问题是关于职业发展的建议。第一，我们建议凡是今天听了这期节目的人，都必须建立自己个人的职业发展愿景。一定要有这个目标，要把焦点放在自己真心追求的终极目标上，就可以克服一切困难。我们的抗逆力就会表现得更好，心理资本就能够得到更好的实现。第二，要保持创造性张力。要分清情绪性张力和创造性张力。不要光是凭着情绪，我听的时候热血沸腾，把收音机一关，就什么都忘记了。要保持，更要长期地坚持下去。第三，要促进心灵的变换。今天的学习是心对心地一起进行变换交流。大家要用潜意识去学习，不断地对准自己的目标，从而清楚生命的终极目标。最后，希望大家要培养超越自我的精神，要看清自己跟周围的世界是一个整体，要有同理心，形成自己的整体的职业使命感。

以石油大亨洛克菲勒和修路青年的故事为例：七月的一天，骄阳似火，洛克菲勒驾车驶在乡间小路上，他看见一个小伙子在路上浇筑沥青铺路。老先生就下了车，小伙子发现有个人过来了，就问他："大爷，您是不是就是住在这里的洛克菲勒先生？"洛克菲勒回答说："对"。小伙子又问："那您是不是要过去，我先让您过去以后，再接着铺路。"洛克菲勒表示道："不要紧的，我就想看一看你怎么铺路。"小伙子说："那好吧，那我就接着干活了。"结果他在干活的时候，洛克菲勒慢慢地走到他的背后，用手摸了摸他打着光膀子的健壮的肌肤。这时小伙子又回过头来："大爷，您是不是真的有什么事要我帮助你。"洛克菲勒说："确实有，但是我说了，你不一定能够答应我。"小伙子满脸疑惑："你说吧。"洛克菲勒说："小伙子，你今年多大了？"小伙子说今年29岁了，他说："我92岁了，我有90亿资产，我愿意用我这90亿资产来换你这身健康的肌肤，你答不答应我？"显然是做不到的。那这里面说明了一个什么样的问题？对于年轻人，我们想把自己的经验传授或分享给他们，让他们能够加快成熟。如果能做到这一点，这就是一种交换。最后我想用在欧洲文艺复兴时期，青年人中流传的一首诗来结束我们今天的讲座：青春多美丽，时序若飞驰；前程未可量，奋发而为之。

"心灵绿洲"小课堂

本文时勘老师为大家讲解了有关青年人生涯规划的相关知识。他用鲜活的案例引出遇到困难应该具备的心理素质、心理资本的重要性、职业生涯与心理资本之间的关系。文中也讨论了大学生如何做好职业生涯发展规划——知己知彼，做出适合的职业选择，实现正确的人职匹配。最后，时勘老师以职业发展的四条建议作为总结（建立职业发展愿景、保持创造性张力、促进心灵变换、培养自我超越精神），为大学生就业提供宝贵建议。

Part ❷ 家庭教育和青少年成长

贺岭峰
家庭矛盾的冲突和解方

🎧 嘉宾简介

贺岭峰，心理学博士，上海体育大学心理学院教授、博士生导师，教育部心理学教学指导委员会委员，上海市心理学会青春期与性心理健康专业委员会副主任委员，12355上海青春在线青少年公共服务中心理事会副理事长。复旦大学、华东师大兼职教授，视频号、抖音、小红书累计粉丝超600万，喜马拉雅2019十大新锐主播，海军第15批亚丁湾索马里海域护航编队随舰心理专家，东京奥运会中国三人男女篮球队心理教练。擅长领域有心情管理学、中式幸福学、心理危机与心理安全、健康心理学、女性心理学、亲子关系等。著有《和孩子做队友》《思想政治工作心理学》《福由心生》等。

主持人： 这次贺老师到厦门主要是为了参加第五届婚姻家庭治疗国际研讨会，不知道贺老师对这次的国际研讨会有什么感受呢？

贺岭峰： 热！首先，会议热度非常高，参加的人数远远超出预期；其次，每一场活动中，参与者的热情都特别高。

主持人： 每个分会场都人头攒动，有些还得加椅子，可见大家的参与热情和参与度都特别高。关于婚姻家庭的话题，您有什么见解？

贺岭峰： 整体的婚姻家庭处于衰落状态，我国的离婚率已经连续17年上升，结婚率连续7年下降。关于婚姻家庭的研究越来越多，大家都很好奇这种状态因何而起，希望通过研究发现来指导和改善目前不婚不育的状态。这一次大会时间并不长，但是话题特别丰富，不同主题的分会场特别多，可见大家热切地希望通过多元视角来探讨婚姻家庭的问题。在这个时代，婚姻家庭到底遭遇到了怎样的问题，并且该如何解决这个问题。

主持人： 2020年注定是不平凡的一年，在2021年第五届婚姻家庭治疗国际研讨会上，回顾过去，相信离不开"疫情"这两个字。

贺岭峰： 它对婚姻家庭、亲子关系和夫妻关系都造成了非常大的影响。学界也在讨论，一方面在疫情状态下，不同的社会人群所处的状态会有怎样的变化，另一方面，也在探究高知人群和女性精英在疫情中所面临的困扰，他们对于生活的态度是否发生了改变。在国际上有一个通行的说法，把1995年到2009年出生的人称为"Z世代"，因为这一代年轻人被大家认为是不一样的。中国的"95后"已经进入职场，今年的"00后"也开始进入职场。其实"00后"跟"95后"是完全不同的，他们是被我们称为来自外星的人类，所以"80后"和"90后"要准备迎接一代完全与他们不同的人，不管是迎接他们的子女，还是他们的员工。

主持人： 这可能也是每一代人自己的课题。今天要谈的话题就是后疫情时代的家庭冲突，这也紧扣着这次大会的婚姻家庭主题。

贺岭峰： 疫情是亲密关系（包括夫妻和亲子关系）的放大镜：一方面，会让我们看到很多温情，比如一家人在健身，一家人在做饭，一家人进行亲子之间的娱乐活动，从中可以看到美好的一面；但另一方面，这也容易激发家人之间的隔阂、冲突和矛盾。疫情除了放大家庭的温情和幸福，也给我们带来了家人之间密集且激烈的冲突。年轻夫妻的离婚率持续上升。

主持人： 疫情也撕裂了许多家庭，从去年到今年，离婚率在节节攀升，甚至达到了需要在民政局排队的程度。

贺岭峰： 有一些地方三个月内的离婚预约已经排满了，并且有不少人还要预约。

主持人： 其实疫情本身并不会直接导致亲子或者家庭冲突，它只是一个放大镜。放大镜的一个功能是放大，另一个功能是聚焦，这是放大镜的两面性，反映在家庭当中也可能存在这个两面性。

贺岭峰： 包括生活当中一些琐碎的事情，不管是好的还是不好的事情，疫情都将它们聚焦并放大，聚焦后起火了。比如，夫妻之间日常生活中就有一些矛盾，但往往是拌两句嘴就赶着去上班，或者去处理日常工作了，因此下班后，双方就将这个矛盾或冲突忽略了。一方面，上班的过程其实是一个冷处理的过程，双方脱离了争吵或者争执的环境，既然来不及跟对方吵，就只能等到下班再吵了。但是，等上班的时间段过去之后，双方觉察这只是一件小事，并不值得为此争吵。

另一方面，到了工作单位后，与同事聊天的过程中，情绪可能得到了舒缓，回过头来便不再计较了。然而，现在因为疫情的关系，家庭成员都被关在家里，哪里都去不了，琐碎的小事在双方看来都必须说清楚，否则当下的情绪就无法得到冷却和舒缓。

主持人： 尤其是去年2月到5月的时候。

贺岭峰： 是的，生活琐事所引起的矛盾爆发基本上都发生在被关在家里的时候。虽然事情小，但所引发的情绪没有办法得到及时的安抚，其中一方或双方都想解决问题，此时却是带着情绪去解决问题，越想解决越糟糕，最后就变成了激烈的大爆发。实际上生活中的许多琐事是无法说清楚的，剪不断理还乱，清官也难断家务事。

主持人： 用讲道理来对待家庭关系可能是大家生活中的误区。

贺岭峰： 这是一个很大的问题。现在的年轻人很喜欢把事情掰扯清楚。

主持人： 因为所受的教育传递给大家的一个观念就是凡事要讲逻辑，把事情的逻辑理清楚，才知道到底是哪方的对错，然而争执双方的道理都很充分。

贺岭峰： 第一，经过十几年的教育之后，双方都很强调有逻辑的"理"。第二，接受教育的时候，每一道题都存在一个标准答案，这特别可怕。当个体恋爱结婚并进入家庭生活后，遇到了一个生活出的问题，但生活问题真的有标准答案吗？如果有正确答案的话，双方所认为的正确的标准可能不一样，因此在有分歧的情况下，双方必须找到一个唯一正确的答案。争对错是家庭中存在的最大问题，一争对错，彼此的感情就破坏了。尤其是当我们带着感情去讲道理的时候，是特别伤人的。中国有一句话叫晓之以理，动之以情，最终将对方说服，但是这句话的顺序是不对的，标准说法应该叫动之以情，晓之以理。我们认为，如果在情感上无法说通的话，讲道理是没有意义的。与一个发火的人、哀伤的人，或者一个恐惧的人讲道理，实际上是无法讲通的，因为一个处于哀伤或愤怒状态的人，其大脑的边缘系统被充分唤醒，也就是情绪脑被充分唤醒了。情绪脑充分唤醒会劫持逻辑脑，也就是理智脑，这时的理智脑实际是丧失控制功能的。与理智脑完全被抑制的人讲道理，注定讲不通，因此在家庭问题上的处理还是应该多讲感情。夫妻在一起，应该多为对方服务，多赞美对方。

主持人： 这需要双方相互表达关心或者赞美，那万一收到是不屑或者不爽的态度，该怎么办呢？

贺岭峰： 我们认为即使被拒绝、被否定或者被忽视，其中一方还应该持续表达善意。

主持人： 不能因为某一次遇冷就灰心，又回到原来不良的关系状态。

贺岭峰： 夫妻之间的交往互动能力取决于两点。第一点是回应能力，就是一方诉说某件事或者提议，如今晚吃什么，孩子是否应该送某个学校或某个补习班，对方能给予何种质量的回应。即使是生活中常见的小事，我们也能从中看到夫妻之间最常见的互动是提议和回应。简单讲，一方就某种想法与对方沟通，对方如何回应，这种夫妻互动的质量取决于回应的质量。

主持人： 现在可能很多夫妻面对对方的示好或者示弱，第一反应是，你是不是干了什么不好的事情？

贺岭峰： 这是比较麻烦的问题，我们的建议是不管怎样都应该积极回应。我们认为所谓幸福的夫妻，积极回应和消极回应之比应该大于5:1，通俗讲，就是忽视、否定和赞美、支持的比例应该小于1:5。第二点是再次提出提议的能力。例如，一方说"今晚我们炒点肉吃吧？"另一方否定并说，"都胖成这样了还吃，怎么不去吃素？"遇到上述被否定的类似情况怎么办？在这里，再次提出提议的能力就显得非常重要。有人说，我说了一句话，你否定了我，那你接下去说的话我也否定，针锋相对，你不给我面子，我也不给你面子，那这样的关系就没法再进行沟通。因此，再次提出提议的能力是很重要的，是衡量夫妻关系质量的重要指标，也是一个人的心智成熟的表征。

主持人： 因为疫情的影响，我们有更多时间可以陪伴家人，但是事与愿违，事实并不是这样。

贺岭峰： 我们建议在相处时间增加的情况下，夫妻共同面对一个世界的时间也要增加，这样对于夫妻关系来说可能更好。但夫妻彼此面对的时间增加，麻烦和矛盾也可能增加。我们建议找一个有创造性的目标去共同完成，哪怕有一个共同的外在敌人也可以。比如，疫情期间双方都长肉了，可以共同找健身方案实施减重计划。

主持人： 疫情期间的居家生活看似互动时间增加，但实际上可能更少。

贺岭峰： 因为还有新媒体这个"第三者"，即电子游戏、追剧、短视频，以及网上的各种社交软件，虽然在同一空间相处，但是在思想、感情和身体上可能没有接触，它们可能牵扯着双方的情感和注意。最近研究发现，夫妻结婚时间越长，因看手机而忽视伴侣的现象，对婚姻的质量影响越大。

主持人： 试想如果疫情发生在智能手机普及前，大家用的手机是诺基亚会怎样？

贺岭峰： 至少不会有那么多吸引我们的网络产品。这些产品会轻易地使个体的注意力从伴侣那里移开。现在很伤人的是，我就坐在你面前，而你在玩手机。除此之外，你会表达自己的情感，但是却很少向对方表达情绪和情感，这样会使对方感到很受伤。去年我也在线上做了心理学讲座，听众以女性居多，我就跟听众们说，千万不要当着老公的面听课，如果被问及刚才的课老师讲得如何，一定说老师讲得不怎么样，讲得不如她们老公。千万不要说，老师讲得特别好，你也应该来听课，这样说容易伤害夫妻关系。

主持人： 等于说要给对方留下一点面子和存在感。从习惯的角度讲，这一方面也是大家需要慢慢调整的，或者是要上心的事情。

贺岭峰： 我们可能觉得没什么，可能会觉得这就像是在看书，但实际上这在夫妻关系中，相当于双方在互动时，家里面又多了一个男人坐在旁边一直在和对方聊天，聊完之后对方还说这个人聊得真好。

主持人： 大家试想一下这个场景，一定挺伤人的。刚才贺老师也提到，原本有一些矛盾和愤怒可能在双方上班之后就被缓解了，疫情发生后，大家面对面的机会多了，就很容易将所有的怨恨累积下来。

贺岭峰： 这也是一个问题。因为"80后"和"90后"特别强调自主性，强调个人尊严和个人生存空间。他们在一起生活的时候，会在很多小细节中发生不和谐的小事，小事不断累加，可能就爆发了。

主持人： 这种情况看似无解，因为两个人在吵架或者在愤怒的时候，互怼的劲儿是很可怕的。

贺岭峰： 我们建议在心情愉快的时候处理问题。当然，如果处理不好也没有关系。

主持人： 那是否有家庭会抱怨说没有心情愉快的时候？

贺岭峰： 这是比较麻烦的，那干脆离开家好了，双方到大自然当中去冷静一下。我觉得两个人应该在心情愉快的时候去处理分歧，而不要在已经有巨大分歧的当下，双方或其中一方特别想解决问题，这很麻烦。当出现上述情况时，就意味着接下来可能会导致彼此之间出现更大的分歧。

主持人： 现在的夫妻双方都有自己的原生家庭，那可能在原来的家中是小公主或王子，在原生家庭中可能一呼百应，自己的父母和长辈都会认同并且宠爱他们。但是，组成一个新家庭后，会发现他不仅不宠我，而且想跟我讲道理。

贺岭峰： 现在的家庭组成非常典型——"三独"，夫妻双方和孩子都是独生子女，这是三个完全不同的独立生命的相遇，融合在一起很困难。之前三世同堂、四世同堂，一个家庭中好多口人在一起，关系特别复杂，某一个关系处理不好的话，影响并不大。例如爸爸今天看我不顺眼，揍了我一顿，我可以去找奶奶或者姑姑去告状和找人撑腰，也可以去跟表姐诉说，请她帮忙开解。之前我们很有弹性地生活在大家庭。现在就这么三种关系，关系一旦坏了就没法修补，家庭中没有可以缓冲的地方。

主持人： 现在年轻人的生活态度也不太一样。原来的裤子和衣服可能新三年旧三年，缝缝补补又三年，九年就过去了。现在的年轻人可不这样想，衣服一坏就扔了马上换新的。

贺岭峰： 现在的婚姻关系只想换，不想修，觉得处理问题这么麻烦，算了换一个再说。

主持人： 现在是否有统计过从疫情到现在离婚的主力变化情况？

贺岭峰： 可能还是"80后""90后"居多。因为"80后""90后"，上有四老，随着生育政策的放开，还可能出现下有"三孩"的状况。

主持人： 而且他们可能在单位或者在社会中已经成为中坚力量。

贺岭峰： 也就是说"80后""90后"以后要过上"朝三暮四"的生活，早晨要照顾三个孩子上学，晚上回来要照顾四个老人，压力真的很大。有时这些压力在外面是无法释放的，无法对客户、对老板、对同事宣泄不良情绪。每个人都希望家是一个安全的港湾，在家里，自己是一个放松的状态，但问题是其他"两独"可能并不理解。

主持人： 所以在家庭当中，我们需要学会换位思考，比如老婆站在老公的角度来思考，他可能并不是因为家庭中某个人的原因才会有不良的情绪，可能他有他的理由，促使他做了某个决定。

贺岭峰： 夫妻双方都要理解对方所处的情绪状态并不是他故意为之，对方的不耐烦可能并不是针对你，有可能是他压力太大了，想放松或者回避一下。如果有的时候想让对方做些什么，还是要在某件事情上多奖赏对方。

主持人： 给很多正在战争中的夫妻的一点小忠告，就是多换位思考，多看对方的优点。还有一个问题，如果真的走不下去，此时又该怎么办呢？

贺岭峰： 如果走不下去，我们认为也要良性地分手，不要搞得鸡飞狗跳，或者山崩地裂。否则，在这个过程中，大家都会受伤。我们一直以为在婚姻中经营的是感情，但其实不是，婚姻当中真正经营的是共有的生活方式。爱情是感情诱发的，相恋时，大脑里多巴胺、苯乙胺以及内啡肽的含量会增加，此时会对对方很着迷，对方的存在会让自己感觉很幸福。但一旦转入到了婚姻状态，个体就进入了另外一套模式，即亲情模式，不再是这三种激素，变成了催产素和后叶加压素等激素，这些激素给人带来安全感和弥散型幸福体验。

主持人： 不要在结婚以后还一味地追求所谓的爱情，不要去奢望所谓的天长地久的爱情。

贺岭峰： 从生理角度讲，热恋期激素水平升高的时间大概就是18～30个月，这就是爱情的期限。其实夫妻双方结婚后经营的是一种共有的生活，一种彼此相互的支撑，能够彼此忠诚，给对方带来安全感、幸福感和获得感的一种共有的生活方式。不管是主动离婚还是被动离婚，双方都会产生伤痛感，哪怕是主动地选择离婚，最后真的离了，等情绪缓下来以后，也会有很受伤的感觉。因为离婚离的不是一份爱情，也不是一个爱你的人，而是代表着个体将永远会失去跟对方曾经共有的那些美好。这些美好是跟对方在一起的时候，无数的细节和无数的历史凝结在那里的，跟对方分开后，这段历史就被擦掉了。即使后期跟其他人开始新的生活，那也只是另外的一种生活方式。夫妻双方真正经营的是一种共有的生活，这种生活也是每个人投入其中，带着血、连着肉创造出来的生活。

主持人： 大家也要好好地思考一下，自己的亲密关系到底应该是怎样的？后疫情时代的家庭离婚率不断攀升，这是不是也说明了一些问题？

贺岭峰： 这是之前冲突的后效，也就是说前面引发的冲突，可能可以通过一段时间得到缓解，但如果得不到缓解的话，它还会有再次爆发的可能。

主持人： 前面可能是一个很小的火星，后期可能就爆发成大火了。接下来的话题我们将围绕亲子关系展开，这可能也是很多父母特别头疼的话题，尤其去年学生需要居家学习，导致许多家长崩溃。你觉得家长怎样才能发现孩子可能存在心理问题？

贺岭峰： 身心是一体的，现在许多年轻人的身体素质越来越差，心理和情绪是导致这个问题的重要原因。第一个就是消化问题，只要是消化系统的，不论是口腔溃疡、牙周病、咽喉炎，还是肠胃炎、胃溃疡、腹泻、便秘等消化系统的疾病，这些大都是情绪压力导致的。如果大人发现孩子身上有消化系统的疾病，首先应该考虑的是他压力太大了，或者他最近处于负性的情绪状态。第二，如果睡眠、饮食和皮肤出现了一些问题，可能这是心理问题导致的。如果家庭成员有这样的一些症状，尤其是反复出现的时候，家长应该特别注意，排除孩子体弱多病的情况，那么有可能是孩子目前的情绪和压力处于异常的状态，需要得到额外关注。

主持人： 现在的孩子接受教育水平也比较高，尤其现在的学校都配备了专业的心理老师，这可能是"80后"和"90后"家长所没有经受过的。现在的孩子在学校学习的能力会不会高一些？

贺岭峰：目前，年轻人获取知识的途径特别多，远不只是家庭和学校。孩子一旦到了小学高年级，尤其初中以后，获得信息的最主要来源是同伴和云端。

主持人：现在的孩子使用手机或者和同伴聊天的频率或者时长一定会多于跟家长的沟通，这是否也是这个时代的一个新常态或者正常现象？

贺岭峰：现在很多家长都看不得孩子玩手机，每一个孩子都有自己的童年玩具，只不过这一代孩子的童年玩具是手机，包括手机上一些好玩的东西。

主持人：就像"80后"的父母看不得"80后"玩卡片、跳皮筋、跳房子或者滚铁环一样。

贺岭峰：对，实际上这就是这一代孩子的童年玩具。我们一般认为，这一代孩子是生活在平行空间的人，意思是这一代孩子一出生，他的生活就在两个世界同时展开，也就是现实世界和虚拟世界。他在这两个世界中的生命是同步展开的，他在虚拟世界当中所有的体验都是真实的，这也就会使他形成独立的人格。虚拟世界的人物可能是虚拟的，或者关系可能是虚拟的，但个体产生的所有情绪、情感和成就感都是真实的。这一代的孩子可能都有两个完全不同的人格，他活在两个完全不同的世界，可能在父母面前，在学校里特别乖和听话，在现实世界里很普通的孩子，有可能在网络上却是大神级的存在。现实世界的他和虚拟世界的他，完全不一样，其领导力、气度和说话办事的方式，在线上与线下是完全不一样的风格。但很可惜，很多家长没有看到孩子在另外一个世界的生命展开方式，还想通过粗暴地关掉网络和没收手机的方式来管理孩子。其实在另外一个世界，孩子也有另一个生命，当 Wi-Fi 被关掉时，就相当于是抽离了空间中的氧气，会让他窒息，让他无法生存。我们在上海的调查发现，现在的孩子最喜欢做的五项活动全部都在网上。孩子的快乐最主要不是来自线下打球、做手工或者玩乐器，而是来自听音乐、玩游戏、追剧、听书和看小说等网络活动，全部需要通过线上的方式才能得以满足。

主持人：难怪家长会崩溃，这完全是两个世界的活动和兴趣，家长一味地掐断网络，只会让网络的虚拟世界不复存在。

贺岭峰：这一代孩子的生命就是平行展开的，不可能因为肉体只活在现实世界里，而将虚拟世界消灭掉。

主持人：目前有一种应对思路是将小孩带出去走走，全家人一起去户外郊游，或者一起去打球，试图通过这样的方式挽回孩子。

贺岭峰： 我们建议 3 岁以下的孩子不要接触电子产品，3 岁以下的孩子就应该到户外撒野，到处跑、滚、玩沙子、玩泥巴。3 到 6 岁的孩子，可以适当地玩线上的游戏，但是也需要对使用时间和内容进行控制，这是需要大人去严格监控的。孩子上学后，我们应该把电子产品放给孩子，让他有自主性地调控使用时间和内容。但是现在大多数家长完全弄反了，在 3 岁之前用屏幕育儿，孩子一哭闹或者家里来人了，家长将电子产品给孩子就万事大吉，对使用时间和内容完全不予管理，甚至幼儿园时期也可能是这样的管理模式。反而是一上学就把电子产品全部收掉，与科学的管理方式恰恰相反。

主持人： 这真的是一个逆生长或者逆周期的事情。

贺岭峰： 家长认为孩子上学就应该以学习为主，但是现在孩子的很多学习路径是来自线上，甚至现在的作业都是在线作业，使得我们很难将网络与孩子完全地隔开。

主持人： 家长将顺序搞错了，这是一件可怕的事情。其实家长的诉求也很简单，孩子只要学习好，其他的事情家长都可以选择性地不管。

贺岭峰： 但什么叫学习好？这个问题是需要说明白的。第一，现在 90% 的家长都希望自己的孩子学习成绩排前 10%，这才叫学习好。家长时不时觉得孩子"不行"，认为孩子在班级中就是中等生，没有上进心。殊不知孩子在重点中学，是跟优秀的孩子在一起，在全国已经排前 10% 了。但家长仍然不满意，还是希望孩子能在班级的前 10%。这时候我就会对家长说，一个孩子 70% 以上的智商来自遗传，所以父母永远不要说自己的孩子笨。当家长要孩子与别人家的孩子做比较时，家长该做的第一件事情就是跟孩子道歉，不要去指责孩子。仅凭家长是名校毕业，就希望孩子更加优秀，这是强人所难。因为在智商上存在一个叫作平均数回归的规律，即如果父母都比较笨，有可能孩子比父母都聪明一些；如果父母有一个特别聪明，有一个很笨，那孩子的智商基本上就处于中位。如果父母都非常优秀，孩子的智商就是平均数回归，大概率没有父母优秀，这是正常的现象和自然规律。

主持人： 要抛弃不太现实的话语，放弃不太现实的幻想。

贺岭峰： 所谓的成绩不好，其实并不是真的不好，而是家长认为没有达到他们的要求。此外，有一些所谓的不好，实际上只是一道题、一次考试、一个分数，它本身并不能说明任何问题，但是家长就盯着那道题不放，就盯着那次考试不放。

主持人： 比如 100 分的试卷错了 2 分，这 2 分扣哪了，家长会非常关注这些小差错。

家长的关注点

贺岭峰： 在孩子的生命和学习历程当中，这两分并不是非常重要。有时，是大人的过度焦虑或者过高要求导致了更多烦恼，其实家长只要放开一点，孩子就能更好地成长。

主持人： 我们是不是能够帮助孩子来管理时间，包括学习时间、游戏时间、玩乐时间和休闲时间？

贺岭峰： 世界上最珍贵的东西就是时间，因为它是恒定且公平的。我们先说学习的时间管理。我发现现在家长在努力地延长孩子的学习时间，孩子最好能够将所有时间都用在学习上。但是，家长们忘了学习效率等于学习的总效果除以学习的总时间，学习时间是分母，如果在没有明显提高学习总效果的情况下，学习时间越长，学习效率越低。家长把其他休闲娱乐和交往的时间挤占了，不只是把孩子的爱好、特长、休闲娱乐和社交的时间挤占了，最重要的是把运动时间和睡眠时间也占用了。首先是运动时间，由于运动时间越来越少，现在的孩子体质越来越差。家长可能觉得运动时间不重要，但实际上这是非常重要的。我们发现最近三个月去过医院的孩子都是因为运动时间少，每天运动少于 1 小时。第二个占用的是睡眠时间，现在 90% 以上的中国孩子睡眠时间不足，这是中国科学院心理研究所今年 3 月发布的《中国国民心理健康蓝皮书》给出的结论，这其实一点也不夸张。按照国家卫生健康委员会的规定，小学生每天睡眠时间不应少于 10 小时，初中生不应少于 9 小时，高中生不应少于 8 小时。试问各位，如果家中有个上小学的孩子，请算一下孩子能睡到 10 小时吗？早上 7 点起床的话，晚上 9 点钟睡觉才能睡到 10 小时。

主持人： 这对很多家庭来说很困难，难怪 90% 的家庭都做不到。

贺岭峰： 睡眠尤其是深睡，是学习非常重要的过程。

主持人： 也就是知识存储的过程。

贺岭峰： 人处于深睡状态时，大脑前额叶功能关闭，但是海马体还活跃着，它把白天学到的内容重新进行整理，然后存入长时记忆中。并不是让孩子废寝忘食，多学一段时间才叫学习，睡眠本身就是学习不可或缺的一个过程。但家长对学习时间过分关注，从而挤占了其他的时间。家长认为除了学习，其他休息娱乐的时间都没用，是玩物丧志的，尤其是孩子玩手机成瘾。

其实所有的成瘾都是一种快乐模式取代了其他所有快乐模式，这叫作成瘾。所谓的手机成瘾、游戏成瘾、追剧成瘾的成瘾，其实是因为孩子没有其他快乐的模式，他就只剩下这一点快乐时光。孩子的生活当中完全没有幸福体验，完全没有其他快乐模式，这是最可怕的。父母要是真想解决孩子手机成瘾的问题，首先应该考虑除了手机以外，还有没有其他快乐的模式。

第二个要考虑的问题是，手机管理包括手机使用时间的管理是孩子一生都要面对的问题，不是家长在孩子小学、初中、高中阶段管控了，考上大学后孩子就能自主地学会管理好使用手机的时间和行为。我们也发现，包括考上名牌大学的学生开始报复性地使用手机，结果考试挂科，甚至休学辍学，无法正常参加工作。我们认为手机管理应该从小学一年级就开始，这在很多家长看来是很可怕的事情。他们通过跟孩子谈条件和形成契约建立手机管理的模式，例如每天晚上做完作业，孩子可以玩半个小时，半个小时一到家长就开始收手机。家长以为自己这样做很有道理，即并没有强制孩子不玩手机，而是因事先说定的条件，在使用时间结束后，家长收回手机。但是我就常常问家长，为什么只玩半小时呢？为什么不是 20 分钟、40 分钟、一个小时呢？半个小时的使用时间是从何而来的？孩子的一局游戏、一集剧集，可能不止半个小时，有可能孩子正在游戏的关键时刻。现在很多游戏还不是单机的，而是联机的，不是孩子一个人在玩，而是孩子跟所有伙伴在一起玩。这时孩子和伙伴们上网打游戏，到了关键时刻，孩子突然消失了，这不只是不让他玩游戏，还是在破坏他的人际关系。因此，我们建议把手机时间管理的权力逐步地过渡给孩子，因为孩子这辈子是无法离开手机终端的，手机时间管理也就成了一个人一生都要做的一件事儿，与其让他晚点面对，不如早面对。较早面对的事情，家长还可以帮忙和控制，否则到了青春期之后，家长就无法控制了，这会更加麻烦。我们的建议当然不是让家长完全放弃对孩子的手机管理，可以帮助孩子建立手机时间银行来帮助他们学会管理手机。

主持人： 比如一周给孩子十个小时的手机时间。

贺岭峰： 没错。关于十个小时怎么支配，完全由孩子决定，但是总量不能超过十小时，如果孩子在某一天将使用时间全部使用完，那么这一周接下来的时间就再也不能玩了。若这一周要考试了，时间比较紧张，孩子选择复习而不使用手机，那么这一周手机使用的时间就存下来了，在下一周还可以累加使用，或者用时间兑换其他东西。若孩子已经使用了九个小时，但是现在跟朋友联网至少得打两小时，那还差一个小时，可以选择跟父母贷款。但是贷款需要支付利息，假设这周借了一个小时，下一周可能需要扣掉一个半小时。我们可以通过控制总量的方式，把手机的时间管理权力逐渐地交给孩子，让他们学会怎样去调控自己。

主持人： 从控制细节变成控制总量。

贺岭峰： 因为大人是无法完全控制孩子的，随着孩子年龄的增长，会愈发控制不住。很多大人以为把孩子手机没收了，自己就控制住了孩子使用手机的行为，但是孩子万一有其他手机呢？等孩子上了大学或大学毕业了，家长问孩子在初高中时期将手机控制住了是否就不玩游戏了？孩子可能会告诉家长，他还有一部手机，从来没有停止过玩游戏，只是家长不知道而已。那家长还不如把所有的东西都摊开来与孩子沟通。

我们建议，第一，恢复正常的生活节奏。疫情以来，孩子被困在家，家长们也不上班了，很多节奏就被打乱了。在后疫情状态下，我们要重新建构起家庭的生活节奏，要有共同的时光和互动的时间，也要有独处的时间，在家有各自的书桌，有各自的上网方式。在这个过程中，运动时间、娱乐时间和睡眠时间的管理也是非常重要的。我认为，重构生活律的优先级应优于孩子的成绩和作业。家庭需要有良好的睡眠习惯、良好的运动习惯，有家庭共处的快乐时光和各自的娱乐模式，这不仅能够调节身体，还能够调节心理和情绪。

主持人： 第一是有一个正常的生活模式或生活节奏。

贺岭峰： 第二是永远要先处理情绪，后处理问题。我们发现现在的亲子关系遇到冲突时，孩子是特别讲理和淡定的一方，反而是家长无法控制情绪。希望"80后""90后"家长在情绪控制方面多向孩子学习。现在有一个新词叫"后浪导师"，就是以后浪为师，学习年轻人是怎么交往的，是怎么玩梗的，是怎么开心的，去看见、去学习和去融入年轻人的世界。

主持人： 不要把他拉到大人的世界，而是让大人融进他的世界。

贺岭峰： 大人们常说，孩子的世界我不懂，那大人就应该去学习和请教孩子和年轻人。现在的"00后"情绪特别稳定，看问题现实且理性，应对问题的策略也特别多，如果家长愿意放下身段，说实话真的能学到很多东西。我们也希望家长能照样管教孩子，心理学上的管教建议叫"温柔而坚定"，也就是不能发火，同时要坚守自己的底线。许多家长最容易犯的错误就是暴躁而不坚定，碰上不如意的事情就发火，发完火还会后悔，然后向孩子道歉，最后依旧无法管教孩子，我们不建议采取这样的方式进行互动，应该控制和管理好自己的情绪后再教育孩子。

主持人： 夫妻在教育问题上的态度是要抱团的或者一致的。

贺岭峰： 哪怕一方觉得对方处理的教育问题方式不对，训孩子的方式不对，但你仍然要坚定地与对方抱有一致的态度。如果在孩子面前暴露教育理念和态度的冲突，这会让孩子感觉特别困惑，不明白自己到底应该听谁的。孩子特别善于利用矛盾来获得对自己有利的空间，所以保持一致非常重要。

主持人： 希望大家能够在这个特殊的时代，利用多出来的时间与家庭成员多相处，共同促进彼此的成长，共同促进关系的成长。

贺岭峰： 最后给大家提三个建议，我们称为"315生活方式"。第一，每天能够发呆15分钟，让自己空下来，放下手机发呆15分钟。第二，每天能够闲聊15分钟，就是与爱人、与孩子说废话，跟孩子说废话的能力的优秀与否才真正体现了亲子关系质量的高低。第三，每天微笑15分钟。这样每一样加起来，一周下来就是315分钟。每天按"315生活方式"去做，3~6月之后，你的夫妻关系、亲子关系会发生非常大的改变。

"心灵绿洲"小课堂

后疫情时代，在家庭冲突问题的解决和处理上应该先动之以情再晓之以理，夫妻相处应该多为对方服务，多赞美对方，即使被拒绝、被否定、被忽视，其中一方还应该持续表达善意，夫妻互动的质量取决于回应的质量。疫情居家期间，夫妻之间面对彼此的时间增加，此时应该找一个有创造性的共同目标去完成，能够改善家庭关系。同时，夫妻双方都要理解对方所表现出的负面情绪与行为，夫妻关系真的走不下去也要良性地分手，否则，大家都会受伤。不要去奢望所谓的天长地久的爱情，爱情在生活中只会存在较短的时间，当进入婚姻生活，真正经营的是一种共有的生活方式。

现在许多年轻人的身体素质越来越差，排除生理方面的问题，心理和情绪是导致这个现象出现的重要原因。当孩子的情绪状态和压力值异常，就会导致消化系统出现疾病，甚至是睡眠、饮食和皮肤出现问题，此时家长应该特别注意，这样的孩子可能需要得到额外关注。除此以外，这一代的孩子在现实世界和虚拟世界有两个完全不同的人格，父母不应该通过粗暴地关掉网络和没收手机的方式来管理孩子，这会抑制孩子的成长空间。如果想进一步解决孩子的"手机成瘾"问题，家长可以通过控制总量的方式，把手机的时间管理权力逐渐地交给孩子，让孩子支配自己的时间，从而学会自我管控。父母应该让孩子的睡眠时间、运动时间、学习时间回归到正常状态。

后疫情时代，我们要重构恢复正常家庭的生活，发生冲突时，永远要先处理情绪，后处理问题。父母在教育孩子时，更应该先控制和管理好自己的情绪再来教育孩子，只有这样才能促进彼此共同成长。

Part 3 心理调节方法

吴大兴
谈谈老年人的抑郁症

嘉宾简介

吴大兴，医学博士、教授、主任医师、博士生导师，中南大学湘雅二医院医学心理中心副主任、医学心理学教研室副主任，新加坡国立大学医学院心理医学系高级访问学者。

现担任中国心理学会心理学普及工作委员会副主任委员、中国残疾人康复协会心理康复专业委员会常务委员、中国高等医学教育学会医学心理学分会常务理事、中国心理学会神经心理学专业委员会委员、中国心理卫生协会心理咨询师专业委员会委员、中国心理学会临床与咨询心理学注册系统督导师、湖南省心理咨询师协会常务理事、湖南省心理卫生协会常务理事、湖南省康复医学会身心康复专业委员会常务委员、湖南省公安民警心理服务专家等多个学术职务。主持国家自然科学基金课题3项。发表第一作者或通讯作者SCI/SSCI英文论文30篇，中文论文33篇。主编参编多部普通高等教育国家级、国家卫健委规划教材。

主持人： 吴教授您好，您平时从事哪方面的工作？

吴大兴： 精神卫生是大方向，我目前的临床工作是心理咨询。

主持人： 从事心理方面的工作给您个人带来什么成长和收获呢？

吴大兴： 心理工作是很特别很有意思的事。从事这方面的工作以后，我发现对自身的了解更透彻，更能够帮助别人解决心理问题。在现代社会，人们的心理压力增大，心理咨询的需求和大众对健康的需求扩大，大众也越来越重视老年人的心理健康。

主持人： 在接受您的门诊的人群当中是否有明显青中老年比例差异？

吴大兴： 青少年较多。随着健康意识的增强，老年人就诊心理咨询的数量增加，他们都希望得到帮助。

主持人： 老年人的比例会有多少呢？

吴大兴： 大概有10%。从门诊量来看似乎很少，但以前来就诊的老年人更少。老年人心理方面的意识增强，想通过心理辅导来提高自己的生活质量这一点是非常大的进步。

主持人： 您对老年人面临的问题有没有做一个总结呢？

吴大兴： 老年人来咨询的问题更多是关于情绪，突出表现为老年抑郁。他们在心理辅导后，会意识到抑郁对其生活的影响，接受心理辅导有助于提高生活质量，令其身心愉悦。

主持人： 老年人身体器官退化，甚至存在其他疾病，这些身心变化互相影响。

吴大兴： 人进入老年发现身体机能不断衰退，自我无用感可能会增强。老年人常说"人老了，不中用了"。实际上人们需要有积极的老龄化观念。"活到老学到老"才能够对社会做出更大的贡献。心理辅导有助于减轻社会的负担。

主持人： 是，现今中国正面临着集体迈入老龄阶段的问题。

吴大兴： 这些问题会影响到整个社会的发展。当老龄化现象出现，养老问题会带来集体的焦虑感，比如医保或整个家庭的运转等。

主持人： 老龄化是社会的必然现象，吴老师观察到国际社会应对老龄化问题采取了哪些措施？

吴大兴： 在老龄化社会的认知方面，国际社会开展的许多调查和研究发现老龄化问题越来越严重。新加坡存在很多老龄化问题，非常关注老年人的身心健康以及身心和谐问题。新加坡在老年人关怀方面有很多政策，被称为"乐龄计划"。"乐龄"就是帮助老年人提高生活质量。在社会层面，企业、慈善组织和政府联合起来开展老龄化工作并积累了很多经验，现在持续推进多项计划。我有幸参加了一个老年人的心理干预项目，重点关注新加坡西部某一老工业区的老龄化问题，项目涉及养老、医保等。主要内容是开展心理干预，针对有忧郁情绪的老年人进行心理干预；向他们普及一些身心健康的知识，如糖尿病、高血压的控制，健康的饮食等。

这一项目我跟进了一年，里面有专业的项目，比如艺术治疗，教老年人打太极，针对老年人的怀旧思想开展专业练习（术语叫音乐回响练习），给老年人播放其年轻时的歌曲，如邓丽君的《小城故事》。

主持人： 一下就回到了当年。

吴大兴： 在这一情境下老年人就找到了价值感。项目人员还会教老年人一些放松技巧进行放松训练，这一群老人就会很开心，情绪、自我感觉很好，对生活就富有热情，年轻人也可能会受其感染。

主持人： 刚才吴老师提到新加坡对老年人的关怀，但我认为还是要关注中国自身，中国的传统文化中也有值得借鉴的地方。

吴大兴： 福禄寿三星就体现了中国传统文化中的"尊老"思想。孝顺就是一种心理的支持，享受天伦之乐是人生的最高境界。"老吾老以及人之老，幼吾幼以及人之幼。"这句古语流淌在每个中国人的骨血里，这对于现代社会的心理健康，特别是老年人的心理健康都有很好的指导作用。

主持人： 在古代的老年人可能会比较幸福，因为那时还没有微信。现在很多老人会抱怨说："子孙只看微信不跟我聊天"。以前的邻里关系比较和谐，老人可能经常会去邻居家串门。现在老年人大多待在家中以致邻里间不太熟络。以前小辈每天早上都要给老人请安，这也会给老人带来心理宽慰。

吴大兴： 不仅是宽慰的问题，这是中华文化中的优秀传统。虽然现代社会相较于古代有许多变化，但是社会也给老人的交流活动提供更多机会，例如广场舞、下棋、摆龙门阵，让老年人能够交流情感，回忆过去。这是老年人健康的生活方式。最重要的是老年人都希望子女能够多陪伴自己。年轻人也需要抽出一定的时间去陪伴老人。

主持人： 现今老年人心理健康方面存在哪些问题呢？

吴大兴： 一般老年人的问题是认为自己老了，抱着无所谓的态度，更严重的是认为自己完全没用了，这是其延伸出来最大的心理问题。从情绪上讲，主要是产生了抑郁情绪，性格变得孤僻，自我封闭，进而出现一系列延展的表现。

主持人： 这一现象会产生恶性循环。

吴大兴： 我们需要打破这一恶性循环。

主持人： 我们可以塑造一个良性循环。老年人具有积极的心态就会认同现在老年人的状态，与朋友们一起去创造美好生活。

吴大兴： 老年人要有老年人的生活模式。很多老年人就是认为自己不行了就什么都不做了。家人应该鼓励老年人积极参与社交，房子是封闭的，走出家门才会放开自己。

主持人： 老年人确实也会遇到一些很现实的问题，很多的心理状况可能都是由其身体状况导致的，如腿脚不灵便就不爱出门了，就会进入恶性循环的第一步。

吴大兴： 老年人年纪大了，身体机能不断退化导致其心理变化。常说的"心身身心"，部分身体问题确实是由心理问题引起，心理压力和创伤会导致身体疾病。部分老年人生病以后长期不能社交，出现或加重心理问题，而心理问题会进一步加重疾病，导致生活质量下降。

主持人： 在这个过程中，老年人自身是一方面，子女是另一方面，二者都要及时进行心理干预。

吴大兴： 对，要发现老年人什么时候出现的心理问题。

主持人： 这个可能是最难的，我们先来探讨老人自身如何做。

吴大兴： 首先意识到自己不高兴，要认识到自己为什么不高兴，如老年人希望子女每天都来看望自己，实际上是做不到的，年轻人都在外打拼。这时老年人就应该意识到自己的心理变化，而不是否认自己的心理问题或拒绝他人帮助。老年人要敢于和善于寻求帮助。

主持人： 老年人很怕给他人添麻烦，出现问题可能自己扛着。身体恶化是不会告知子女与外界的，只有扛不下去了才会让大家知道。

吴大兴： 对，所以要通过老年人的言行进行鉴别。

主持人： 更重要的责任在子女身上。

吴大兴： 老年人自身一定不能讳疾忌医，不能"破罐子破摔"，否则病情加重，也加重了子女的负担。

主持人： 子女在面临这种情况时也会很纠结。若询问老人，可能老人会说"没事没事你忙你的"，其实子女可能也看得出一些情况，但也不好主动说老人可能生病了。

吴大兴： 老人对"过去""心理"这几个词语比较敏感。

主持人： 好像这些词语和疾病是画等号的。

吴大兴： 对，老年人把心理和神经画等号了，实际上不是。人的基本情绪是喜怒哀乐悲恐惊。一定不要一出现心理问题就认为是疾病。严重情况下可能是疾病的表现。大多数心理问题都只是一个心理变化。情绪变化是日常和他人交流不畅导致的。

主持人： 我们的工作就是疏浚渠道，交流沟通就没问题了。

吴大兴： 如果今天有事情压在心里不说，就会总想找人说。事情未解决就会产生焦虑情绪，但是讲述后就豁然开朗，事情也得到解决。所以老年人自己要学会表达，学会和孩子沟通。

主持人： 现今出现一个好的现象：很多老年人会使用智能手机和社交软件了。老年人可能不会打字输入，但会发送语音。老人可以和长时间在外地居住或务工的子女视频连线以此弥补或者拉近亲子关系。

吴大兴： 智能手机将老年人结成一个团体，让他们可以有很多的渠道解决问题，不是局限于一栋楼里，而是扩展至整个社区的老年人。

主持人： 我身边有一个老人加入了社区的银发群，定期参加聚会，如喝茶、泡温泉等。

用智能手机搭建老年人沟通群

吴大兴： 这就是社会倡导的积极的老龄化。刚才提到是心理健康的生活方式。要鉴别的是比较严重的问题。在严重的和正常的情绪之间，有时是没有决然界限的阶段，需要通过普及心理健康知识提高大众对此的认识水平。

主持人： 子女可能也会有自己的想法。子女会认为现在正处于十分忙碌的阶段：既要打拼事业又要顾及自己的家庭，真的没有太多精力再去看望老人。特别是作为社会中坚力量的独生子女，真的没有那么多时间精力去关心老人。

吴大兴： "小也要管，老也要管"。一定要找到一个利于整个家庭运转的平衡点，从老人到年轻人再到小孩都会形成良性互动。否则，子女只顾打拼事业而忽视老人，问题恶化之后会影响到自己的生活。

主持人： 老人上年岁以后会变成"老小孩"，动不动就闹情绪。

吴大兴： 这与老年人的心理变化是有关系的。进入老年后，脑细胞开始衰退，老年人对社会新知识的学习减少因而会怀念过去的美好。老年人会跟子女重复地讲自己过去一些美好的但年轻人不愿意倾听的事情。他们会认为怎么总是重复的话题，并没想到老年人的倾诉实际上是自我心理疏导。老人每讲一遍，就是年轻人和老年人沟通一遍。现在有个流行网络语：重要的事情说三遍。不管老年人讲述几遍，年轻人都要会产生共鸣，老年人就认为孩子很孝顺。

主持人： 对老人来说，说三遍的都是重要的事情。

吴大兴： 最重要的事情是老年人过去的事情，也是其将来生活质量的体现。老年人的价值感是自己对这个家的贡献。子女要肯定他，不能否定他，心理学界称为倾听和共情。老年人和年轻人之间肯定是存在鸿沟的，但随着智能手机的发展，沟通障碍减少。人走向老年是必然的过程，重视老年人就是重视我们自己。

现在我们谈一谈老年抑郁的问题。什么是抑郁呢？第一是心情不好，情绪低落，悲观。第二是兴趣下降，对曾经感兴趣的活动没兴趣了，这是老年人的心智在下降。第三是失眠和早起。失眠指入睡困难，早起指大概凌晨四点醒，之后睡不着了。刚才提到心情——夕阳无限好，只是近黄昏——应该是傍晚心情不好。忧郁是早晨起床心情不好，认为这一天难以度过，到了傍晚情绪反而高涨了。还有的症状是体重下降，吃不下饭，形体逐渐消瘦。更严重的是老人家觉得活不下去了，自己的存在是拖累孩子，产生了轻生的念头。

老年人的抑郁问题

情绪沮丧到一定程度，部分老年人表现为啰嗦，总是讲重话。这是从总体上判断老年人是否抑郁的方法。

主持人：老年抑郁应该和年轻人的抑郁是差不多的。

吴大兴：老年人的表现有所不同，再加上大众对老年人抑郁的认识不同，如果年轻人是这种表现，大家就容易提高警惕；老年人就不觉得是问题，过去会认为他是胡思乱想。

主持人：年轻人遇到这种现象就告诉老年人不要乱想，认为这件事情过去了。

吴大兴：但实际上没过去，老年人一直留在心里，这就涉及怎么判断老年人是否患上抑郁症以及程度深浅。最严重的是老人觉得自己活不下去了，就算只讲了一句，年轻人都要提高警惕，有些老人就是被忽略了。轻微表现是老人抱怨生活或者子女不关心自己。这时，你可以给老人情绪评个分数：0 分表示很健康；10 分表示很严重、很糟糕，已经有自杀念头或自杀未遂行为；5 分就是有症状但是老人家还能过得去。也可以让老年人自己评估：0～3 分轻微，4～6 分中等，7～10 分比较严重。老人处于 0～3 分，可以进行心理调整。

主持人：老人有时候有点情绪波动是难免的。

吴大兴：大多数人都会有这种情况，是抑郁情绪和压抑情绪，没有达到疾病的程度。如果是 4～6 分就要提高警惕学会减压了。如果评估大于 7 分了，就要主动寻找专业人员参与进一步评估，并进行心理干预和心理治疗。

主持人：需要持续关注评分变化。从 3 分变到 7 分，或者从 7 分变到 3 分，是一个恶化或者起效的过程。

吴大兴：对，评分由低变高就是症状严重了。如果评分由高到低就证明最近沟通的努力起效果了，是件好事。孩子发现老人有这种问题时，一定要积极干预，不能忽略。过去的误区在于孩子认为老人以前就是这样并没什么问题。例如，有位特级教师离休后认为做事情很无趣，每天都感到心烦，他觉得自己身体不舒服患有心脏病，这也是忧郁的表现。但他各种检查都没有大问题，那么他就会转去看内科、心血管内科、神经内科，最后其他科室都处理不了就建议他看心理科。这个老人过去是非常能干的一个人，突然退休就出现了退休综合征，这种情况下，我们就要判断他抑郁到什么程度并给予建议。

主持人：老年人原来的职位或地位是否也要区别对待呢？比如原来可能是干部、管理人员或工人，到了一定岁数后从岗位上退下来，他们的心态存在不一样。

吴大兴：心态和岗位都是多样化的，核心就是老年人要认为自己有用，要刷存在感。从心理角度看，老年人抑郁最大的问题就是失去，失去了过去的感受，没有了存在感。无论是哪种岗位的老年人，在退休以后，一定要找到价值感。

主持人：这似乎也很难，因为人到了 60 岁就形成了自己的脾气、性格和专长，对于一些所谓的新领域还是会比较陌生或者害怕。

吴大兴： 每个人都会有点害怕和恐惧感，给这位老人的建议是：您要发挥余热，但是在过去的那一领域已经突破了天花板，那就去寻找另外一个领域，把自身的价值感体现出来。大多数的普通人群该如何找到价值感？实际上就是享受天伦之乐。很多老年人喜欢带孙子，这就是他的存在感，子女不能剥夺老人家的存在感。要知道天伦之乐是让老年人心理健康的最好的办法。老年人抑郁和年轻人抑郁不一样，有一个重要的特征：脑部疾病引发抑郁。比如脑卒中，又称作腔隙性脑梗，患病者的情绪变化是比较大的，但这时病人的其他认知能力或反应能力还没有到完全偏瘫的地步。这时大多表现在情绪上，尤其是失眠症状。曾经我的同事找我进行心理咨询，他说他的父亲自己认为最近有些失控了，情绪无法控制，易怒。我建议他进行脑部检查看老人家是否有脑部疾病，从而导致抑郁。如果患有脑部疾病，药物要跟上。如果脑部没问题，那就可能是心理因素引起的。专业人员就需要和他家人去交流询问，找到心理因素去评判忧郁是不是心理因素引起的。更多的处理是采用心理辅导，如果情况很严重会使用最新的抗抑郁的药物附带在心理辅导过程中。依据抑郁的严重程度以疏导和心理辅导为主。进行处理的时候需要进行区分。普通公众遇到这种问题最好是求助于专业人员，进行心理辅导就能够达到一个好的效果。

主持人： 对于老人来讲可能不是接受心理辅导，而是一个聊天的过程。

吴大兴： 对，就像我们这样聊天。专业人员通过提问题引导方向达到最高的聊天境界：聊得开心。这是我们希望达到一个最佳的效果。当我们让老人把自身的苦恼倾诉出来，我们倾听、支持、共情他，他就觉得心里压抑的感受消失了。一定要在与老年人沟通的过程中，肯定他过去的辉煌。

如果是退休的话应该是逐步退休，一定要给老年人安排一个新的爱好或者新的发挥余热的地方，让其逐渐接纳这个过程，不能太突然。像休克疗法对老年人来说冲击太大了。我就给刚才举例中的老人建议，一定要找到价值感，可以做公益活动、济贫扶困等能力范围内的事。我开导老人的核心就是让其找到价值感。他听了以后就很高兴地离开并计划怎么去做了。

主持人： 老年人的抑郁有很复杂的起因和经过以及解决办法。在这样的一个过程中，社会对于老年人抑郁的重视程度也会逐渐提升，很多人也会投入这个工作中。

吴大兴： 对，不仅是政府要越来越重视，每一个人也都要积极参与。老年人心理健康生活水平提高也是小康社会的标志。小康社会就是人人心理健康，能够享受生活，一家人其乐融融，和谐幸福。

主持人： 以前大家说小康是达到一定经济条件就行了，现在要把心理健康也作为一个标志。

吴大兴： 将心理健康作为一个指标，这是一个突破。老年人自己要积极行动起来，中年人也要开始规划20年以后我们该做什么，年轻人也不要认为自己现在还年轻不作考虑。从现在开始，我们要积极行动起来，养成健康的生活方式。世界卫生组织发布过"健康的四大基石"：合理膳食、适量运动、戒烟限酒、心理平衡。我认为做到这四点，个体的人生就完美了。老年人的心理健康是小康之家的一个重要指标。希望老年人要意识到老龄化不可避免会有很多疾病的出现，关键是要去解决它，能够使它达到一个好的水平，不降低我们的生活质量。大家要共同努力做的事情就是使身体达到一个好的水平，提高生活质量。

主持人： 不要让身病变成心病。

吴大兴： 对，身心疾病会互相影响。大家把身体和心理调理好，才有健康美好的未来。

主持人： 可以通过和朋友交流沟通缓解自己的心理问题，加上适当的运动与正常的作息，就可以保持积极心态和健康身体。

吴大兴： 对，运动和心理平衡会提高免疫力，人的心理健康水平下降，免疫力也就下降了。老年人可以做的事情有很多，关键在于要从自己做起，从现在做起。

"心灵绿洲"小课堂

关注老年人的心理问题是应对老龄化的重要一步。

首先，我们要学会如何判断老年人是否有情绪低落或者抑郁以及这种情况的严重程度。从语言上来看，如果老年人抱怨子女没有陪伴自己，或者觉得自己老了，不中用了，这些都是情绪低落的表现，久而久之就会导致抑郁。而行动上面，老年人以前对一些活动很感兴趣，但最近突然对什么都不感兴趣了，这就是抑郁开始的表现。年轻人要特别警惕，当有这样的情况发生时，要及时地给予老年人陪伴或者带老年人进行心理干预治疗。

在关注老年人心理健康的过程中，我们可以采用评分的方式来决定以什么样的干预方式对老年人进行治疗。这个评分需要持续关注，注意其变化，根据变化来进行治疗活动的选择。导致抑郁的不只有心理因素，还有器质因素。老年人有脑部疾病也会影响其情绪，所以年轻人要关注老年人的身体健康。

进行心理辅导的核心是帮助老人找到价值感。吴大兴提出逐步退休，让其逐渐接纳退休的事实，不能太突然。退休后要找到自己的价值感，做自己力所能及的事。

最后将心理健康上升到小康社会的指标，升华了关注心理健康的重要性。并提到了，身心并重，且相互影响。提倡大家要有健康的理念：合理膳食，适量运动，戒烟限酒，心理平衡，使身心达到一个好的水平，从而提高我们的生活质量。老年人要提高心理健康水平，关键要从自己做起，从现在做起。

王廷礼
情绪与健康的关系

嘉宾简介

王廷礼，中国关心下一代工作委员会专家委员会委员、北京胡亚美儿童医学研究院常务副院长。

主持人： 王老师，您好。其实也可以称呼您为王医生，因为您学医出身。

王廷礼： 是的，我学的是中医专业，从事中医临床工作十几年，后来重点从事中医基础、方药教学和中医保健的研究。最近几年侧重于研究儿童的身心健康，在如何运用中医的理论保障儿童健康方面研究得比较多。另外还涉及人的情绪或情志，按照西医的观点来说，就是心理问题。情绪问题对人体健康的影响非常大。一旦情绪出了问题，就会睡不好，吃不好，身体就会有问题了。

主持人： 心理学可能是偏西方的一些理论。其实在中国、在中国传统文化、在中医中，应该也是有很多的元素与此相对应的。

王廷礼： 西方的心理学不过才有100多年的历史，但是中国讲情绪从2000多年以前的《黄帝内经》就开始了。在这部经典中，很多章节对情绪与健康的关系都讲得非常清楚。

主持人： 这几年来，中国的心理学也发展得很快。不少西方的心理学著作传到了中国。现在可能到了一定的高度就会审视一个问题，就是东西方的心理学思维是否一致或者有一些严格区分？

王廷礼：中医讲的情绪或者情志问题，与西方的心理学应该说是殊途同归，都是解决人们的情绪或者心理障碍问题，以保障健康。但是严格说，二者又有不同的特点。因为这是两个学科，两个体系。中医讲的情绪，是从整体观念来讲。而西医的心理学有很多的分支，包括发展心理学、认知心理学等。

主持人：就像人们去看中医和看西医的区别。如果是看西医，人们得先挂号，要看皮肤科、五官科，还是内科或外科，会面临一个选择。中医可能就没有这么多的严格区分。

王廷礼：我们先说一下中医西医是怎么看病的。假如说感冒了到西医就诊，不论是男女老幼，还是高矮胖瘦，发烧了，给退烧的药；咳嗽了，给止咳的药；有炎症了，给消炎（抗生素）药。但中医治感冒是把人看成一个整体，首先要看人是在哪一个季节得的感冒，感冒是今天刚刚发生的事，还是已经是感冒的第二天、第三天了，每天的病情在人身体上的变化不一样。汉代张仲景在《伤寒论》中首创了疾病转归的"七天律"，揭示了外感疾病每七天算一个周期的规律。这个发现是对医学以及历法等极大的贡献。中医要根据每个人感冒的情况和表现出来的体征，确定治疗方案及处方用药。今天患感冒开的方子和两天前患感冒开的方子完全不一样。

主持人：这个叫辨证施治。

王廷礼：中医诊疗的核心是辨证施治。中医是从整体情况出发对每个病人进行辨证的判断：这是什么症状，需要用什么治疗原则，开什么方子。

主持人：甚至通过一些情绪的宣导或者按摩等方式，就可以把人体内的一些东西排出来。

王廷礼：中医对一种疾病的治疗不仅仅限于中药，还有针灸、拔火罐等。大家都知道推拿，特别是小儿推拿，现在的社会需求量越来越大。年轻父母也认识到了推拿的优点，对孩子的小毛病，不吃药，不打针，看看中医，稍微调理推拿，就能恢复健康。

主持人：如感冒发烧，按一按捏一捏就会好转。

王廷礼：中医越来越受重视，受到老百姓的热爱和信任。特别是在屠呦呦教授获得诺贝尔奖以后，大家对中医越来越信任。

主持人：在王老师看来，西方和中国的心理学二者之间是否存在一些共通性和不同性？

王廷礼：中医讲的情绪或情志和西医讲的心理问题，目的一致，都是要保护人的心理健康，恢复人的健康体魄，只不过在方法上不同。从根本上而言，中医讲的是整体的观念。举一个例子，遇到喜事了，大家都非常高兴。但是从中医的角度来讲，虽然高兴但也不能过头。为什么不能过头？阴阳平衡，不能过就是不能放任，情绪一定要保持平稳。中医认为大喜伤心，人的精神会受到很大的刺激。西医中的精神类疾病，特别是狂躁抑郁等病，从中医角度来讲就叫痰火扰心。一旦遇到这种情况应该怎么办？《儒林外史》里有一则非常经典的故事。

主持人： 难道是范进中举？

王廷礼： 对。范进从20多岁参加科举考试，考了20多次，终于在54岁这一年考中了，特别开心，就大喜伤心，之后就疯了，用西医的话讲就是得了精神病了。这个时候差官送来皇榜，但是范进这个情况不能接皇榜，怎么办呢？就有人出主意了，说范进最怕谁？众人说最怕的是老丈人。多年读功名，科考屡屡名落孙山，整天被他老丈人骂"扫把星"。这么多年都是他老丈人胡屠户花钱供他读，所以他一直怕他老丈人。众人把他老丈人请来说明缘由，胡屠户狠了狠心打了范进两巴掌，范进立马就清醒过来了。这就是中医在调理情绪方面一个非常经典的案例。

主持人： 那打两巴掌有什么样的说法呢？

王廷礼： 为什么打了两巴掌，他就好了呢？这个是用五行生克来调理。中医讲阴阳，讲经络，讲五行，讲五行相生相克。范进中举的故事就非常好地体现了中医的五行相生相克的道理。

主持人： 接下来就请王老师系统地为大家讲解一下阴阳、五行以及范进被打两巴掌就清醒了的缘由。

王廷礼： 按照中医的五行来讲，五行就是木、火、土、金、水。五行相生即木生火（古时候，生火用的是木）；火生土（开垦荒地，放火烧掉杂草荆棘，才可以露出土地）；土生金（所有的金属元素都是从土地或山脉中生的）；金生水（河流"水"的发源地是山脉"金"）；水生木（植物离开水不能成活）。这就形成一个五行相生的循环。

反过来：木克土，植物吸收土的营养；土克水，水来土掩；水克火，水可以把火扑灭；火克金，冶炼金属要用火。范进中举以后，就是因为大喜过望，伤了心了。心是热的，心属火，心生火。我们常常夸奖他人说"你是个热心肠的人"。肾属水，肾的情志是恐，恐是伤肾的。从五行的角度来讲，恐是胜喜的。为什么叫恐胜喜？就是恐（水）可以克制喜（火）。

恐胜喜

主持人： 如果真的向范进泼水管用吗？

王廷礼： 泼水在一定角度上也解决了一些问题，因为这是突如其来的一个猝不及防的遭遇，也起到恐的作用。突然给他浇了冷水，他没有防备，这也起到一个恐的作用。

主持人： 那老丈人的效果会更好。刚才讲了恐胜喜，范进最怕他的老丈人。借由范进中举这个故事，今天的节目为大家呈现了一个新的循环，就是五行的循环，包括相生和相克。

王廷礼： 如果遇到心理问题，西医通常是采取访谈或面对面的交流，又或者创造一个场景来解决相关问题。但中医会用五行的方法来解决。中医从七情的角度——喜、怒、忧、思、悲、恐、惊来入手。七情是与五行相对应的，哪一个对应木？哪一个对应火？这样就可以按照五行的相生相克来解决人的情绪问题。从西医角度讲，需要访谈或者创造一个场景来解决。从创造场景的角度来讲，这和中医五行的相生相克有一些异曲同工之处。

主持人： 我认为中医站在了一个更高的维度，因为它讲究相生相克的循环。那刚才提到的七情和五行是怎么相对应呢？

王廷礼： 五行是木火土金水，称为五种元素或五种物质。肝属木，对应的情绪是怒，大怒伤肝；心是属火的，与喜对应，大喜伤心；脾，它是属土的，与思和忧对应，也就是说思伤脾，忧也伤脾。《红楼梦》里的林黛玉一直脾胃不好，就是忧和思造成的。这两种情绪的交织都是对应土，就伤到了她的脾胃；金是肺的属性，肺为什么属金呢？肺是非常喜欢清洁的，只要稍微受到一点污染，就咳嗽、流鼻涕甚至发烧，金属也非常喜欢清洁，只要受到污染，马上就会生锈。

主持人： 所以肺和金就对应上了。

王廷礼： 金对应的是悲，大悲伤肺；肾属水，惊和恐是相近的两种情绪，这两种情绪伤肾，也就是说水对应惊恐。小孩子，特别是3岁以内的孩子一定不能受惊吓。

主持人： 受到惊吓了就会伤肾。

王廷礼： 伤肾就会影响孩子的情绪，甚至影响孩子的智力，中医称肾为先天之本，受了惊恐，伤了孩子的先天之本，这对孩子智力的影响是非常大的。

主持人： 这样一个情绪的划分，会比西方所谓的情绪更加细腻。

王廷礼： 情绪直接影响人的身心健康。中医和西医在这个方面的观点不太一致，因为它们是两个大的理论体系。西医是从解剖的角度理解脏器的功能；而中医讲的"脏腑"是指一个循环系统。

主持人： 这也是中医和西医的一个不同。例如谈到心，西医说的是那一颗肉心，中医讲的是整个心的体系，包括心包。

王廷礼： 中医重点是讲脏腑的系统功能。这7种情绪会直接影响到人的健康就是从人的脏腑切入的。

主持人： 我们都知道人的身体是由五脏六腑组成的。

王廷礼： 大怒伤肝，没有大怒，小怒不断，经常闷闷不乐、不高兴，中医就叫肝气郁结。从西医的心理学角度来讲，这叫抑郁症。老是生气，就会出现肝气郁结。

主持人： 如果说经常喝酒的话，就会伤肝，伤肝也会导致抑郁。

王廷礼： 那这就是中医和西医的一个交叉了。刚才主持人讲的酒伤肝，是从消化和吸收的角度来讲，就是西医的体系。酒喝多了，首先是伤肝脏。肝脏从西医的角度来讲，是人体当中最大的解毒器官。

主持人： 但是问题又来了，刚才我们提到七情和五行有两个交叉，那现在五脏六腑好像又是一个不对等的关系。

王廷礼： 五脏六腑是中医约定俗成的，但实际上是六脏六腑。六脏六腑加起来是十二，十二是对应人体的十二条经络，每一条经络都是连着人身体里边的一个脏或者一个腑。连着脏的经叫阴经，包括心、肝、脾、肾、肺这五脏，中医讲它们是属阴的。那么反过来，胆、大肠、小肠、胃、膀胱、三焦，这叫腑。腑是属阳的，连着腑的经就叫阳经。这就是中医的阴阳，把脏和腑区分出来了。

主持人： 那怎么缺了一个呢？

王廷礼： 缺的是心包，加上心包就是六脏六腑，心包对应三焦。这就是六脏六腑，连接十二经络。

主持人： 在五脏和六腑当中，或者六脏六腑当中，也是存在一个一一对应的关系。

王廷礼： 六脏六腑是怎么对应的呢？也是阴和阳的关系。首先肝和胆是相对应的，"肝胆相照"，有这么一个成语。肝是阴脏，胆是阳腑，它们是互相对应的。再者，心与小肠相表里。心和小肠相离很远，心和小肠怎么相表里呢？举个例子，如人有了心火后，舌头尖儿是发红的，口是发干的。特别是感冒发烧以后都有这种感觉，但这个时候的尿液是黄色的，解小便的时候，尿道有隐隐约约灼热发痛的感觉，一般的人都会有这个感觉。人有了心火以后，小便发黄，老百姓叫作小肠火。接着，脾和胃相对应，脾是属阴的。胃是属阳的，脾和胃从西医的角度讲，它们是比较大的消化器官。这两个脏腑相表里，我们常说"人消瘦是脾胃不好"，这也很好理解。然后，肺与大肠相表里，肺管呼吸，大肠管排泄，这两个怎么相表里呢？我依然通过感冒这个例子来讲解。有很多感冒患者的前期症状是拉肚子，西医就诊会说是胃肠性的感冒，而中医认为肺主气司呼吸、主行水，感冒伤了肺以后，其"主行水"的功能受损，大便就会变稀。还有另一种情况是肺里边有湿热，咳出的痰是浓的，这个时候大便是干的，这就体现了肺与大肠相表里的逻辑关系。最后，肾和膀胱是相表里的关系，这两个脏腑是通小便的。通俗地讲，肾是属水的，我们的尿液也从膀胱里面排出来，这就体现了肾和膀胱相表里的逻辑关系。

主持人： 看到王老师的气色真的是相当不错，想必在生活当中也是处处都运用了中医五脏六腑的理论来调整自己的身心吧。

王廷礼： 当然。人要健康的话，情绪一定要好，也就是心态要好。想要心态好的话，就一定要调整好自己的情绪，刚才讲的七情不能太过，也不能不及。中国的传统文化讲"中庸"，情绪适中，才能够保障身体健康。哪一种情绪影响到哪一个脏腑，中医在这方面是非常重视的。

主持人： 接下来请王老师具体展开讲述。

王廷礼： 还是从肝说起。按五行的属性说，肝是属木的，自然界所有的植物，如大树、小草都是向上生长的，所以"木"喜欢条达、升发，不喜欢抑郁。肝就是这种特性，不喜欢压抑。肝只要受到压抑了就会生毛病。首先是焦虑，中医称为肝气郁结，这是轻的情况。再严重一些叫作肝阳上亢，西医称为高血压，这就是中医讲的"情绪"可以致病。如果再严重的话，还可能造成中风。所以要注意调控情绪，一定不要生大气。生了气以后，一定要找知心朋友倾诉，不要闷在心里，情绪得到舒缓，气也就消了。要舒缓这种情绪，就用到中医的五行，肝属木，其情志为"怒"，用中医的相生相克的道理来讲，谁能够克木，也就是说谁能够抑制怒呢？金克木。金的情绪是什么呢？是悲。一旦生气过大中医会使用什么办法呢？即"悲可以治怒，以怆恻苦楚之言感之"，创造一个比较悲的环境来解决怒的问题。《红楼梦》中的细节可以说明这个问题：宝玉新婚之夜，发现与之婚配的不是林妹妹，便怒不可遏，昏聩疯傻起来，多人劝解及医生诊疗无效。宝钗狠心出言道，林妹妹已经亡故了。此时此语，宝玉听了无异于五雷轰顶，不禁放声大哭，倒在床上，忽然眼前漆黑……第二天奇迹发生了，宝玉"浑身冷汗，觉得心内清爽"。这就是中医的五行相克——金（悲）克木（怒），"悲胜怒"，这是从情绪上来控制，也是与肝有关的问题。接着是心，心在五行中是属火的，心的情志是喜。大喜伤心，任何事情都不能高兴过头。

开心一定要有度，开心过了就伤心了，伤心过头就会直接给精神造成非常大的伤害。任何事情不能喜过了头，哪怕买彩票中了500万，也要有一个平常的心态，一定要淡定。反之，一旦有非常高兴的事，自己不能够抑制，这种情况下应该怎么办呢？从中医理论中五行的角度上讲"恐可以治喜，以恐惧死亡之言怖之"，叫恐胜喜。这就是刚才提到的范进中举的故事。这就是所谓的"大喜伤心"，要控制情绪，不能高兴过头。接着再讲到脾胃，脾胃是属土的，思和忧伤脾胃。思虑过度就会伤脾胃，思虑的事情过多，就会不想吃东西。

大喜伤心

主持人： 再或者吃饱饭想不到事。

王廷礼： 考虑问题要有度，不能什么时候都想着这些问题，特别是在睡觉之前，一定要静下心来。为睡眠做好准备非常关键。如果睡眠之前总是想很多工作、家庭、朋友的事情且放不下，那人就会睡不着，睡不着就会思虑，慢慢地就造成思虑过度，直接影响到人的身体健康。如何解决呢？即"怒可以治思，以污辱欺罔之言触之"，《吕氏春秋》中提到，齐闵王因国事思虑过度，焦躁不安，茶饭不思，度日如年。名医文挚知道无药可治，只好采取激将法，激怒闵王，让他把心中的怒火发泄出来，以恢复其健康。

脾胃是后天之本。人的脾胃健康了，吃的东西得到良好的消化和吸收，身体就会健康，带动一个正向的循环，进而增强免疫力，"正气存内，邪不可干"。接着，肺是属金的，最喜欢清洁，外邪一旦侵入人体，就会伤肺，发烧、打喷嚏、流鼻涕，因为人体要自卫。肺的情志是悲，大悲是伤肺的，不能悲伤过度。林黛玉悲伤到最后得了肺痨，现在称作肺结核，这就是悲过度了。因此，悲伤的情绪一旦过度，对人体的影响也是非常严重的。特别是当人们在面对一些大的自然灾害或亲人去世时，这种情绪更是容易发生。在这种情况下，如何用中医的观点来解决或缓解这种情绪呢？仍然是用到五行的方法，火克金，火对应的是喜，"喜可以治悲，以谑浪亵狎之言娱之"。在这种情况下，一定要创造一个比较欢喜的场景，来解决人这种悲的情绪，或者叫冲喜。

古代金元四大名医之一的张子和记载了一个医案：有一个小官员，听闻其父亲死于盗贼之手，悲伤大哭，哭后心痛，一天比一天痛，一天比一天严重。多名医生医治无效，最后请来名医张子和。张子和听了病情，心生一计，学着巫师的模样装神弄鬼，说疯话逗患者发笑，患者大笑过后一二日，不药而愈。

接着是肾，肾在五行上是属水的，肾的情志是恐和惊。实际上恐和惊是相同的，惊吓也好，恐吓也好，都是外界给人带来的一种精神刺激。例如，自己来到一个非常生疏的环境，又或者遇到了非常惊恐的事情，就会带来这种情绪。这种情绪伤的就是肾。一旦伤肾，对小孩来讲，其智力会受影响，对成人来讲，其生育会受影响。特别是在育龄期的人，一旦受到大的惊吓，对生育会有直接的影响，因为肾主生殖。

那么受到惊恐如何化解呢？这里有一个故事。明代一位名医曾治疗一个整日害怕死亡的病人，医生介绍病人去找和尚练习坐禅，在经过100余日的闭目沉思之后，病人的恐惧心理终于消除了。梳理五行、五脏与情绪之间的关系目的就是让大家明白：人要健康，首先要调整好自己的情绪，调整好自己的情绪才能达到脏腑的协调，脏腑协调才能够达到身体的阴阳平衡，当阴阳平衡、脏腑协调、五行和合了，身心便健康了。

主持人： 人的肝是和生气、愤怒这些情绪有关的。人经常生气、愤怒会造成肝的损伤，那反过来说是不是也成立？如人的肝损伤了，这个人就特别容易生气。包括其他几个脏腑，是不是也存在这样一个因果逻辑？

王廷礼： 有这种因果关系。往往一个脏器的情绪病还会影响其他的脏器的相克或相生。经常生气，在影响肝的同时，也会影响到心，从五行的"木生火"讲，就是"母病及子"。肝主人的情志，心主人的神志，人总是伤肝、情绪不好或抑郁，就会心悸、精神疲惫，就会影响到心。再往前更进一步的话，会痰蒙心神，西医上称为精神分裂症。因此一定要控制好情绪，不能让其往下传。在事情刚刚发生的时候或者没有发生的时候，尽快处理，在早期进行预防。

主持人： 这就是中医讲的治未病，叫上工治未病。精神分裂症能不能用中医的逻辑来解决？

王廷礼： 用中医的逻辑解决这个问题的话，从情绪上仍然还是用五行的方法。那就是恐胜喜，一定要制造一个非常恐慌的环境来解决这种精神上的问题。现在很多中医的养生馆也在制造这种场景，来解决这方面病人的情绪问题。

主持人： 听了王老师一席话，真的是让大家对心理都要好好再去琢磨琢磨了。平时是不是容易生气？是不是容易忧伤？这些可能都会对人的身体，对人的脏腑产生很多的影响。要想达到一个中和的好状态，其实也是要追求阴阳协调。

王廷礼： 中医的灵魂就是阴阳协调。阴阳来自《易经》，一阴一阳之谓道。调和好阴阳，就是道。从自然界来讲，只有自然界阴阳平衡了，才能够风调雨顺，五谷丰登，人们才能安居乐业。

从家庭来讲，什么叫阴阳平衡？如果是一个主干家庭，这就是指夫妻，往上有长辈，往下有子女。这个主干家庭的丈夫是阳，妻子是阴。在这一个家庭中，只有丈夫和妻子各居其位，夫妻协调，这样对长辈好，对子女也好，所有的事情也就都会好。上升到中医的阴阳角度来讲，这就是阴阳协调。从每个人的身体来讲，人的身体只有阴阳平衡了，才能达到脏腑的协调。只有脏腑达到协调，七情才能够控制到一定的程度，才能够有一个稳定的情绪。这些都是相辅相成的，核心就是阴阳的平衡。

主持人： 按照王老师的说法，这可以有三层的意思。一层就是与天地的关系，一层是夫妻间或者人跟人之间的关系，再者就是自己身体的关系。刚才更多的是说到自己五脏六腑的协调。是不是人跟人之间的关系和冲突，也会影响到自己的健康？

王廷礼：这个问题问得好。还是以家庭为例来讲解。这是摆在我们每个人面前的不能够回避的一个问题。家庭的和谐，夫妻关系非常关键。我会和一些女士讲到"角色转换"这个问题。随着社会进步、经济发展，女性的地位也大大提高了。社会上对"女强人""白富美"这些名词有热烈的讨论，是不是好现象呢？从解放女性的角度来讲，这是个好现象。但从家庭角度来讲，存在一些问题。每个人要摆正自己的位置，要适应角色的转换。一个人在家庭之外可能是一位经理，是一位董事长，或者是局长，甚至是市长，这都没问题，这是人的社会角色。但是作为女性来讲，一旦进了家庭，你是丈夫的妻子，是公婆的儿媳妇，是子女的母亲，女性一定要转换到家庭主妇的角色，担负好责任，一定要把心态调整好，才能够达到阴阳的平衡。男性也是这种情况，在家里也不能时时高高在上，应该把自己摆到作为丈夫、作为儿子、作为父亲的位置上，来处理好夫妻之间的关系。只有把这些关系处理好了，家庭才能和谐。用中医的观点来讲，就是阴阳协调。只有阴阳协调好了，夫妻关系处好了，家庭就和谐了，那么家庭就是非常幸福健康的。有一个良好的家庭环境，对长辈也好，对孩子也好。我们希望每一对夫妇都是非常和谐的，每一个家庭都是非常幸福美满的。在人际关系上也是如此，《千字文》提到："知过必改，得能莫忘。罔谈彼短，靡恃己长。"要看别人的长处，不要总是挑他人的毛病，要摆正位置、调整心态、和谐相处，身边的朋友才会越来越多，自己的事业才会蓬勃发展。

主持人：在节目的最后进行一个小小的总结。说到中医，就要说到阴阳，就要说到五行，就要说到肝、心、脾、肺、肾。这些其实跟人的情绪都有密切的关系。

王廷礼：从中医的角度来讲，人的健康保障需要三个方面。一个方面要控制好情绪，七情一定要在适合的状态，就是要适度开心。生点小气不要紧，不要大怒，一定要控制好情绪。第二个方面就是预防疾病。对外界的邪气，也就是中医讲的六淫：风、寒、暑、湿、燥、火要注意防范。对于一些不安全的因素，要事先考虑到中医所讲的"治未病"，一定要在事情未发生之前，疾病未发生之前，及时预防。第三个方面，也是最关键的一点，做到饮食有节、起居有常，戒烟限酒，适当运动，才能够达到脏腑的协调，脏腑协调了，阴阳也就达到了平衡。《内经》中提到："阴平阳秘、精神乃治"，如此，身心才会健康。

主持人：原来提到的心理学或者情绪，可能不少是从西方的角度来解读与理解。大家不妨通过我们的传统文化，通过中医这方面好好琢磨琢磨，是否可以为人的身体健康带来一些思考。

"心灵绿洲"小课堂

本文王廷礼老师讲解了情绪和脏腑的关系，让我们对五行、七情、五脏这三者的关系有了更为深入的了解。中医讲阴阳，讲经络，讲五行，讲五行相生相克。在遇到很多情绪问题的时候，中医会用五行的方法来解决，中医的"七情"与五行相对应，因此在解决问题的过程中，中医会从七情的角度来入手。

在中医看来，这七种情绪（喜、怒、忧、思、悲、恐、惊）直接影响到人的健康。影响人的健康是从人的脏腑切入的。人的情绪状态与身体内的器官密切相关，过度或持续的情绪状态会对脏腑造成影响，从而引发一系列的疾病。

五脏六腑是中医约定俗成，但实际上应该是六脏六腑。脏腑之间互为表里关系。从五行的角度可以将心、肝、脾、肾、肺分别对应于火、木、土、水、金。再与七情相对应得出，心属火，对应的情绪是喜，大喜是伤心的，任何事情都不能高兴过头；肝属木，对应的情绪是怒，大怒是伤肝的；脾属土，对应的情绪思和忧，思伤脾，忧也伤脾；肺属金，对应的情绪是悲，大悲伤肺；肾属水，对应的情绪是惊和恐，受到惊吓会伤肾，对儿童智力方面有影响，对成人生育方面有影响。

情绪与脏腑密切相关，最重要的是要保持一颗平常稳定的心，适当运动，情绪切勿大起大落，这样才能达到脏腑的协调，达到体内阴阳的平衡，如此，身心才会变得更健康。

唐海波
解烦恼，防抑郁

嘉宾简介

唐海波，中南大学心理健康教育与咨询专家、教授、临床心理学博士、中国心理学会临床与咨询心理学注册心理督导师（D-19-048），具有丰富的心理健康教育与咨询经验。主要社会兼职有：中国康复医学会康复心理学专业委员会常委，湖南省预防医学会精神卫生专业委员会副理事长，湖南省心理卫生协会大学生心理咨询专业委员会主任委员。发表相关专业文章120余篇，承担省部级校级课题50余项，出版《心理危机的识别与干预》《精神卫生法背景下精神障碍的识别与干预》《心灵探秘——心理疾病的识别与应对120问》等著作。在2010年召开的中国心理卫生协会大学生心理咨询专业委员会年会上，被评为全国大学生心理健康教育十大突出贡献奖。被全国36所高校聘为心理危机干预专家或客座教授。曾受邀在清华大学、复旦大学、中国科技大学等500余所高校、100余家大型企业开展各类心理讲座，受到热烈欢迎。

主持人： 今天我们要来聊的是有关"抑郁"的话题。抑郁是一种情绪，也可能是一种疾病。最近抑郁比较多发吗？

唐海波： 是的，最近来咨询、诊断抑郁症的人数比较多。

主持人： 抑郁就在大家的身边，像一个既熟悉又陌生的朋友。

唐海波： 是的，最近之所以来咨询或者诊断抑郁症的人比较多，和国内一位演员的严重抑郁有非常大的关系。

主持人： 大家可能会认为，这是很可怕的一种疾病。

唐海波： 对，很多人来咨询或者找医生诊断，担心自己会得抑郁症，疑惑一些表现是不是抑郁症，所以咨询了很多这方面的问题。

主持人： 在您的这几年的临床或看诊当中，抑郁症病人也是相对大的一个群体吗？

唐海波： 是，在精神疾病里，抑郁症是比较严重的一种精神疾病。随着社会的发展，竞争压力越来越大，抑郁症就诊的病人有增多的趋势。

主持人： 好像没有听说在古时候古人有很多抑郁的情况。

唐海波： 这种疾病是客观存在的，只是古时候我们对精神类的疾病了解很少。有些人即使得了抑郁症，也没有得到及时的诊断。大家也不知道这是一种什么病，不像感冒或者其他疾病被广泛关注。

主持人： 随着社会的进步，现在的工作节奏、生活节奏都非常快。

唐海波： 是的，工作压力的增大、生活节奏的加快，会使一些人的情绪出现一些变化。尤其是长期的压力，或者负性事件的打击，就有可能使这个人出现抑郁症。在国外，抑郁症同样也是一种非常常见的疾病。据美国流行病学中心统计，抑郁症在美国的发病率是3%～10%。据世界卫生组织统计，2020年，抗抑郁的药物市场可能达到140亿美元，在整个医药领域里占有很大的比重。美国目前使用量最大的并不是治疗心血管、高血压这类药物，而是抗抑郁的药物。

主持人： 在国外，抑郁也是一个很严重的问题。但我了解到，抑郁的情绪和抑郁症应该是两个概念。

唐海波： 是的。抑郁情绪任何人都会有。比如正常人在遇到一些不开心的事，遇到一些失败、挫折和打击，都会出现不愉快的情绪，我们把它称为抑郁情绪。随着对问题的解决，随着环境的改变，我们慢慢就会从这些情绪中解脱，又会重新愉快起来，重新投入生活。

主持人： 抑郁情绪可能就像喜怒哀乐的情绪一样。

唐海波： 是的。情绪里有抑郁、快乐、愤怒、痛苦等。

主持人： 这些情绪是每个人都会有的，大家不要因为出现了抑郁情绪，就以为自己得了抑郁症。

唐海波： 对，不要轻易给自己戴一个"帽子"，说我最近一段时间不开心，得了抑郁症，自己吓唬自己。如果有人觉得抑郁情绪很严重，持续时间很长，这个时候可以先到心理咨询中心跟咨询老师谈一谈，或者到医院的精神科，由精神科医师做详细的问诊，然后才能下诊断。

主持人： 跟强迫症一样，抑郁症也是要由精神科的医生来确诊。

唐海波： 对，2013年5月1日开始实施的《中华人民共和国精神卫生法》

明确提出，心理咨询师、心理治疗师都不能对精神疾病下诊断。只有精神科的医师经过详细的问诊，进行相关的一些测量，才能做出一个人是否患有抑郁症的诊断。

主持人： 从抑郁情绪到抑郁症的中间地带，好像也是挺模糊的一个概念。

唐海波： 抑郁情绪是抑郁症的一个表现，同时，抑郁症还有很多其他的临床表现。抑郁症往往有四大临床症状。

第一个临床症状就是情绪低落、不开心、很压抑、对什么都不感兴趣，患者经常会觉得"没有意思"，什么都不想干。这种抑郁情绪有一个临床特征叫"晨重夜轻"——早晨的时候特别严重，到了傍晚有所缓解。所以抑郁症、重度抑郁症引起的自杀往往是发生在凌晨，这得引起我们的高度重视。在抑郁情绪下，人还会产生一种消极的自我评价：觉得自己这也做不好，那也做不好，能力下降。他往往会想过去一事无成，想将来前途暗淡，觉得自己是一个累赘，很多余。

第二个临床症状叫"思维迟缓"。抑郁症发作期，患者的思维可能变慢、变迟钝，他自己也会觉得工作效率、学习效率下降得很厉害。很多人表现为不愿意去上课、上学、看书或工作。跟他讲话，你会明显感到慢半拍。我们把它称为"语量减少"。患者的描述就是"我的脑子不知道最近怎么回事，像生了锈的机器一样转不动了"。

抑郁症的第三个临床症状，我们把它称为"抑制活动减配"。它表现为不想做任何事情，闭门独居，疏于交往，谁也喊不出去，原来感兴趣的事情，他也不感兴趣了。比如，一个女孩子喜欢逛街、购物、看电影，现在她都不去了，早晨不想起来，也不想出门，不想打扮。

抑郁症的第四个临床症状，我们把它称为"躯体症状"。它主要表现为失眠，这是大部分抑郁患者会有的。原来十一二点就可以入睡，现在凌晨一两点都睡不着，而且好不容易睡着了，早晨三四点就醒了，且醒后不能再入睡（临床上叫早醒）。这对我们诊断抑郁症有特征性的临床意义。

除此以外，抑郁症患者往往没有胃口，甚至一整天不吃东西。你问他饿不饿，他觉得不饿，甚至两天他也不想吃。还有其他的一些情况，比如浑身不适、疲乏无力。女孩子严重的可能会表现为闭经，男孩子可能表现为性欲减退，浑身不想动。如果具备这四大临床症状，且抑郁情绪持续超过两周，我们就应该引起高度的关注，他就有可能是个抑郁症患者。

主持人： 这四大临床症状是要同时满足，还是满足几项就差不多了？

唐海波： 这个是临床精神科医师来判断的，但核心症状是抑郁情绪。除此之外，它还有其他的九个表现，只要具备其中的四个，就可以诊断是抑郁症。刚才所说的四个症状都是核心症状。有些症状可能表现得更突出，有些症状可能表现得略显轻微。但是，抑郁症的判断一定要到精神科，由精神科医师来判断。

主持人： 在您的坐诊当中，会不会有一些自己可能觉得抑郁很严重的人，您看了以后觉得不是抑郁症呢？

唐海波： 这种情况也有。只能说是个体差异吧，有些人心里特别担心，情绪低落一点，可能又听到隔壁邻居有个抑郁症……他就高度紧张，可能会跑到医院，私下偷偷地挂个精神科的号，请医生咨询和诊断，看他是不是患有抑郁症。

主持人： 问诊与确诊的病患者，有没有一个比例？

唐海波： 抑郁症患者往往都是家属带来的。这样的话，只要到我们这里来，绝大多数都可以下抑郁症的诊断。大家隐隐约约知道抑郁症是种精神疾病。有些家属甚至患者自身有"病耻感"。他自己害怕这种病，也害怕让别人知道他得这种病。他担心一旦得了这种病，可能会影响工作，影响婚姻，影响自己的事业。有些人即使下了决心去看，也是偷偷摸摸去的，往往都是拖到很严重时。有的时候他自己都不知道，家人带着他才去。当然也有些他周围的同事朋友，觉得他最近不太对劲，也提醒他要不要去看看精神科，这些人才会去。

主持人： 还是应该通过节目来宣导，当觉得自己有问题或者发现自己有这几项症状中的个别几项就应该引起重视。

唐海波： 对，抑郁症是一种精神疾病，是"心理感冒"，这是一种很常见的病。希望所有的普通人都能够了解这种病，不要带着一种偏见或者极端的恐惧去看待它，如果大家都能够有清醒的认识，能很好地了解它，那么只要得到及时诊断和治疗，是完全可以彻底治愈的。

主持人： 也就是说，治愈率还是挺高的。

唐海波： 也不是说很高吧。但是，我们只要在早期治疗，抑郁症还是有把握治愈的。

主持人： 为什么人会抑郁甚至得抑郁症呢？

唐海波： 这其实是一个非常重要的问题，任何疾病只有找到原因，才能找到解决的办法，否则，就无从下手。精神疾病非常复杂，人们对大脑的研究还处于一个很浅的层次。很多疾病尤其是精神疾病，我们还没有搞清它的发病原因，就像抑郁症的病因比较复杂。

第一，抑郁症的发生可能和遗传有关。家族史里有得抑郁症的，如直系亲属里有抑郁症的病例，那么他的后代或者亲属里边得抑郁症的概率就比普通人要大得多。

第二，抑郁症的发生和社会心理因素有关。如果一个人长期在一种高压下或者负性事件的打击下，无法走出来并持续很长一段时间，他就有可能患上抑郁症。

第三，抑郁症的发生和大脑的一种神经递质的改变有关。大脑有1000亿个脑细胞，细胞和细胞之间信息的传递，主要是靠神经递质。目前，我们发现大脑里面的神经递质有100多种，而神经递质里边有一种叫5-羟色胺，它和抑郁症的发生有着密切的关系。5-羟色胺会产生一个代谢产物叫5-羟吲哚乙酸。5-羟吲哚乙酸的功能降低，在脑脊液中的量减少，和抑郁情绪的产生成正比。所以，精神病学医生提出了"5-羟3甲"，它对于开发提高5-羟色胺功能的药物及治疗抑郁症有非常大的作用。但这个递质功能降低的发生机制到现在应该说还是没有解释清楚。

第四，抑郁症的发生和个人的人格特质也有关系。有些人心胸开阔，什么事情都不放在心里，人际交往特别好，生活方式很健康，那么相对来说他的发病率就会低。如果一个人很容易纠结，考虑问题很偏激、极端，那么这些不良的人格特质也有可能加大他得这个病的概率。

健康的人格特质及生活方式可以降低抑郁症的发病概率

整体而言，抑郁症的发病机制还是比较复杂的。随着科学的进步，总有一天我们会把抑郁症的发病机制解释清楚。

主持人：您刚才提到一个词叫作负性情绪。这应该也是在遭受某一些打击的时候形成的情绪。

唐海波：对。所谓的负性情绪就是指遭遇一些挫折打击事件以后，出现的一些焦虑、紧张、恐惧、内疚、愤怒、痛苦的情绪。一个人长期处于这种负性情绪下，他就可能出现抑郁症。

主持人：所以，在一些大灾过后，很多的心理老师、心理专家会到灾区做这方面的疏导工作，应该也就是来降低抑郁症发生的可能性。

唐海波：你说得很对。精神卫生法明确提到，当普通群众遭受一些负性事件的时候，政府、学校有责任、有义务要组织心理救援人员及时对他们开展心理救援。及时的救援可以让他们及时从痛苦中解脱出来，否则，这些受灾的相关的人员有可能会出现创伤后应激障碍。一旦发生了创伤后应激障碍，对他们以后的生活会产生严重的影响。

主持人：看来抑郁症在我们的生活当中还是蛮常见的。想请教唐老师一下，有没有一些有关抑郁症的数据？比如男女的发病比例。

唐海波：目前，在抑郁症发病患者里，女性是略多于男性的。女性之所以发病率高，有以下几个方面原因。

第一，中国的传统性别角色是男主外女主内。男性由于在外，接触的事情比较多，再加上男性的心理承受能力强一点，在遇到打击和挫折的时候大多能够自我调节。而女性在遇到这种应激的挫折和打击的时候，她的心理素质可能就差一点，应激能力也就弱一点，可能就会出现一些抑郁情绪。

第二，女性的社会地位可能比男性相对要低一点，社会上还存在一些歧视女性、家庭暴力等情况，女性作为比较弱势的一方，在生活中可能遭受的一些负性事件就多一点，她们发生抑郁症的概率就会高一点。除此之外，和女性的生理结构也有很大的关系。

主持人：那在年龄的方面，有没有一个比例？抑郁症在哪个年龄段比较高发？

唐海波：目前我们认为各个年龄段都有，只是在承受压力最大的那个年龄阶段，人数可能会多一点。但是，抑郁症有易发人群，有一部分在中老年抑郁，尤其是退休以后，子女不在身边，或者又患有疾病，抑郁症就多见一点。还有像妇女在哺乳期，体内激素分泌紊乱，可能会出现产后抑郁症。抑郁症的发生可能和气候也有关系，比如冬季抑郁症。冬天万木凋零，阳光不够充足，人就会觉得一片荒凉，心里很压抑。这时抑郁症易发人群就会诱发抑郁症。

主持人：外面枯萎的树木可能会给人一个心理暗示。

唐海波： 对。他可能会睹物思人，触景生情，在这种情境下，他可能想到很多不好的东西。

主持人： 那在秋冬季患病比例会不会真的突然高很多呢？

唐海波： 秋冬季是高一点，这是事实。在这个季节，门诊的抑郁症患者会明显比夏天要多。也有人问是不是学历越高，得抑郁症的概率越高。

主持人： 学历跟抑郁症的关系，会不会是学历越高，他想的事情就比较复杂了呢？

唐海波： 对。我是觉得这种现象可能是，学历越高的人越容易处在社会的上层，承受的压力越大，遭受挫折的概率也越大。美国曾经做过这方面的统计，蓝领工人、体力劳动者的压力较轻。白领职员的压力比较大，尤其是金领，如从事律师、医师、职业经理人工作的人群，他们的压力就更大。因为他们是社会的强者，他们要维护强者的地位，他们遭受挫折以后，承受的压力要比普通人要高得多。在这种巨大的压力下就会导致他们出现抑郁症的症状。

夫妻中的一方因为交通意外，或者因疾病先对方而去，那么就会给另一半造成巨大的心理打击，这种打击往往使他无法从这种痛苦中解脱出来，就有可能诱发抑郁症。尤其是夫妻感情特别深厚的，这种打击可能更大。除此之外，我们说性格特点也是导致抑郁症很重要的原因，有些人性格不完善、不健全、偏激焦虑，就是我们说的强迫型人格、焦虑型人格、冲动型人格。这些都有可能导致他的负性事件感受性比平常人要多。

主持人： 对于同样的事情，别人可能觉得还好，或者比较容易走出来。

唐海波： 是的，对他们来说就觉得这是一个坎儿，很难跳出来。在他们的认知中，就可能觉得"为什么就我发生这种事""我为什么这么倒霉"。偏执型人格的人遇到一些挫折，从不会从自身找原因，总是把责任往别人头上去推，都是别人对我不好。那么长期在这种情况下，心态就会很极端，当然无法从负性情绪中走出来，对不对？

那么，是不是城市的发生率高于农村呢？现在也很难说。随着中国城市化进程的加快，大量的年轻人离开了农村在城市生活，现在城乡之间好像也没有太大的差别。如果说城市的发生率高于农村，可能是在城市生活的人承受的压力要大得多。无论是房价，还是找工作，这些都给一直在城市生活的人带来了空前的压力。对于农村人，他在城市打工，实在做不下去还可以回到农村，通常农民工进入城市以后赚的第一笔钱，往往就是回家盖一栋房子，这是为自己找的退路。但是城市人没有这条退路，长期生活在城市，他的压力可能就会大得多。

主持人：关于抑郁症怎么治疗，以及抑郁情绪怎么样来调节，也请唐老师给大家细细解读。

唐海波：下面就跟大家聊一聊抑郁症的治疗。抑郁症治疗的前提基础是先确诊。我们首先对抑郁症要有一个清醒的认识，要有一个正确的态度。一旦出现了所说的四大临床症状，亲人、朋友都要及时地督促他到正规的医疗机构找精神科的医师。一旦确诊以后，医生自然就会给他一个详细的治疗方案。一些重度抑郁症患者往往需要住院治疗。因为医院是一个最安全的地方，医院精神科病房往往都做了最大限度的保护措施。经过临床的治疗就可以减轻症状，甚至可以治愈出院。

主持人：那如果病情没有到需要来住院的这个程度呢？

唐海波：如果抑郁症程度比较轻，医生会根据他的症状情况给他开点药，让他回家服药。这个时候，他的家属要能够及时了解他的情况，督促他按时服药，然后定期到医院复查。有些人可能对某些药物敏感，医生会根据复查或随访来调整药物或剂量。现在治疗抑郁症主要的药物机制都是调节大脑的神经递质或强酸的环境，提高它的功能。比如现在临床用的百忧解，这种药物目前在临床使用量非常大。

主持人：还有一些可能算不上是抑郁症的情况，一般怎么处理？

唐海波：如果经过精神科医师诊断，不是抑郁症，而是经历一件负性事件或挫折打击后出现的抑郁情绪。那么这个时候可以进行心理咨询，去解决患者的实际困难。如果现实生活中的这些问题给他解决了，他的情绪就会发生很好的转变。这个时候他的社会支持力量，比如他周围的朋友、亲人、同学，如果及时伸一把手，从精神上、物质上给予一定的支持，他也很快可以从中走出来。抑郁症治疗的第一步就是药物治疗，一旦确诊要吃药，就要到正规医院接受医生制定的治疗方案，全程吃药。患者在控制症状以后，药物要吃多久呢？根据临床的经验，第一次发作至少要吃半年到一年。如果第二次发作，至少吃 3～5 年。如果第三次发作，要终身服药。

主持人：多次发作的比例高不高？

唐海波：根据临床统计，发作一次以后复发的概率是 50%。发作两次以后复发的概率是 70%。发作三次以后 100% 会复发。这种病的麻烦就在于反复发作。

主持人：不能说，这次治好了就不会再有复发，有免疫力了，对吧？

唐海波：有些抑郁症患者经过临床治疗可以彻底治愈，再也不会复发。但是，这个病为什么复发率这么高呢？这和以下几个因素有关。

第一个因素是对这个病认识不清，有一种病耻感，得了病却不去看，或者拖到很严重了才去看，或者认为不用去看，在家里休息几天，出去旅游一下，买点好吃的，想通过这种方法能够缓解病情或者彻底治愈，这其实是一个误区。

主持人： 还可能是对抑郁情绪的麻痹，对抑郁症的麻痹大意。

唐海波： 最关键的就是他认为这是思想的问题而不是病，差距在这里。思想问题，用思想教育的手段可以解决，但是疾病，用教育的手段就不行了。

第二个因素是很多患者得病以后，他鼓起勇气去医院，医生也开了药，但是他用药坚持不下去，这也会导致复发。很多病人的耐受性很差，因为需要长期吃药，他坚持不下去。比如百忧解，十天就不服用了。他认为自己好了，或者觉得没效果，干脆不吃了，这都导致了一系列治疗不彻底，病情反复拖延，最后复发。

第三个因素是抑郁症的诊断。各种大型综合医院的普通医生，对这种病的识别率大概只有20%。就像一位内科医生，看到一位抑郁症患者不一定能诊断。有些人是抑郁症，跑到综合医院神经内科或心血管内科看一下，胃口不好跑消化科去看一下，开了很多药，吃了没有效果，最后就一直拖着。到最后很严重的时候，有些敏感性比较强的医生，会建议他到精神科看一看，最后才诊断是抑郁症。

对于抑郁症，一种治疗方法是药物治疗。除此之外，目前对于比较严重的抑郁症，还有一种治疗方法叫物理治疗。对自残意念特别强烈的患者，电休克疗法是快速打消这一念头比较有效的方法。还有一种叫经颅刺激，通过形成一个磁场来刺激患者的大脑，使他的大脑神经递质发生改变，然后缓解抑郁的情绪。第三种治疗方法是心理咨询，前提条件是在抑郁症症状能够得到及时的控制以后，可以对患者进行心理咨询。比如在生活上，教他怎样加强人际交往；对人格不健全的，教他怎样改善人格，怎样减轻工作压力，怎样去人际沟通。通过一系列咨询，使他的生活品质能够得到改变和提高。心理咨询可以减少抑郁症的复发，对防止抑郁症的复发有非常重要的作用。

主持人： 作为医生，您应该也特别能感受到抑郁症和抑郁情绪带给人的一些痛苦。

唐海波： 抑郁症的核心症状就是情绪低落。很多人对抑郁症患者不了解，都认为他是思想薄弱，或者吃不了苦，承受不住打击。其实抑郁症是神经系统改变导致的，患者内心的痛苦和无助感是外人无法理解的。你要问患者的感受，他会说就像一个大石头压在心里，他感到极端的压抑，非常痛苦。他自己也想走出去，但是他根本就没有这个能力去迈出这一步。

抑郁症的治疗

主持人： 就好像被人用绳子把身体都捆住了。

唐海波： 是，对一些患者来说，他觉得内心的这种痛苦，只有生命结束才能克服。这就是抑郁症患者自杀率比较高的一个很重要的原因。希望所有的患者家属朋友要了解这种病，不要轻易地怪罪患者，认为他是装出来的，意志薄弱，娇气。要能够清醒地认清、对待这种病，鼓励患者积极地接受治疗，这是解决问题的核心。

主持人： 怎么去预防抑郁情绪呢？

唐海波： 刚才我们谈了抑郁情绪发展下去，长期得不到缓解，就有可能导致抑郁症。怎么样预防呢？需要从发病原因的几个方面来考虑。比如人格问题，人格不完善，很偏执、极端、焦虑，或是强迫性人格，甚至存在反社会人格障碍。在人格方面出现了问题，可以通过心理咨询来不断地完善。人际交往不行，就加强人际交往。如果抗挫折能力很差，就提高抗挫折的能力。如果没有良好的人际关系，社会知识准备不足，就要刻意地去学会交朋友，多结交一些朋友。如果不喜欢运动，就到大自然中多领悟一些自然的美好。

主持人： 这些好像都是要在自我比较清醒的情况下才能认知到。

唐海波： 对，这是预防这种疾病的措施。长期的负性情绪得不到缓解，是抑郁症形成很重要的原因。人只有亲近大自然，走进大自然，有良好的人际交往，积极地锻炼身体，这样才能预防这种疾病的发生。曾经也有人说长期使用手机会不会让一个人产生抑郁情绪，出现抑郁症。

主持人： 我觉得会。比如现在的上班族，八点上班开始面对电脑，中午吃饭看手机，下午继续看电脑，晚上回家看手机，就一直盯着电子屏幕看。

唐海波： 这是"手机依赖"，一个社会现象、社会问题，确实会给我们带来一些不愉快的情绪。有的人可能就宅在家里，整天对着屏幕看，头昏眼花，视力也下降了，身体不健康了，那肯定就会出现一些消极的负性情绪。

主持人： 美国西北大学的一个最新的研究成果发现，智能手机的使用方式，可能可以揭示一部分人的精神状况，来辅助诊断或者判断抑郁症。有人说每天如果专注手机超过 68 分钟的人就可能患上抑郁症，或者可能性比较大。您认同这种观点吗？

唐海波： 这只是一个概率问题。如果经常看手机，没有人际交往，不亲近大自然，不锻炼身体，那么身体上可能就会出现问题。这个人得其他病的概率也会增加，而这些病势必会带来情绪的低落。

主持人： 这好像是一个循环或者有因果的逻辑在其中。

唐海波： 是的。养成积极、健康、良好的生活方式就是适度地控制手机的使用，积极地锻炼身体，多和朋友交往，亲近大自然。

主持人： 对，您好像在刚才有说到这种情况。那去跑步或者晒太阳，是不是也挺好的？

唐海波： 在欧洲对于抑郁症的治疗报道中，我听过也有使用日光疗法的。有时长期阴雨连绵怎么办？有一些心理咨询机构就在大的空旷场地里，用人工的光模拟阳光，后面有一个大的背景布，看上去像是一望无际的大海，再在地上铺上沙子做成沙滩，阳光照在沙滩上，加上海浪、海鸥的配音。让抑郁症患者穿上泳衣躺在沙滩上，（模拟的）阳光照射在他们身上，对缓解他们的抑郁情绪是非常有好处的。

主持人： 有时候会有一种情况，一个人出现抑郁之后，家人或者单位会说，要不你下个礼拜不用来上班了，去旅游一下。

唐海波： 如果他是一名抑郁症患者，那么旅游对于缓解他的情绪没有什么帮助。如果他是产生了抑郁情绪，人文关怀是很有效的。假如我在单位最近和同事发生了冲突，导致情绪很低落。如果领导能够考虑到我的情况，让我暂时离开这个环境，不触景生情，那我可以静下心来好好地反思一下，考虑一下，然后到大自然中放松一下，对于缓解抑郁情绪是有好处的。但是话又说回来了，解铃还须系铃人，你要真正把自己的情绪彻底缓解，还是要解决现实生活中的问题。如果是实在解决不了，起码你能够在认知方面改变。你不要过于计较它，追究它，把它放下，其实这也可以。

主持人： 看破、放下。其实还有一些人觉得可以在饮食方面做一些调整，如吃深海鱼、香蕉、菠菜或者一些含硒的东西。您认可吗？

唐海波： 或许有一点作用吧。抑郁症患者有一个非常典型的临床特征，就是食欲下降，不想吃东西。当然也有个别案例是吃得多，这是极少数的，大部分都是没有胃口，不想吃东西。怎样才能让一位患者在饮食方面得到调理呢？需要吃一些容易消化的。如果这个时候再吃一些不易消化的食物，就更消化不了。像香蕉这样的食品，它能起到润肠通便的作用，有一定的好处。吃一些粗纤维、矿物质含量比较丰富的食物也不错。

主持人： 另外，家人的陪伴是不是也是相当重要的一个部分？本来有抑郁情绪或者抑郁症的人，可能经常会自我否定。这时如果家人给予一些特别的关爱，会不会也是一个更好的辅助办法？

唐海波： 对，这个你说到点子上了，这一点非常重要。药物治疗，这是医生的事情。饮食、照顾是家人的事情。更主要的是家人还是要对抑郁症有一个清醒的认识：这是一种病，不要过多地责怪他、抱怨他，而要耐心细致关心他，这是非常重要的社会支持。如果家人过多地抱怨、责备，认为他懒或者意志薄弱，反而会加重他的病情。

主持人： 在语言方面或者行动方面多一点时间陪他，更多地让他感受到温暖、希望、正能量。

唐海波： 对，不要用一些很消极的、刺激的、尖酸刻薄的语言来对待他。

主持人： 今天的节目中，唐老师带领大家认识了抑郁症的临床表现，以及如何判断抑郁症。其实做这档节目并不只是针对抑郁症患者或者有抑郁倾向的人，更重要的是希望每个人都能够有一个好的心态和好的生活状态。

唐海波： 是的，每个人要想有健康的心理，必须有健康的生活方式，健康的思维，健康的认知。怎样让自己活得开心快乐，尽最大可能减少心理问题的发生呢？

第一，要养成有规律的生活，有自己的计划，每天积极地按照规定的时间做规定的事情。健康的饮食与锻炼、有规律的生活是健康的基础。

第二，遇到负性事件打击的时候，要及时地宣泄，不要强压在自己的内心，要找朋友倾诉一下。如果实在是自己无法调节，可以求助心理咨询师，通过心理咨询师的帮助尽可能地走出来。

第三，在生活中要积极锻炼身体，要学会解决矛盾，提高自己的适应能力。

要培养自己的兴趣爱好，人的兴趣爱好多了，自然就会多一帮朋友，多一些接触，给沉闷的生活增添很多情趣，减少抑郁情绪。要学会记录生活中的小细节、点滴美好，经常拍一些照片，把能够带来积极愉快情绪的照片拿出来看一看。要"活到老学到老"，不断地学习，不断地提高。学习、收获是人最快乐的事情。

除此之外，还可以制造一些生活中的惊喜，经常和家人出去走一走，出去旅游一下。在结婚纪念日、父母的生日等时候，可以制造一些小的惊喜。一起开车自驾游、一起野炊，可能根本不用花多少钱，但那一天，你会沉浸在非常好的人际关系里面，会觉得生活多么美好。

主持人： 就可能把自己从抑郁情绪中拉出来。

唐海波： 对，如果一个人除了工作就是工作，没有任何爱好和兴趣，天天宅在屋里，那么他就会觉得很压抑、单调、枯燥。少看手机，多走出去多接近大自然，你会在大自然中体验到很多美好。这些体验也会激发起你对生活更强烈的热爱。我们在给病人治疗时，除了药物治疗以外，更多的是让他积极地生活，以积极的心态、积极的行为来应对，只有这样才能降低疾病的复发概率。

主持人： 我们也要调整好自己的心理状态，把心理状态变成阳光的、向上的、积极的，这样就能够远离抑郁带给我们的一些困扰。当然如果你的抑郁情绪到了一定的程度，还是应该去咨询心理咨询师或者医生。

"心灵绿洲"小课堂

抑郁症是指由多种原因引起的一种常见的精神障碍，以显著和持久的抑郁症状群为主要表现，如与处境不相称的心境低落和兴趣丧失。它是现在最常见的一种心理疾病，严重影响人的心理健康和社会公共健康。

抑郁症有几项特征。从人群年龄分布来看，抑郁症有多个年龄段的易发人群，如中老年抑郁和妇女产后抑郁。从性别来看，女性抑郁症的患病率略高于男性。从时间来看，冬季是抑郁症比较高发的季节。抑郁症的病因复杂，可能与生物、心理及社会环境等因素有关。直接原因有三个：一是遗传，抑郁症患者的一级亲属（子女）的患病风险是一般人群的2～4倍；二是社会心理因素，长期在一种高压下或者负性事件的打击下，人很有可能抑郁；三是神经生化因素，抑郁症患者存在神经递质的水平及功能的异常。

抑郁症有四大临床症状：情绪低落甚至压抑，思维迟缓，抑制活动减配，躯体症状。其中，核心症状是抑郁情绪。

我国对抑郁症的医疗防治还处在识别率低的层面，对于抑郁症的确诊要到专门的精神科诊断并接受合理的治疗方案。作为普通人，应该正确认识抑郁情绪及抑郁症，关注自己和他人的心理健康，及时察觉到心理问题并及时就诊。家人和社会也要对抑郁症患者给予关注、关怀与支持。在生活中，要提高人际交往能力，坚持锻炼身体，亲近大自然，努力养成健康良好的生活习惯，帮助我们缓解抑郁情绪，预防抑郁。

张英俊
浅聊边缘型人格障碍

嘉宾简介

张英俊，北京师范大学心理健康教育与咨询中心教师，清华大学社科学院博士后，清华大学心理学系临床与咨询方向博士，主要从事团体心理咨询和人格障碍方向的研究。

主持人： 今天和张老师聊的主题是人格障碍。在心理学界，人格在慢慢成为一个很重要的领域，有专门的人格心理学这门课。从专业的心理学角度怎么来定义人格这个概念？

张英俊： 不同的心理学家对人格有不同的定义。更多的人比较认同人格是一种稳定的认知、情感以及人际模式。人格形成于成人早期，在高中阶段人格慢慢就稳固了，后来基本没有什么变化。

主持人： 对于人格，我们听到较多的是某某人的人格特别高尚。

张英俊： 这种说法，我们会更倾向于认为它是一种品格或者品质。他跟我们描述的人格障碍里的"人格"有一点不一样。这里的人格是稳定的认知情感和人际模式，或者倾向以哪种方式去思考感受并表现自己的情绪，以及怎样处理人际关系。

主持人： 网上有很多所谓心理学的知识，以及人格测试，比如通过一些问卷，勾选几个题，给出一个反馈。

张英俊： 其实，部分测试缺乏一定的准确性，比如给出一张图片让你选择，进而判断你的人格特质。心理学不太认同这种测试。目前有一些比较权威的人格特点测试问卷，比如卡特尔人格测试，相比之下它较准确。它有一个简化版，要做170多道题才能大概确定你的特点、兴趣、性格。人格障碍描述的是在人的认知情绪中，从人际关系方面发现的一些异常。我们更关注异常的部分，而不是简单地对人进行一些分类。

主持人：人格障碍这个词，很多朋友是比较少听到的，但经常会听到"人格分裂"这个词。

张英俊：人格分裂是作为一种症状来了解的。比如，一个人在某个时候会表现出一种人格的特点和特质，在另外一些时刻他又会表现出另外一种人格的特点或者相反的特质。一般我们正常人会有意识地控制自己的行为，在某个情境之下会做出特定的行为。

主持人：比如一些歌手要在舞台上表现自己歌里的内容，表达自己的情绪，带动观众。

张英俊：这是有意识地控制自己的行为，让自己表现出与角色相符的行为。人格分裂是在意识层面中的控制层面有缺失，其在不同人格、不同特性的展现中，会表现出不在自己的意识控制之内的情况。

主持人：在网上会看到有些艺人在舞台或公众面前表现得特别积极向上、阳光、正能量，但他们私底下是封闭的状态，比如电话都关掉，不希望有人打扰，这算不算有点分裂？

张英俊：更像是自己不同身份的转换，这跟我们临床上讲的分裂不一样。很重要的是他能够控制自己的行为，也就是有自知力，能够意识到自己是不是在这个时候应该表现出与该环境相符的特点和行为。

主持人：人格分裂是在自知力方面能力不足，存在问题。

张英俊：一个人丧失了自知力，有意识地控制自己行为的部分减弱了，才会出现这种反差较大的特性。

主持人：在不同的场景中表现出一些不恰当的情绪或行为，这就是人格分裂。人格分裂的现象是否常见呢？

张英俊：这是挺不常见的。大部分人印象中的人格分裂是跟角色转换有关，也可以说是本身不愿意呈现的角色在另外一个地方把自己的本性释放出来。人格分裂有非常严格的标准，主要是从意识控制方面入手，现在很少用到人格分裂这个诊断，基本用解离这种说法。解离就是暂时地失去自己身份意识的一种现象。比如，我们在遭受重大暴力时，会突然觉得自己失去了对自身的感受，暂时地失去疼痛意识，我们好像不是自己，有点像灵魂出窍的感觉是比较常见的。人格障碍就是在自己的认知、情绪以及人际关系方面存在问题。

按照美国的精神分裂诊断标准，将人格障碍的类型分成11种。有10种常规的和一种未定性的。这10种被定义出来的人格障碍，包括自恋型人格障碍、表演型人格障碍、偏执型人格障碍、依赖型人格障碍、边缘型人格障碍等。

其中自恋型人格障碍比较常见，是一种过分的自高自大，主要的行为就是指使他人，坚信自己是这个世界的中心。他们非常容易陷入关注成功、权利、荣誉等的情绪中。自恋型人格障碍的人会觉得自己才是救世主，其他人都没办法做到。表演型人格障碍就是过分地追求夸张的言行，为了吸引他人的注意很愿意去展示、作秀，而且展示又带着幻想的成分。

主持人： 表演型和自恋型人格障碍在某种程度上有一些契合，自恋型的人一定是愿意在大家面前表演展示的。

张英俊： 是的，都爱展示自己，但也有不同之处。第一种是自恋型人格障碍，他们为了凸显别人的低级会把自己装饰得很精致，内心是贬低他人的。第二种是表演型人格障碍，他们的目的就是吸引别人的注意，内心是渴望被关注的。第三种是偏执型人格障碍，他们会很偏执、过分敏感、猜疑，对自己曾受到的伤害非常敏感，很容易去报复。第四种是依赖型人格障碍，他们必须依附于某个人才能够生活下去。第五种是边缘型人格障碍，这种人在人际关系、自我形象、行为方面有不稳定的特征，还会有一些冲动行为，这是一种严重复杂的精神障碍。"边缘型人格障碍"最早是在19世纪提出的，有人描述它是介于精神病人和正常人之间的状态，患者被描述为有理性的精神病人。后来科恩伯格提出，人可以分成三种不同的心理发展水平：精神病型的水平最严重，神经征的水平是正常的。边缘型人格障碍是介乎精神病型跟神经征之间边缘性的水平，在两者之间摇摆。

从19世纪就有精神科的医生开始探索这类人群。在1938年，斯特第一次提到边缘型人格。1942年，有一个研究者提出 As if（似是而非的意思）的人格特点，跟之前斯特提到的边缘型人格有点相似。1975年，科恩伯格提出边缘型人格组织理论，为后来正式形成诊断系统贡献巨大。1980年，边缘型人格障碍的诊断被写入了 DSM 系统，即美国精神病类的诊断分类指标。

从20世纪80年代开始边缘型人格障碍就被认为是一种疾病了。在国内用的几种诊断的分类标准，包括国际的疾病分类标准（ICD），还有中国精神障碍分类与诊断标准（CMDD）这两者都没有边缘型人格障碍的诊断，也有一些医院会用美国的诊断指标。在中国，相关的分类和诊断标准还是处于比较混乱的状态。但是，有很多精神科的专家和医生都认为我国要有这个诊断，罗小年在2015年就发了一篇文章，提出应该注重对边缘型人格障碍的研究。边缘型人格障碍的流行率大概是1%～2%，从绝对数量上看是非常庞大的。在我们周围可以发现，至少满足一两条边缘型人格障碍特征的人就更多了。我曾在大学里做过的非全面诊断的调查显示，流行率大概在8%左右。

这作为一种病症需要我们下准确的诊断，不能主观地判断。这有非常严格的诊断指标，一般来说诊断是精神科医生做的事情，研究者更多是评估。边缘型人格障碍有9条诊断或者评估的标准，满足其中的5条或者5条以上便可以诊断。

第一条是害怕被抛弃，在恋人亲密关系之中就可以直观地观察到。他们认为分手就是世界末日，缺少安全感，害怕被抛弃是显著特征，他们非常希望亲密关系能够持续，但是他们会很"作"，所以关系是不稳定的。如果一对情侣中有一方是边缘型人格障碍，另一方会觉得这个人既是天使又是魔鬼，很极端。他有时候会理想化，觉得对方是世界上最棒的男（女）朋友，有时候会觉得对方很烂，存在极端的评价。他们难以忍受自己一个人，需要有亲密关系，但在亲密关系里面又持续极度不稳定。人际关系不稳定也是第二条诊断的指标。

第三条就是认同障碍。对自我的认同不稳定，觉得自己有时候非常好，有时又觉得自己非常烂。另外这种认同障碍也体现在对自己的未来的方向不明确，去做什么工作并不明确。他们可能会在性别认同上都不是很明确，甚至会不知道自己是异性恋还是同性恋，严重的会体现在他们生活中一直会想着离开，去干其他的事情。有的人会换很多工作，总觉得都不适合，总想离开。

第四条是冲动性行为，有很多威胁自己生命财产的行为，如飙车、疯狂购物等。第五条就是存在自我伤害的行为，这是非常明显能观察到的。很多边缘型人格障碍的人会出现频繁的自残行为。他们有两个目的：第一个是他们觉得这种自残能够宣泄自己的情绪。他们不会像常人认为那么疼痛，只是觉得麻木的时候划一下自己，自己的感觉会重新回来了。第二个就是为了威胁别人，寻求存在感，通过极端地对待自己，表现他人的错。从这个层面来讲，伴侣需要给他们存在感，持续关心他们，他们就不用这种极端的方式以伤害自己来证明自己的价值。

第六条是情绪波动剧烈，他们的情绪变化非常快，好像下一秒就会崩溃。他们的情绪在非常快地转换，一般是焦虑和抑郁之间的转换，而不是快乐和不快乐之间的转换。焦虑和抑郁之间的转换就是他们有时会觉得自己非常焦虑，好多事情没做，思考未来生活怎么办，然后转向没必要办这些事情，陷入生活没有意义的绝望感。双向情感障碍也是这种转换，只是转换速度不如边缘型障碍这么快，而且双向基本上是快乐和不快乐之间的转换。

第七条是长期的空虚感。边缘型人格障碍患者很多时候会被空洞的感觉包围，觉得自己内心很空洞，没有什么东西可以填满，处于抑郁的状态，觉得自己的生活是枯燥乏味的，需要刺激，包括刚刚讲到的自残行为都是为了寻求刺激，消除空虚感。

第八条是不适宜的强烈愤怒，他们会经常表现出超乎常人的极端愤怒。做出的举动就是经常砸桌子、砸凳子、摔盘，各种宣泄骂人。

第九条是解离和妄想的短暂精神障碍症状。他们的情绪非常激动或者非常低落的时候会产生解离的症状。比如，他们在面临分手时会觉得很难以承受，跑到阳台上，这时候会觉得自己并不存在于这个世界，很可能直接跳楼轻生了，这是一种解离的症状。解离症状跟自我伤害、自杀行为有非常高的相关性。

这是一整套的诊断指标：害怕被抛弃、人际关系不稳定、认同障碍、冲动性行为、自残行为、情绪波动、长期的空虚感、不适宜的愤怒以及妄想的短暂精神障碍症状。以上9条同时出现5条或者5条以上的就有可能会被诊断为边缘型人格障碍。

边缘型人格障碍诊断指标

举个例子，有一个25岁名校女研究生，学习成绩优秀，喜欢小动物，养了两条狗，她的日常生活看起来是比较惬意的，但是她是学校心理健康中心的重点关注人群。为什么呢？因为她有天晚上做出割腕的极端行为。当时凌晨一点多，她的朋友接到一个短信，"我感觉这个世界没什么好留恋的，再见。"她的朋友看到这个消息之后马上就报警了。最后警察、安保人员、辅导员一行人就来到她住的地方。庆幸的是事情没那么严重，没有生命危险。她父母说这孩子以前也有过类似的行为。那么这次她为什么会做出极端行为呢？那天下午她跟男朋友开开心心去吃饭，结果在吃饭的时候因为一点小事情起了争执，大吵一架。后来她自己一个人回家，在回家的路上发现男朋友没有来追自己就很失望。回家就一个人待着，待着待着就觉得男朋友这么差劲的人，本身就是委屈自己勉强同意的，居然还抛弃自己，非常委屈、愤怒、失望。逐渐认为自己没有价值魅力，觉得活着没什么意义，不如自我了结。考虑到自己有两只小狗需要有人照顾，所以她临时想到给自己的朋友发一个短信。其实她心里还是有求生欲望的，并不是真的想决绝地离开这个世界，只是觉得男朋友不理自己，自己被抛弃了。在这个层面来讲，这类人群的伴侣给他们持续、稳定的关心关爱和陪伴，对他们来讲非常重要。这个女孩的情绪波动非常强烈，因为一些小事情就会情绪崩溃，做出极端行为，还非常害怕被抛弃，对自己也存在认同方面的问题——不清楚自己的人生目标。同时符合了四五条，所以她有可能被诊断为边缘型人格障碍。

非常害怕被抛弃，是边缘型人格障碍非常脆弱的点。他们经常会讨好别人，受虐式地迎合别人，为了他人能够付出一切。他们对拒绝的信号特别敏感，采取到这个信号之后会有很多反应，包括愤怒、生气、攻击，为了获取他人的关心会做出极端行为。当那个人离开他，他马上就会觉得是世界末日，非常空虚、寂寞，甚至会买醉自残。他们还会过于理想化地看待他的对象。更关键的是他们有一个早就预期好的假设，假设对方一定会抛弃自己，他们一直在扮演自我实现的角色，最终的结果是被抛弃。为了证实自己的预言，他们一直检验对方，通过主动提出分手来试探对方。

这类人群在性别上大概是 1:4 的比例，女性是男性的 4 倍。边缘型人格障碍人群的自杀率非常高，是普通人群的 50 倍。有研究者发现，28% ～ 77% 自杀身亡的人有过边缘型人格障碍的症状。这个心理障碍的危害巨大，对患者自身造成危害的同时常常会夹杂引起其他社会问题，会危害身边的人，直接的受害者就是他的亲密关系，包括他的父母、男女朋友，他们常常会成为学校、机构的规则的破坏者。

分手是一个对人有重大影响的事件。抑郁的人会觉得人生没什么意义，想轻生，而边缘型人格障碍的人还会有一些激烈的反应，比如去挽回，或用自杀威胁别人。抑郁更多的是自己折磨自己，而边缘型人格障碍是折磨自己也折磨别人。

主持人： 边缘型人格障碍是否存在隐性和显性呢？

张英俊： 所有的人格障碍都是在成人之后才能进行评估的。它大概在16岁左右就慢慢形成，一直到后面的人生。在小学或者初中阶段不会以人格障碍来定义，这其中还是有质的区别。因为在那个时候，每个人都在不断变化，可塑性还很强。我们更多地将那时的行为问题定义为品行问题，在成人之后才把它定义为人格的问题。十六七岁的高中生会有更大的可能性去逐渐发展成人格障碍。一个人在成人之前若有症状，可以认为是一种隐性的。或许也可以把它归为亚临床的或者不那么严重。仅仅符合5条以下诊断条目是隐性的。

主持人： 有家长反映，是不是把边缘型人格障碍跟叛逆期混在一起了，以至于我们无法分辨，总以为是叛逆，等青春期过了就好了。

张英俊： 边缘型人格障碍诊断里面有一些条目跟青春期存在的问题重合，青春期和成年早期的孩子更容易符合这些诊断指标。比如，自我概念和自我认知的问题，青少年很难自己找到人生方向，多处于迷茫的状态。我们要谨慎地看待青少年或者在成年早期的行为问题，要做好区分。从一些诊断条目、几个维度一起观察，区分哪些是共性特征，哪些是问题孩子特别的表现。有些孩子本身在成年早期就很难有身份认同，很难有未来的规划，甚至对自己的性取向也不明确，在高中的时候这些非常正常。还有情绪上的问题，青少年的情绪管理能力也相对较弱，要对他们的情绪波动做出区分。如果看到孩子有自残行为，还有一些愤怒、暴怒、难以管理的行为，就要引起注意。家长们要仔细小心地去识别这些现象。如果有类似的问题，可以联系学校的心理老师来帮助进行判断。这样对早期的孩子关于人格障碍的问题处理起来是相对比较容易，而且往往会事半功倍，等成年以后再处理相对比较麻烦。人格特质形成的早期是最容易被干预的，一些创伤也是最容易被处理的，否则会比较吃力。一般应对成年人的人格障碍，需要至少两三年的时间才可能会有所转变，干预很难出效果。

主持人： 现在我们主流的解决措施是怎样的？需要药物干预吗？

张英俊： 药物干预效果不是很好，因为病理更多跟心理因素有关，而不是生理。一些边缘型人格障碍在诊断后会对应使用一些药物，但这些药物处理的可能都是跟情绪相关的问题，比如焦虑、抑郁。有些症状可以用药物干预，但是它本身的内核（即感情的底层代码）是难以用药物去改变的，还得进行心理治疗。在心理治疗里面有几个比较主流的流派，研究表明有效的大概有八九种，包括精神分析、认知行为、辩证行为疗法等。精神分析流派认为边缘型人格障碍的形成和早期跟父母的互动相关。父母早期对孩子的评价和态度对孩子的人格产生巨大的影响。比如，父母一会儿觉得孩子很听话，把他宠上天，一会儿又觉得孩子太调皮捣蛋，恨不得把他扔掉。父母矛盾的态度一方面会导致孩子没办法确认自己到底是好是坏，对自己产生错乱的认知。另外一方面，父母的态度会使孩子对他人的认知也是一种时好时坏的评价方式。他们无法接受自己不好的部分，或者是不被他们的照料者、被父母接纳的那个部分，并把这部分投射到外部，展现给外界，对人际关系也有非常大的影响。因为评价别人极好极坏，这是不客观的。正常人都有好的部分和不好的部分，每个人都是一个矛盾的、对立统一的个体。而对于边缘型人格障碍患者来说，他们很难意识到这一点。父母在培养孩子时，早期对待孩子的态度，对孩子的自我、人际、情绪发展非常关键，影响孩子一生的幸福。这时候如果出现了问题，孩子可能就需要"用一生来治疗"。

父母早期对孩子的评价和态度对孩子的人格产生巨大的影响

主持人： 那么咨询师会怎么治疗呢？

张英俊： 精神分析师科恩伯格发展了一种移情焦点的疗法。这种疗法是通过咨询师跟来访者之间建立一种有治愈性的咨访关系，来改善来访者的症状。在早期与父母的关系中，边缘型人格障碍往往体会到自己是被抛弃的，不被爱的。在与咨询师的咨访关系中，让来访者重新觉察到之前跟原生家庭、父母的关系，逐渐让患者在之前的印象中去填补、改变、修复之前对人际关系的体验，从而使自我体验、自我概念、人际关系模式产生积极变化。

还有一种实践证明很有效的方法叫辩证行为疗法。辩证行为疗法认为，边缘型人格障碍是由于父母在孩子早期跟孩子的不健康的互动所致。比如，妈妈带着孩子逛街，孩子一看到橱窗里面有漂亮的蛋糕就会说我想吃，然而妈妈说，你才吃过饭，你不想要这个蛋糕。这个过程否认了孩子正常的需求和需要，误读了孩子的行为。这个理论就是讲述父母对孩子的无效反应对孩子的巨大影响。无效反应就是对孩子的正常需求体验的忽视和否认，甚至惩罚。这个孩子想要蛋糕，他可能确实刚吃过饭，但觉得蛋糕很漂亮特想要，而父母说你并不想要这个蛋糕，这就是对孩子的一种否认。那有效的反应是怎样的呢？是父母和孩子说你确实想要这个蛋糕，因为它看着很漂亮，但父母并不一定要买下来。最重要的是认可他想要的这种感受，他是因为蛋糕漂亮所以想要，并不是要吃才想要，这样就比较好地照顾了孩子内心的体验需求。这个简单的例子可以体现边缘型人格障碍发病的原因——父母往往是忽视他们的感受、情绪、内心的体验，而不是认可他们的感受、情绪、需要和体验。这种疗法是治疗师去认可他们的感受、情绪、需要和体验，并且培养教育边缘性人格障碍患者去管理自己的情绪，提高自己的人际适应能力，提高对压力的耐受性等。从研究结果来看，辩证行为疗法的治疗理念是有效的。

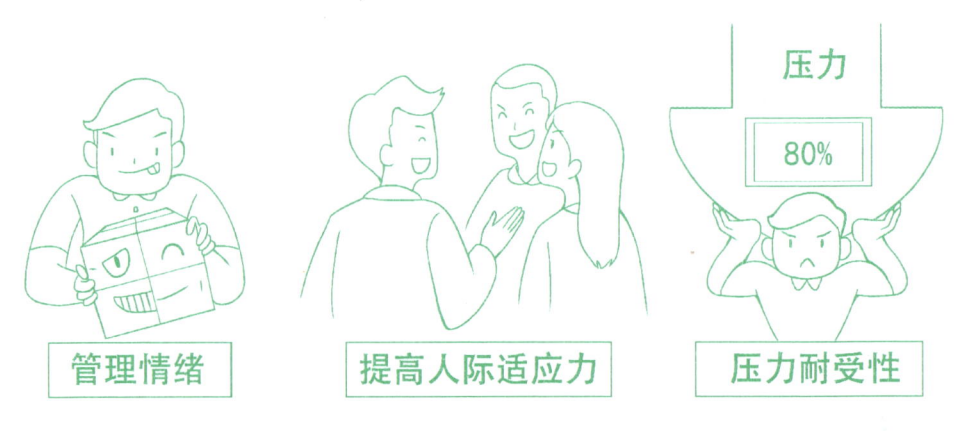

辩证行为疗法的治疗理念

边缘型人格障碍也有高功能和低功能之分。低功能的边缘型人格障碍患者的生活适应能力不是很好，症状和他们的生活环境可能会产生恶性循环，因此他们需要专业帮助。高功能的边缘型人格障碍患者的社会生活适应能力还不错，有的人会有很好的学业、事业，甚至有很高的情商，在某个领域很优秀，会意识到别人微弱的情感变化。这样的人不管其智商如何，情商都会高于正常人。对于他们来讲，从事人际相关的工作有时候会取得比较好的效果。高功能的边缘型人格障碍患者容易情绪失控，且在人际边界上很难把握。所以要给他们更多的关注，作为朋友需要了解更多的跟症状相关的知识，增加对他们的耐心和接受度。我们也希望该类人群能被更多人了解，有更多的人关注到他们，给他们营造更宽容轻松的环境。作为男（女）朋友，可以给他持续的关爱。作为父母，更要耐心地包容接受他们，在关键、脆弱的时候给他们支持。该类人群也应该得到更多心理工作者的帮助和支持。目前，我国的精神科门诊很少对此类人群做出诊断，专门研究和治疗该类人群的项目也很少，所以这类患者能得到的专业帮助也相对少。有些医院做这种诊断，仅是根据一些测量的数据，甚至没有进行访谈，就给出了诊断结果，这可能是不可靠的。或许，随着心理治疗师在普通医院的普及，会有更多的人能够得到诊断和评估之后的更多帮助。这个人群也应该得到更多的心理学的研究，能够帮助理解病理，从而开发经济有效的干预方式。北大的钟杰教授团队一直致力于研究人格障碍的症状、病理以及干预方法，旨在给这类人群一些希望。

最后我想送给正在遭遇边缘型人格障碍痛苦的人一首歌曲——《随风飘扬》（Blowing in the wind），这首歌也是《阿甘正传》的插曲。这部电影里面的女主角珍妮很符合边缘型人格障碍的诊断，她被男主角阿甘治愈了，当然她也可能是自己治愈自己的。这首歌是挺能反映治愈一个边缘型人格障碍的艰难过程的，歌词大意是：走过长长的路，才能成为真正的男人；经历过战争的洗礼，才能换来和平；经历过挣扎，才有幸福的曙光。可能在某个瞬间，回首原来那个成长的自己，可以拥抱脆弱，让自己对明天充满期待。

"心灵绿洲"小课堂

人格是一种情绪认知以及人际交往的模式，人格障碍就是在对自己的认知、情绪以及人际关系方面存在问题。人格障碍的类型有多种，包括自恋型人格障碍、表演型人格障碍、偏执型人格障碍、依赖型人格障碍、边缘型人格障碍。

其中自恋型人格障碍的典型特征就是非常以自我为中心，极度自大自负，容易陷入关注成功、权利、荣誉的情绪之中；表演型人格障碍表现为为了吸引他人的注意，过分地追求夸张的言行，过分地展示自己，展示之中又带着幻想；偏执型人格障碍表现为过分地敏感、猜疑；依赖型人格障碍表现为必须依附于某个人才能够生活下去，出现极度地依赖他人。

边缘型人格障碍在人群的流行率大概是1%～2%，在中国庞大的人口基数背景下，这个群体的数量不可忽视。边缘型人格障碍有 9 条诊断或评估标准，满足其中的 5 条或者 5 条以上便可以诊断出。这九条诊断是：害怕被抛弃、人际关系不稳定、认同障碍、冲动性行为、存在自杀行为和自我伤害、情绪波动剧烈、长期的空虚感、不适宜的强烈的愤怒、解离和妄想的短暂精神障碍症状。

边缘型人格障碍的诊断条目中有部分跟青春期存在的问题重合，青春期的孩子对自己的认知并不全面、情绪波动起伏较大，作为家长要仔细小心地去识别这些现象，如果有类似的问题，及时联系学校的心理中心，让专业人士处理。早期的孩子关于人格障碍的问题处理起来相对比较容易并且事半功倍。

目前有一种被实践证明很有效的方法是辩证行为疗法。通过培养教育边缘型人格障碍患者去管理自己的情绪，提高自己的人际适应能力，提高对压力的耐受性来减轻他们的症状，最重要的还是对他们的关爱、支持和陪伴。

吴爱勤
心身医学献温馨 心身健康进万家
——心身障碍话你知

嘉宾简介

吴爱勤，中华医学会心身医学分会第五届、第六届主任委员，苏州大学附属第一医院精神心理科教授、主任医师、博士生导师。

主持人：今天请到吴老师来到我们的节目当中做客，请吴老师先介绍一下中华医学会心身医学分会的相关情况。

吴爱勤：中华医学会是我国医学的一级学会，目前已经有100多年的历史。它下面有86个专科分会。心身医学分会是一个比较新的分会。心身医学是一个广泛的跨学科领域，是研究心理因素同人体健康和疾病之间关系的科学，主要研究心身疾病的发病机制。广义指研究人类健康和疾病中的生物、心理以及社会因素相互关系的医学，涉及医学生物学、心理学、教育学、社会学等多学科。近年来，综合性医院、社区有大量的以心理、社会因素为主的心身疾病（心身障碍）病例。1993年成立了中华医学会心身医学分会，2015年25省市成立中华医学会心身医学分会，筹建28个专科协作学组，成立精神病院和综合性医院PSM门诊/病房，成立中国心身医学学院（CCPM）、中国心身医学整合诊疗中心（MDCPM），创建中国特色心身医学学科发展模式、心身同治的整合治疗模式。成立中国心身医学整合诊疗中心的目的及意义是：转变医学模式，弘扬人文关怀，倡导整合模式，促进心身健康，助力健康中国，发展心身医学，建立多学科会诊中心平台，方便心身疾病疑难杂症联络会诊，开展临床心身疾病疑难病例讨论、转诊会诊，开展心身同治、心理咨询治疗，整合阳光医院、睡眠中心、疼痛中心、胸痛中心、疑难杂症中心、PSD心身俱乐部，培训心身疾病诊疗技能，巴林特医患沟通交流技巧。心身医学模式给医学服务带来四个扩大：由生理服务扩大到心理服务，医院内服务扩大到医院外服务，医疗服务扩大到预防服务，技术服务扩大到社会服务。心身医学分会致力于普及和推广心身医学的知识，让老百姓能够了解心身疾病、心身障碍，能够求医有门。医院的大夫也在不断地学习心身医学的知识，提高早期识别心身疾病和障碍的能力，并了解如何诊治、转诊和会诊等知识。

主持人：我们了解到吴老师最早也是从普通大夫开始做起的。

吴爱勤：我是苏州医学院毕业的，从事的是内科学、心脏病学相关工作。我在临床发现有很多病人患有心理疾病、心理障碍、心身疾病、心身障碍、人格障碍和行为障碍。后来我读了精神病学与心理卫生研究生，在职学习了医学心理学。一个人实际上是由生物、心理、社会元素所组成。心理就是每个人的心理活动、个性、情绪、行为；社会就是压力和社会关系。在患病过程当中，社会关系是非常重要的。心身医学就是把生物、心理、社会三大主要学科进行整合。我担任中华医学会心身医学分会第五届、第六届主任委员，与徐斌教授于2002年在苏州医学院开设临床医学（心身医学与医学心理学方向）本科专业，共同主编了全国高等医学院校应用心理学教材《心理生理障碍——心身疾病》，开设心身医学专业必修课程。分别于1990年、1991年在国际《心身医学》（Psychosomatic Medicine）杂志上发表了《心理社会因素与冠心病的相关性研究》和《情绪应激对急性心肌梗死患者预后的影响》的文章，1993年参加美国国际心身医学学会成立50周年大会交流，不断加强国际学术交流和合作，扩大中国心身医学在国际的影响力。已编写出版了《中国心身医学实用临床技能培训教程》《中国心身相关障碍规范化诊疗指南》《心身医学进展》《中国心身医学进展》《中华医学百科全书·医学心理学与心身医学》等心身医学培训专用教材。近期，我与袁勇贵教授牵头，联合老、中、青三代心身医学领域的专家，精心打磨，倾力打造一本更具学术性、实用性、整合性的《临床心身医学》大型参考工具书。

主持人：听起来好像您也是都接触、实践、整合过这三大学科。

吴爱勤：与这几个学科相关的工作我都分别从事过，但我们国家的医疗体制都是分科的，越分越细。这就给病人的诊治带来了问题和局限性。当代生物医学带来的问题以及生物医学模式的弊端有：只注重局部不注重整体，只注重生物不注重社会，只注重躯体不注重心理，只注重病不注重人；把器官当零件，把数字当标准，把药品当武器。心身医学涉及生物医学、心理学、教育学、社会学多学科医学思想体系，提倡健康领域的整体观念和系统思想，关注大脑、心理和躯体的相互作用，研究心理活动与生理功能的心身关系。心身医学是医学专业委员会最新认可的、处于精神医学和其他医学专业交界地带的精神病学亚专业。心身医学是一种临床医学态度和思维方式，要求医生在诊断、治疗疾病以及促进健康的过程中综合考虑心理和社会因素。心身医学是一个临床专科医疗服务领域，服务于"复杂的疾病人群"，秉承综合干预策略，应用心理、社会干预及精神药物，向患者提供预防、治疗、康复服务。

医学之父希波克拉底说过："了解什么人得病比了解他得什么病更重要"。因为健康的一半是心理健康，疾病的一半是心身疾病。临床大夫不仅仅要看生物维度的病，还必须学习看心理、社会综合的心理障碍、心身疾病和心身障碍。

主持人： 现在大家总在说要养生、要全面健康。但对于身体存在一些问题的人来说，他内心的焦虑是想赶紧找个理想医院看病。

吴爱勤： 大家经常说生命在于运动，我还要加上一句，生命在于平衡。为什么要平衡？饮食营养要平衡，睡眠要平衡，运动要平衡，动静结合。更重要的是我们的心理要平衡。心理平衡就需要我们要有一定的情绪管理能力和抗压能力。原来的医院都是生物医学的模式，主要的就是精神病学科，是精神病学治疗的重症精神疾病。现在大量的心身疾病和心身障碍患者分布在综合性医院。在此情况下，我从事心身医学工作，当一位懂心的、知心的心身同治的心身医学大夫。1984年，我们医院在全国建立了心身医学科。我也是全国第一个心身医学专业研究方向的研究生。心身医学，在于敬畏生命、减轻病痛、抚慰心灵，只有科学与人文的融合，才彰显其至真至善，实现临床医生的社会价值——努力做一名自省、专注、慈悲、纯粹的医生，为患者提供力所能及的帮助。关注器官以外的，交流医嘱以外的，提供学科以外的心身医学服务，进入更具温度的医学时代。看的是病，救的是心；开的是药，给的是情。每一位临床医生必须具备的临床思维和诊疗原则——人性化沟通，代表着理想的未来临床医学诊疗模式。

主持人： 从那个时候开始，您一方面要工作，另一方面还要加强对社会的宣传普及引导。

吴爱勤： 我们主要做的是普及推广，要让老百姓知道如何讲究心理卫生。因为一个人的健康，除了躯体健康，还有心理健康以及社会适应能力的健康。心身医学是心身灵（MBS）全人心身健康模式。天人合一，形神合一，心身同治，中西整合。全人、全程、全社会、全学科、多维评估、心身同治。我提出全人心身健康：心理健康——积极心态、正念生活，情绪管理、减压放松；身体健康——生活规律、合理运动、均衡营养、优质睡眠；灵性健康——树立三观、保持三心、自信自尊、生命意义；社会健康——社会支持、利用资源、沟通交流、和谐关系。

主持人： 这也是您对不同"病"这个字的理解。

吴爱勤： 在传统的观念与生物医学模式下，病叫"disease"，指的是生物细菌和病毒、营养代谢、理化因素三大主要病因引起的器质性的疾病。这种疾病能找到病理生理的改变。比如你胃疼、胃溃疡，做胃镜就能看到溃疡。你得肝炎了，做一个肝功能检查，就能立即看到转化酶增高了，肝区出现疼痛。但是近年来，疾病谱、疾病的病因也发生了改变。除了生物的因素，还有更多的疾病以心理、社会的因素作为主要病因。这就是第二种病人。他们从头到脚、从内到外、全身疼痛不适。但是到医院去做检查，查不到阳性体征，辅助检查也没有任何异常。这种病英文叫"illness"。翻译为不适、病感，这类疾病找不到器质性改变。民间很多人经常把它看作疑难杂症，是心理的疾病。在综合性医院，最常见的就是心身障碍、心身疾病。

第三种病，一个人的健康和生物、心理、社会有关。社会指的就是我们的社会功能和社会角色。比如我们医院有一个高管到外地去开会，回来发现身体上长了两个红疹，他马上就怀疑自己患有性病和艾滋病。他每天惶惶不可终日，每个星期去疾控中心做 HIV 的检查，连续做了 8 次，但所有结果都是阴性。他仍然恐惧担心，无法去上班或学习，这影响到他整个的社会功能。这种病在临床上也经常见到，我们把这种病叫"sickness"。也就是病人自己认为自己犯了某种病，最常见的叫疑病。所以，现在有三大类的疾病，"disease""illness""sickness"，也就是生物、心理、社会疾病，那我们的医学模式就必须从过去的生物医学模式转变到今天的生物、心理、社会的医学模式。每一个大夫不仅仅要看生物医学的疾病，更要学会看心理的、社会的疾病。

主持人： 原来我们说的医院可能还是生物医学模式会多一些。但大家可能慢慢地也会发现，有些病怎么看都看不好。老百姓可能说身心障碍的会比较多。身心障碍是有次第的，一般由"身"导致"心"。

吴爱勤： 普通人经常会混淆身心疾病和心身疾病。身心疾病指的是身体的疾病引起了心理的反应、心理的症状或者伴有一些精神的疾病。心身疾病、心身障碍是由于心理社会因素引起的情绪的障碍，心理的问题所带来的躯体的表现和症状。这种病人多半是有躯体的症状：慢性疼痛，全身不适，到医院去求诊，但是所有检查都查不到器质性表现。我们大夫要知道如何从躯体症状去解读病人背后的心理问题。

主持人：这可能也是吴老师从 1986 年开始一直到现在都在不停地做这方面的宣导工作的原因。

吴爱勤：近年来，我们除了每天在临床上当大夫，还要做健康教育、心理健康教育和心身疾病的识别。中华医学会心身医学分会近年来就做了大量的普及和推广工作。大家对于这种疾病基本上能够有所认识，现在基本上是求医有门。6 年前，国内只有 6 个省有全国心身医学的学术分会。但近年来，全国已经有 27 个省成立了心身医学的分会。原来只有单一的分会，没有细分学组。近年来成立了 26 个专科学组，比如心身心脏病学组、心身胃肠病学组等。所有的躯体疾病都有心理的问题，成立学组就是为了让每一个专科大夫都去学习和掌握心身医学知识。

主持人：不再去仅仅治疗躯体的问题和疾病。虽然从 20 世纪 80 年代到现在我们不停地做宣导，但是对于普通人来说，谈及精神方面的疾病，可能到现在还会戴着有色眼镜。

吴爱勤：传统上而言，人类的疾病分两大类，一大类是躯体疾病，一大类是精神疾病。在我们的社会文化中对于精神疾病大都带有歧视，甚至说带有污名化，我来作个形象的比喻，一个人的健康在过去是非黑即白。要么你是有心理问题或精神病，要么你是绝对健康。实际上现在的健康还有灰色状态，就是轻中度的心理问题、心身障碍。

主持人：可以这样理解，这相当于颜色学当中的色谱，如完全健康可能是纯白的颜色，纯黑就代表疾病。精神疾病原来可能非白即黑。亚健康，应该也就是在色带当中的一个灰色段。

吴爱勤：过去我们对灰色的关注不够，没有认识，也不能识别。沉重的心身疾病负担，心血管疾病并发焦虑抑郁症状的比例高达 44%～80%，世界卫生组织的一项调查显示，内科医生对情绪障碍的平均识别率为 48.9%，国内更低，为 15.9%。95% 的人都处于灰色状态。浅灰代表亚健康，存在一般的心理问题。这些人很多都是正常人，但是他可能有情绪的问题，比如烦、忧、恐、疑、想。所有这些轻度的表现，我们都称为亚健康，是一般的情绪问题。但如果更严重了，就会进入深灰状态。深灰就是心身障碍，病人从头到脚、从内到外、形式多样的疼痛不适，但是去医院检查找不到阳性体征，又没有不符合精神疾病的诊断标准，还没有到精神疾病的严重程度。这些病人经常会觉得被歧视。

人的健康状态

主持人： 比如你原来分值是 85，现在拖到 95，就可能被划定为精神疾病的那个区间了。

吴爱勤： 如果是纯黑，那他就很严重了，达到了精神疾病诊断三条标准：症状学、病程和严重程度。纯黑的精神疾病发病率很低。真正的灰色的心理问题、心身障碍、心身疾病、95% 的人都有过。对于疾病的认识和早期的识别，我们不仅仅要看躯体病和精神病，更多地要关注灰色的心身疾病。

主持人： 这就像我们的调音台一样，最下面是 0 状态，最上面是 100 的状态。原来我们认为可能不是 0 就是 100，而且 0 和 100 中间是无极滑动的，可以随时上随时下的。

吴爱勤： 对，这就是一个谱系。一个人遇到心理社会的刺激，第一个轻度的是心身反应。这种反应有心理的、情绪的、生理的和行为的，但这种反应是轻度的，在我们的正常范围之内，但病人会有一些焦虑、抑郁、恐惧的情绪。所以，心身反应，正常人是弱刺激，弱反应；强刺激，强反应；没刺激，没反应。但是，如果一个人是弱刺激，强反应，他就患有焦虑。如果一个人强刺激，弱反应，他就有可能抑郁。假如一个人没刺激也有反应，那就要注意他是不是可能患有精神病。广义的心身疾病是指心理社会因素在疾病发生、发展、防治及预后过程中起重要作用的躯体性器质性疾病和功能性障碍。从广义的角度心身疾病可分为三类：①心身反应（psychosomatic reactions），指心理社会压力引起的多种躯体反应，当刺激除去，反应也就恢复，如恐惧引起的心率加快、出汗等。②心身障碍（psychosomatic disoreders），指精神刺激引起的各种心理和躯体症状，但没有器质性变化，如神经性呕吐、偏头痛等。③心身疾病（psychosomatic diseases），指精神刺激引起的躯体器质性病变，如溃疡病、原发性高血压等。一般都将心身疾病和心身障碍混合使用，因为这种区分在理论上易理解，但实践中难以明确界定。

主持人： 这几个维度划分特别妙。

吴爱勤： 如果这种心身反应我们不能有效地干预识别，病人强大的心理社会刺激还存在，就更严重，进入心身障碍。这种病人心身痛苦，但是没有阳性体征，辅助检查无异常。这些病人就不停地换医院、换科室、换大夫，这种现象叫作"doctor shopping（逛医）"。

心身反应

主持人： 就和我们去逛街叫"window shopping"一样。

吴爱勤： 逛医是一种症状，一种综合征，一种求医行为的症状。我们每一种病都有不同的求医行为。假如一个人逛医，我们就要注意识别，这也是心身障碍的一大临床特征。

心身障碍如果再发展严重，就会变成心身疾病、心身痛苦，但没有阳性体征。但是如果它一直发展，就会引起神经内分泌免疫细胞分子的病变。那这个病人就有阳性体征，辅助检查也可以找到异常，比如冠心病、过劳死、猝死等心身疾病。

主持人： 您说到这个，我想起了一个成语——心想事成。可能很多人会担心自己有癌症，天天想天天纠结，那往往就会"心想事成"了。

吴爱勤： 这就是我们说的这种病跟他的人格个性有密切的关系。这种人格个性的人多半都过于敏感多疑，追求完美，过于仔细、认真、谨慎，自我暗示度高。

主持人： 比如一堆老伙伴中可能有某一个老伯因为这个病出问题了，其他人就会联想了。

吴爱勤： 曾经有一个病人就是这种情况他和同伴一起出差，住在一个饭店，第二天早上他的同伴突然就心肌梗死走了。他回来以后就老感觉心慌、胸闷、胸痛，每天都到心血管去做检查，但结果都正常。这种病就是心身障碍。

主持人： 是，这个情况对于病人来讲挺痛苦的。对于医生来讲，可能也是觉得莫名其妙。

吴爱勤： 这种病没有阳性体征，辅助检查也没有异常。那在临床上怎么来识别呢？原来的生物医学模式治疗诊断的都是器质性的疾病，就出现了"相逢不相识"的情况。这种病人就会不停地换医院，换科室，换医生。这样就造成了大量的医疗资源的浪费，也就造成目前中国医疗改革存在"看病贵、看病难"的问题，原因之一就在这。病人没有得到有效的早期识别，就四处逛医。

主持人： 刚才我们的吴老师给大家用三个英文单词描绘了现在一般意义上理解的疾病，也就是"disease""illness"和"sickness"。

吴爱勤： 人类通常来说有三大类疾病。第一大类疾病是生物的、躯体的疾病，第二大类是心理的疾病。第一大类是医生定义的病（disease），找到了器质性病因或存在病理形态的改变，符合疾病的诊断标准。第二大类病（illness）是病人自己感受到的病。他全身不适、疼痛，但是没有阳性体征，辅助检查也没有异常。这种多半是心理的疾病或心身障碍。第三大类病（sickness）主要指的是他对社会适应不良，不能够承担社会角色——不能上学或上班。每天感觉自己患了某种病或某种不治之症，但所有检查都正常。社会功能损害的病叫社会的病。

主持人： "障碍"这个词的英文翻译应该叫"disorder"，有点像序列排错了的感觉。

吴爱勤： 没错。我们知道疾病原来有两大类，这是我们人为分类的。我们知道一大类疾病"disease"，它是能找到器质性改变和病理形态。现在我们在医院看的所有病都是这一类的病。另外还有一大类疾病，病人有很多功能障碍，主诉痛苦症状，但没有阳性特征，辅助检查也没有异常，我们通常把这种病叫作"disorder"，指的是功能障碍，社会功能受到影响，还有躯体的生理功能也受到了限制。

主持人： 尤其又碰到像 doctor shopping 这样的事情发生，确实会给病人本身带来很大的精神压力。如果病人把厦门的好医生都找过了，最好的医院都去了，还找不出病因，这个精神压力可想而知。

吴爱勤： 这种病就是心理的病。这种病的发病原因多半都是——第一，遇到心理社会的刺激，也就是社会压力。第二，病人都有特殊的人格个性，敏感多疑，过分仔细、谨慎、胆小，多半都会自我暗示。第三，这种病多半都是有情绪的障碍，如烦、忧、恐、疑、想、痛。烦就是焦虑，忧就是抑郁，恐就是恐惧（病人内在的心理总是不安全、不放心、不确定），疑就是敏感多疑；想就是不停地想过去、担心未来、纠结现在。有了这五大情绪障碍，通过心理生理的机制转换，病人多半都会有第六个障碍——痛，从头到脚，从内到外，全身不适。比如一个病人，他可能有头痛、头晕、心慌等，但是所有的检查都正常。这种病人是极端痛苦的，四处求医，但求医无门。过去综合性医院的大夫对这种病也"相逢不相识"。这种病都有一些特殊的临床特点，没有阳性体征，辅助检查也没有异常。那怎么诊断呢？过去一般的大夫看这种病是三部曲。第一步，所有检查正常就告诉病人你没病。但病人心里极端痛苦——我这么痛苦已经半年、三年了，你说我没病，你这医生一点同情心也没有。大夫让你下次来复诊，那这个病人绝对不会再来复诊，他就去逛医。到了第二个专家，专家同样再给他做检查，检查下来也没有任何的异常。然后这位专家就告诉他，你的病就是你想出来的，叫他别想、控制，你的病就没有问题。病人就会更加痛苦。病人说，我如果能不想，就没这个病；我如果自己能控制得住，那我来找你干什么？有的大夫看这种病也会感到非常的困扰。他说你再转第三个大夫。第三个大夫就会告诉他，你这个病前面两位大夫都看了，没有阳性体征，但又有一些焦虑、抑郁、恐惧、疑病。专家就会告诉他去看精神科，那么病人更加不能接受——我又没有精神病，为什么叫我去看精神科，我只是全身疼痛，一定患有某种内脏的疾病。但是大夫只知道这种病的特征，不知道如何和病人解释这种病，如何和病人进行沟通交流。

主持人： 病人发现身体存在不舒服的情况（"illness"甚至"sickness"），可能就会去"doctor shopping"了。这样的情况有没有到哪个程度、哪个点给病人或医生都提个警惕，让他们知道要往心身障碍的方面去想了。

吴爱勤： 心身障碍有一些临床特征，我把它叫作"三好"病人。他要找好医生，要早做好检查，要吃好药。一般大夫开的药、做的检查，他也不能信任，所以他要去逛医，再换大夫。

第二有"三疑"。疑大夫——疑大夫的技术和他对疾病的认识和诊断；疑病——大夫说他没病，但他这么痛苦，他当然要怀疑自己患有某种严重的疾病；疑药——大夫给他开的一些常用药，他怀疑没有用，副作用太大，所以他经常不遵医嘱。

第三还有"三难"。第一难，这种病确诊难；第二难，这种病沟通交流难；第三难，这种病的治疗难上加难。另外还有一大特征，就是前面讲的逛医，这种病经常会当作疑难杂症。

主持人："疑难杂症"这个词大家可能经常听到。

吴爱勤：这种在医院经常进行大量会诊、久治不愈，又不能确诊，找不到阳性体征的病人的病，我们往往就把它当作疑难杂症。大夫去会诊，经常如何识别诊断呢？实际上对这种病，我给他总结"疑难杂症"这四个字，就是这种疾病本身的特征。疑，我们刚刚讲的三疑——疑大夫、疑药、疑检查。难是指三难，这种病人沟通交流难，诊断难，药物治疗难上加难。杂，这种病人的特点就是从头到脚，从内到外，包罗万象，形式多样的杂乱的症状，而且这种症状它还没有特征性。这种病人的状态杂乱无章，症状具有波动性、游走性、不确定性。

主持人：这可能真的就叫"disorder"了。

吴爱勤：这种病目前来说主要是病人的症状查无实据，找不到阳性体征，正所谓疑难杂症。

主持人：也就是有这些情况时，大家可能就要往这方面去考虑，不要再一味地去做某方面重复的检查了。尤其像这两年，很多医院都已经开设了所谓的心身门诊。

吴爱勤：近年来，我们的心身医学分会做了大量的普及和推广。心身医学，广义上所有的大夫要掌握所有的疾病都有心理、社会、情绪的问题。但是心身医学作为一个学科，要专科化，要进行提高。近年来我们在改变中国对心身疾病识别诊治的现状，在这方面就做了大量的普及、推广和提高的工作。

主持人：尤其在医院层面，各个科室之间相互的交流和沟通就要加强了。

吴爱勤：对。心身医学实际上是一种整合医学，不能够一个科只看一个科的事——头痛医头，脚痛医脚。一个大夫是有三个层次的。最低层次的就是治症状，用手治病；中等水平的大夫是治病，用脑去诊断，去评估，去识别；更高层次水平的大夫就是治病人，因为病生在人身上。治病不仅要用手、用眼、用耳，还要用脑，更要用心去帮助病人。这就是我们心身医学要做的一些工作。

主持人： 目前医疗系统在试着做一些切换和改变。原来大家会首选北上广的医院，或者每个城市的第一医院等大医院，造成大医院人满为患，出现排队 2 小时看病只用了 5 分钟的情况。病人就会有很多的抱怨。

吴爱勤： 对，大量的心身疾病、心身障碍的病人都是在逛医，实际上这种病是一个常见病、多发病。现在普及心身医学和心身健康教育，就是为了让病人能够早期识别、认可，接受自己的病是心理的疾病。为了让一般的社区医院和市级医院的大夫都可以去诊断、去识别，近年来我们做了大量的普及巡讲和培训。今天厦门召开了厦门市心身医学精神病学的学术会议，会上分享了大量在心身疾病的认识、识别、诊断以及心身疾病的诊断治疗方面的知识，让病人本身可以了解心理健康的知识，了解心理疾病、心身障碍的常见症状，自己知道去找哪一类的医生或哪一类的专科。比如一个人头痛头晕，如果到了神经内科去看，神经内科所有检测正常，那我们就知道可能是有心理的问题或心身障碍，也要考虑是不是有情绪的、心理的问题。

主持人： 紧张、焦虑就有可能会造成这方面的问题。

吴爱勤： 多半这种病人都遇到有严重的心理的社会刺激，再加上情绪的障碍，进而转换到躯体上，因此我们要一级预防。病人本身要知道如何讲究心理卫生、心理健康，就可以预防心身障碍。二级预防就是自己要知道识别。综合性医院的大夫一定要学习心身医学的知识，能够对心身疾病早期识别、诊断和鉴别诊断，同时知道如何和这种病人沟通交流，千万不能说没病，强制要求病人自己控制。比如病人咳嗽，他本身咳嗽痛苦，你让病人别咳嗽。第一他控制不了，第二他会很痛苦。心身障碍的"想"就和咳嗽一个样。此外，综合性医院的大夫，现在要知道及时地转诊和请会诊，千万不要把病人放在手上，不停地给他做检查。

主持人： 以上谈到的就是病人早期的自我觉察，包括医生的学习识别，医院的一些医学模式可能要做一些改变，再有整个社会体系可能也要做相应的变化。

吴爱勤： 去年 22 个部委专门发文要建立中国的社会心理模式和体制。也就是说现在的社会对心理疾病、心身疾病、心身障碍的认知都要改变。95% 的人都患有这种疾病，社会要接受它，不能歧视，不能把它看作精神疾病。同样，要有更多的社会心理大夫能够早期给予识别和干预。厦门集美有《心灵绿洲》这样一档专门的心理健康科普节目，让大量的普通人能够通过电台和媒体宣传来了解到哪里去求医，找谁来看心理疾病。这非常好。

主持人： 科普就是最好的预防。刚才聊到比如像胃溃疡等的情况，可能有药可吃，开个药回去吃，过两天就好了。但对于很多精神方面的问题，要用药来治疗或者应对，可能真的就要仔细了。

吴爱勤： 是的，对于心身疾病和心身障碍如何预防和治疗？过去的医学模式，治病就是用药物、手术和物理治疗。这种病主要的病因是心理、社会压力、人格个性的缺陷、情绪和行为的障碍。治疗病人，医学有三宝：一宝药物，二宝手术刀，三宝话疗。过去叫话聊。这是老百姓之间的社会支持，家人关怀。要和病人沟通交流，减轻压力，让病人得到一定的释放和宣泄。现在的大夫要学会话疗，也就是心理的咨询和治疗以及社会的支持和沟通交流。这是当今社会每个大夫必须掌握的基本技能。

大夫要学会话疗，要和病人沟通交流，让病人得到一定的释放、宣泄

主持人： 有了这三宝也给很多的患者一个清晰的概念。大家可能希望请吴老师给大家来规划一个蓝图。比如，我可能有这样的情况了，去看诊的话，可能要经受的一些过程。如果有了这样的一个印象或者规划，可能应对起来就会比较有信心了。

吴爱勤： 这个病的病因是生物、心理、社会。生物角度，我们就要用药物治疗抗抑郁、抗焦虑以及物理治疗。但是，病人有心理的疾病，就一定要给他进行心理的咨询治疗。综合性医院的大夫，其心理咨询治疗是专业的，每一位大夫每天在做的沟通交流，建立良好的医患关系就是最普通的心理咨询治疗。大家知道犯这种病最痛苦的是他没有安全感，不放心。

主持人： 这个时候病人最听信的就是医生的话了。

吴爱勤： 对，病人到了医院，并不仅仅是要吃药和开刀，更重要的是他要有安全感。那怎么让病人能安全、放心，保持稳定？这就要靠"三宝"的最后一宝——话疗。要和病人沟通交流。病人到医院，他最信任的就是医生给他解释，但现在医院每天人满为患，大夫也没有这么多的时间。

主持人： 可能5分钟就得一个，哪有时间花半小时去话疗呢？

吴爱勤： 病人经常会说有个别大夫是"三句话大夫"。千万不要当"三句话大夫"。我们一定要让病人说话，要听病人说话。原来我们医院有三种挂号费别，5块钱的、10块钱的、100块钱的（高级专家门诊）。有一位离休老干部，患有慢性糖尿病，每半个月就到医院来配药。那一天他要挂高级专家100块钱的号，让我给加号。了解完情况后，我说没有必要，你就挂一个5块钱的号就可以了。后来我电话一放下，他就走到我诊室求我。我问他为什么呢？他告诉我，医院的三种号我都看过。他说5块钱的号，大夫不让我说话。我说我慢性糖尿病，医生说我知道了，慢性糖尿病服降糖宁。10块钱的号，副主任医生让我说话，不听我说话，我讲完了，他的处方也开完了。100块钱的号值，既让我说话，也听我说话。这就告诉我们，病人到医院非常需要大夫和他话疗，沟通交流。对于这种病的治疗，另外一种治疗方法是心理的咨询治疗。这种病人都有社会的压力、人际关系的紧张和家庭环境的矛盾，要提高病人适应社会的能力，改善人际关系，为其提供更多的社会支持。比如，有些老年人患有心身障碍的抑郁，他经常就是孤独一人。老人最忌孤独，他是忧郁症产生的最常见的原因之一。我们要给他以社会的支持和陪伴，以及有沟通的交流。心身障碍的治疗，我提出要心身同治。对于这种病人的治疗，一定要和他沟通交流。目的就是要让病人建立"三心"。第一，治疗这种疾病的信心。第二，接受话疗，服药治疗的决心。第三，要等待疗效的耐心。如果我们能跟病人沟通交流，建立起他的"三心"，那病人就有很好的依从性，也不会再去逛医，我们就能有效地治疗病人的心身障碍。

主持人： 关于心身障碍具体的治疗还有好多的内容。有机会的话，我们还会请吴老师来节目讲治疗的部分。

吴爱勤： 对心身疾病与障碍的预防，以及如何维护心身健康和减压放松，我们提出心身相关障碍的整合新治疗法——心身同治模式：药物与心理互补，药物治疗缓解症状，心理治疗巧解心结；药物治疗控制病情，心理治疗调整心态；药物治疗恢复健康，心理治疗建立自信；药物治疗依靠配合，心理治疗依靠信任；药物治疗仅仅同情，心理治疗体验共情。心身疾病的心身同治等内容，我们期待下一次有机会再和大家一起交流。

"心灵绿洲"小课堂

本文开篇从介绍中华医学会心身医学分会入题，创建中国特色心身医学学科发展模式、心身同治的整合治疗模式，弘扬人文关怀，促进心身健康，助力健康中国建设。文中详细介绍了疾病的三种分类，区别了"disease""illness""sickness"三个词汇的详细词义，向大众普及了生物病理疾病、心理疾病与社会疾病的概念区分。让我们了解到，在患病过程中，生物、心理、社会三大主要学科关联的重要性。

身心疾病和心身疾病在临床上大众经常会混淆。身心疾病指的是身体的疾病引起了心理的反应、心理的症状或者伴有一些精神的疾病。而心身疾病是介于躯体疾病与神经征之间的一类疾病，是由于心理社会因素引起的情绪障碍，长期以来对人类健康构成严重威胁，日益受到医学界的重视。要做好相关的预防与治疗，话疗很重要。

传统的说法中，人类的疾病只分两大类，即躯体疾病与精神疾病。大众对于精神疾病大都带有歧视，"精神病"这个词汇也被污名化。一个人的健康在过去非黑即白，但实际上现在的健康划分还有灰色区间，即轻中度的心理问题、心理障碍、心身障碍。我们都应该多在生活中关注自己的心身健康，学习更多的心理知识，正确理智地看待心理及社会角度的亚健康状态，积极保持心身健康。

林平光
换个角度看孤独症

嘉宾简介

林平光，中国社会工作联合会副秘书长，中国心理学会标准与服务研究委员会委员，中国残疾人康复协会社会康复专业委员会副主任委员，儿童发育行为障碍康复专家。

主持人： 大家或多或少会听到某些人是社会工作者或者社工，中国社会工作联合会应该就是这些社工的娘家。

林平光： 对，中国社会工作联合会是民政部直属的国家一级社会组织，是全中国社会工作者的行业组织。它成立于1991年，心理健康工作委员会属于联合会下属的二级委员会。

主持人： 引导社会更多地关注心理方面的问题。

林平光： 全国有两个100万人群，一个100多万人群是指全国有100多万的心理咨询师。另外一个100多万的人群是大家现在常听到的社会工作者。这两方面的人群都是我们工作委员会服务的对象。任何一个行业组织都有三大功能。第一，为从业人群服务，如增能赋能，提高水平；第二，广泛募集人才，进行专业培训；第三，承接政府或社会组织的公益慈善项目和任务。

主持人： 现代社会中，有一个儿童性的疾病可能频繁地出现在大家耳边或身边，就是孤独症。现在还有孤独症日，用以关注来自星星的孩子。

林平光： 每年的4月2日是全球性的孤独症关爱日。孤独症，专业上叫孤独症谱系障碍。它不仅是一种疾病，更是一个严重的社会问题。到目前为止，这个严重的儿童发育行为障碍病因还不清楚。它不仅对孩子本身造成损害，还对整个家庭乃至社会都造成了很大的影响。

主持人： 孤独症或孤独症谱系障碍，这个概念或疾病，在国内大概是在什么时候被广泛地提及？

林平光： 孤独症是在1948年由美国凯纳医生首先报道。20世纪80年代在中国，南京脑科医院的陶国泰教授报道了国内首例孤独症病例。从那个时候起，儿童精神科有了孤独症的概念。真正引起重视、引起社会的关注，也就是2000年前后。最早是北京大学六院，然后是中山大学三院，越来越多的医院、妇幼保健院，还有残联开始有所接触，甚至是介入对孤独症人群的医学和社会救助行动。

主持人： 林老师在这方面从事了多年的工作，应该有特别切身的体会。

林平光： 是的，早期精神科门诊把这些孩子归为智力发育障碍，也就是智障。经过一段时间的发展，越来越多的专科把孤独症划为一个独立的疾病范畴去研究和干预。原来我是一名精神科医生，2000年左右，我们接触到国外的一些对孤独症及这个群体大量的报道和研究的学术活动和论文。在临床的工作中，我们就逐步采用国际通用的评估方法来对有问题的孩子进行筛查和评估。在后续的时间里，残联系统、民政系统的福利院，还有特殊学校，也通过不同途径，去香港、台湾乃至国外接受培训，使得整个社会从2000年到2010年这个阶段逐步开始了解、理解和关注孤独症这个特殊的群体和疾病。这个过程中，大家认为这是小众人群和罕见病。慢慢发现，这个群体是很大的，不仅仅是对孩子本身造成影响，同时对他的整个家庭，甚至整个社区和社会都是很严重的。四个系统都跟孤独症群体有关联，分别为医疗、教育、民政以及残联。这些部门都广泛地参与进来，通过合作和配合，关注和辅助这个群体。目前为止，整个社会对孤独症的认知大大提高。社会大众对孤独症疾病及孤独症人群有更多了解和理解，也有一定程度上的接纳。

主持人： 原来我们可能认为它是一个小众群体。到后来发现其实它是有一定数量基础的人群。这个人群规模有多大？

林平光： 每年孤独症日都会有数据发布。根据国外数据，以前是1‰，后来是1%，去年或者前年到了1.4%，貌似孤独症患病人群越来越大。但从总量与整体发展趋势来看，并没有特别加快，很可能是因为认知程度和诊出率提高了，让大家觉得群体扩大。但国外的数据不一定完全适用于国内的情况。因为某个国家的福利政策可能覆盖范围更广，统计上的尺度会放松，比例就会提高，并不意味着孤独症人数突然提高。目前来讲，在中国内地，我们较认可一个不完全统计的数据：0.5%～0.6%。

主持人： 孤独症作为一种疾病，对病人应有一个识别和诊断的过程。

林平光： 孤独症的病因到目前为止还不清楚。是不是由微生物、基因，或是外伤、辐射等因素导致，没有定论。在孤独症的诊断方面，基本沿用经验＋量表的形式。在一定程度上，治疗要依赖专业人士，主要是医生和康复师。专业人士应用临床经验和使用规范评估方案进行诊断。孤独症是发育行为障碍且没有具体的病因学结论，没有特效的药物或手术方法解决这个问题，接下来的工作就是漫长的康复训练过程。

主持人： 孤独症更多的是描述儿童情况，更关注 0～6 岁这个群体。对这样的病症，可能最受伤难过的是父母。

有孤独症孩子的家庭

林平光： 是的，这个孩子一旦被确诊为孤独症，家长的心理状态会发生剧烈的变化。它分为三个阶段，第一阶段是不接受，特别抗拒，仿佛天塌下来了。第二个阶段是非常急迫地论证是否确诊，疯狂地去追求医学的结论。一旦被确诊，就进入第三阶段，家长会急迫地追求最好的方法，无论灵丹妙药还是大师神医，只要是有一点点的机会都会去寻求。家长的心态变化大概就是这三个阶段。

主持人： 从难以接受到证实事实，再到尽力治疗。

林平光： 对于孤独症的核心症状，比如语言交流问题，以及刻板行为问题，家长更加注重如何消除这些症状。一旦在过程中碰到了困难，如孩子没有改变或没有进展，家长会陷入焦虑抑郁。很多人甚至是接近崩溃或失去了信心。

主持人： 刚才有提到证实的过程，可能这段时间这些家长特别迷茫。一方面是抱有希望，孩子可能不是孤独症；另一方面通过一些检查和论证，又可能被确诊。这个过程中家长内心可能是极度挣扎的。

林平光： 这时医学或关于心理学的科普工作就很重要。0～3岁，3～6岁，乃至6岁以上，不同的阶段大脑发育速度不同。年龄越小，大脑发育速度越快。大脑发育速度的快慢，决定了大脑容易受损害或容易被修复的机会大小。一旦发现孩子有问题，家长不要执着论证孩子是否是孤独症，而是尽快地进入干预阶段。即使孩子不是孤独症，但是他跟其他孩子的发育有差距，如说话太迟或某些行为不一样，家长就要尽快干预。我们从事的科普工作，是希望让更多人轻诊断，重干预。

主持人： 干预对于孤独症有没有黄金时期？

林平光： 一般来讲，6周岁以前是黄金时期。容易诊断的年龄大约是2周岁，大概是孩子应该开口说话的时间。这时候能力的差距明显表现，家长会着急去论证。因为不解决这个问题，幼儿园不会同意其入学，需要马上进行干预。6周岁以前，如果能够取得一定的成效，我们也希望孩子能够在学龄前赶上大部队。如果这个孩子是一个典型的严重孤独症患者，那么未必要追求在6周岁的时候能够上学，原则是越早越好。

主持人： 孤独症的干预一端是小朋友，另一端就是他们的父母家人。很多是家人带着小朋友来到医院咨询医生。

林平光： 通常来讲，都是家长带着孩子来咨询、看病。专家基本上对孩子是观察和试探性、诊断性的交流。更多的时间是跟家长交流，让家长填一些专业的评估表格，然后医生给初步的意见。有必要的话，还会建议辅助检查。

主持人： 沟通涵盖哪些方面呢？

林平光： 了解孩子的出生情况、怀孕时的情况、母亲的情况，还有家族史、疾病史，包括生活习惯、饮食习惯等。如果家长发现孩子有问题而找到医生，让其进行初步的诊断或者评估。这个时候家长的诉求跟医生的诉求可能发生分歧，比如家长在意孩子所谓不正常的地方，希望能消灭或改变这种行为。有些孤独症孩子喜欢尖叫，有些孤独症孩子喜欢捂着耳朵，类似这种跟其他孩子不一样的情况。特别是孤独症孩子语言的障碍，家长会要求医生帮忙解决这个问题。家长的诉求是解决现有的症状，而医生关心的是背后的问题。针对孤独症谱系障碍，有一个比较完整、有目的、有计划的行为训练过程。医生希望按照正规的过程一步一步地训练，到了一定程度，这些核心症状会改善，而不是去想方设法消灭这个症状。诉求上的分歧，可能会在经验丰富的医生和焦虑的家长间造成矛盾。

主持人： 家长比较着急，会认为这个医生不为我解决眼前的困难。

林平光： 这个问题就会在日常科普中被提上议事日程。通常来讲，凡是家里孩子有不正常情况，家长都会去找专业人士，如去医院或找儿童专家，去咨询、求证这个孩子的问题。在网络时代，家长会在网上去寻找答案。家长分两类：一类发现自己的孩子有问题，希望论证自己孩子不是孤独症这类的严重问题；还有一类家长总想论证自己的孩子有问题。这两类家长组成了整个所谓的有问题儿童的家长群。

主持人： 网络信息鱼龙混杂，家长在识别、搜索时，需要正确看待。

林平光： 媒体上关于孤独症和儿童问题的广告非常多。作为专业人士，我们建议家长聚焦正规三甲医院，以及国营的妇幼保健院，获取科学正确的资讯。现在网络上有不少机构会做一些夸大的宣传，家长没有搞清楚其背景，不建议盲目地带孩子去。

主持人： 经过确诊和确认，可能家长慢慢地就接受现实了。这可能对于很多家长来说，是特别痛苦的过程。

林平光： 一旦孩子被专业机构诊断为有问题，如孤独症或某方面发育有问题，首先不要慌，我们应该接受现实。然后，根据医生和专家的意见进行系统的干预训练。网络时代信息发达，家长只需要按照正确的指引，参加医生和专家建议的科普讲座，以及由医院或者专业机构组织的家长培训班，在正规的网站上去获取资讯。

主持人： 现在很多孤独症儿童的家长，可能都会建一些群或者加入一些群，在上面分享自己孩子出现的一些情况。

林平光： 是的，现在这些群的文化生态直接影响到了孤独症或问题儿童的家长群，里面的资讯很复杂。除了大部分是真正的家长，特别是孩子有同样问题的家长之外，有一些有商业目的的人混杂在里面。他们以家长的身份散布不正确信息。即使是孩子真正有问题的家长，分享自己孩子的情况或者治疗康复经验，我们也建议家长只是了解一下。毕竟每个孩子的情况都不一样。

个案的成功不代表全部都可以成功。希望在网络时代，大家对于家长群里的信息沟通抱有科学的态度。

主持人： 首先更新自己的理念，让自己能平和地接受现实，努力做好孩子的父母，构建系统全面的认知，用好干预手段，做好训练恢复。

林平光： 对的，在专业的机构和训练师给孩子计划训练课程的前提下，我们希望家长全程参与。如有些家长交了钱，让爷爷奶奶把孩子带过来培训、训练、到点接走。这种情况非常普遍。如果没有他的直系亲属（如父亲或母亲）一块参加训练的时候，效果会差很多。当然不是每一个家长都有时间和孩子一起训练，也不是每一个项目都需要家长陪伴。全程参与的意思是家长必须对训练的目标、宗旨、手法、家庭功课非常了解，且尽可能地跟上老师的节奏，与孩子一块完成，而不是直接扔给机构，再把他带回去，这样效果就会差很多。

家长尽可能全程参与孩子的训练

主持人： 现在医学界对孤独症的指导思想是轻诊断而重干预。

林平光： "轻诊断"不是说不要诊断，或不去追求专业诊断，而是在专业医疗机构进行初步医学评估后，马上开始干预，而不要等到所有的检查结果出来才去干预。另一方面，到了干预阶段，一般来讲，正规的医疗机构或康复机构有两个原则：一个是长期终身训练，孩子不可能一个疗程、两个疗程就能好，或马上改善；第二个原则是循序渐进，正规的机构会为孩子做一个季度乃至年度方案。这个方案不是为解决某个特别的症状而设计的，而是根据孩子的实际情况，按照专业指引进行的训练。所以，家长没必要要求训练解决现在比较严重的症状，比如尖叫、跑跳或情绪失控。正规机构不会为了解决这个症状而设计训练的。终身训练和循序渐进是干预的原则。

主持人： 有没有对孩子在哪一些阶段出现哪一些情况或症状进行总结？家长可能会觉得，如果有这样的规律可循，可能就会心中有数。

林平光： 目前来讲，没有医学研究能证明某些表现和症状是有规律性的，且个体之间的差异相当大，很多可能是偶发。如某个阶段他喜欢捂耳朵，某个阶段他喜欢尖叫，且有可能存在反复，基本上没有太多的规律可循，希望大家不要把注意力太集中在规律性上。

主持人： 现在医学界的干预，更多的是对于生活行为进行介入、矫正和干预。

林平光： 以孤独症为代表的发育行为障碍人群，行为训练为主要干预手段。行为训练里既包括老百姓所熟悉的融入生活和社会的训练，也包括一些基础的训练。这个训练已经有很多年历史，实践证明行为训练对人的影响很大。随着数字化和软件技术的发展，一些成熟的技术应用开始辅助行为训练，如听觉统合训练、海豚屋，VR 和 AR 技术会越来越多地被用在训练过程中。

主持人： 很多家长对训练的诉求是让他看起来和正常的孩子是一样，能在社会中正常生活。

林平光： 家长都有一个美好的愿望，希望自己的孩子，哪怕不能恢复和正常孩子一样，至少能改善。我们的工作方向和目的也是这样。但是希望大家能清楚一点，如果孩子被诊断为孤独症，需要长期的康复过程，要有耐心。还有一个前提——在正规的医院和康复机构获得相关支持，进行常规的行为训练，如感统、结构化、图片交换、地板时间等。这些方法除了医院的康复部门、残联、特殊学校，一些正规的社区机构都会有。这些训练的目的有两个：第一，希望通过循序渐进地训练改善核心症状；第二，融入社会。

主持人： 孤独症群体对社会的识别和理解是不一样的。

林平光： 随着这种孩子年龄的增长，他们对社会的适应程度会发生变化。如果没有干预和训练，他们只会越来越差。如果有长期的正规训练和干预，他们的社会融入程度会越来越好。

主持人： 另外，关于孩子的生活技能，到哪个点该干些什么，如吃饭、上厕所，这些生活方面的基础技能也需要通过训练让他们学会。

林平光： 是的，我们刚才提到的总概念是行为训练，行为训练里面有一些特别经典的训练方法，都是跟生活秩序的建立有关系，如结构化训练、情景教室、技能培训，包括洗衣服、烘焙，这些生活技能的训练很成熟。现在数字化科技发展非常迅速，有很多前沿技术应用到了实践中，如针对听觉障碍、视觉障碍和其他问题的数字化技术。

主持人： VR、AR可能就能够帮助模拟某个场景。

林平光： 如果没法让孤独症的孩子置身真实环境，模拟环境有助于他们对周边环境的认知训练。

主持人： 让孩子们尽可能地去融入社会中，不被另眼相看。

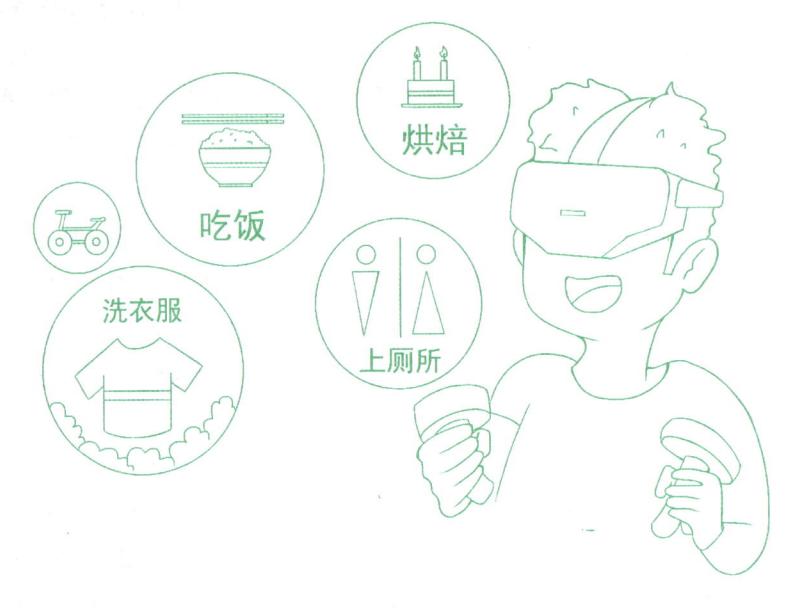

让孤独症群体尽可能地融入社会中，不被另眼相看

林平光： 我们所说的另眼相看，实际上是两个方面。一方面是家人的病耻感，觉得不好意思或怕被歧视，不愿意让人家知道。另一方面就是社会的眼光。随着社会文明的发展，社会对于一些残障人士的认知、包容、理解、接纳越来越好，但不代表每个地方都有进步。我们还有责任和义务，让大众更加充分地认识。比如，孤独症的孩子到学校里跟正常孩子一块上学，也称为融合教育。原来普通学校是比较拒绝的，随着社会的发展，越来越多的学校愿意接收这些孩子，甚至设定了融合教育的班级。到了成年以后，社会融入的问题更加严峻——对孤独症救助的制度，超过18岁就没有相对应的补助了。这个时候，他可能还没有自力更生，走到社会上能否有一席之地，这需要社会和大众给予一定支持。首先，他能够被接纳，不被歧视。第二，我们希望能够整合社会的所有力量，让他有一份工作，

能够实现温饱，比如庇护工厂、福利工厂或手工作坊之类的。这些机构也大大地缓解了社会压力。

主持人：特殊人群找到存在感，对进一步地康复可能也是有好处的。

林平光：这也是我们社会主义精神文明的体现。

主持人：刚才反复提到了科普这个概念，其实，对全社会的心理科普，也需要更进一步地加强。

林平光：大家可能不知道，除了医院和康复机构，社会上还有很多其他资源可以利用。如一开始我提到的两个"100万人群"，实际上都可以在不同角度、不同程度提供帮助。第一个100多万的人群是心理咨询师，目前有很多专业的心理咨询师会提供心理服务。另外一个100多万的人群是社会工作者，他们是资源的整合者，手上有很多各种各样的社会资源，如基金会、专业的机构。社会工作者是以助人自助的原则去工作，能为孤独症的孩子的家庭提供帮助。

主持人：孤独症的家庭举目茫然时可以去社工机构。

林平光：现在有很多社会服务组织，越来越多的社工机构也开始专业化细分。据我所知，各个大城市里面都有专门为孤独症和家庭服务的专业社工机构。大家可以在网上、民政部门和社区查询。他们会为你推荐整理汇总的就近相关资源。尤其是社工机构，现在有不少跟心理服务机构已经融合了，拥有许多相关的资源。

主持人：是的，非常感谢林平光老师来到节目中和大家来聊孤独症，以及应对这个疾病时家庭、社会要思考的问题。

林平光：我要跟所有孤独症孩子的家长们说，你们并不孤单，有这么多的专家、社会工作者跟大家在一起，大家需要有信心，也需要有毅力。我们愿意跟大家携手一起面对这些困难，走向美好的明天。

"心灵绿洲"小课堂

林平光老师从社会工作者的角度出发，带领我们了解孤独症患者。他用平实质朴的语言追溯了孤独症的发现历史，并揭示了其现状。通过翔实的数据和专业知识的剖析，他向我们展示了孤独症人群的生活现状及减轻症状的方法，同时让我们了解到社会中有着一群人——社会工作者，他们组成了社会工作联合会为孤独症人群提供服务和帮助。

孤独症不仅是一种疾病，更是严重的社会问题。孤独症的病因尚未发现，主要被诊断出患有孤独症的时间在0～6岁。孤独症治疗的指导思想是轻诊断重干预，发现问题时尽快地采取干预的手段，尤其在黄金时期。要到正规的机构去寻求帮助，孤独症治疗是循序渐进的过程，不要急于求成或胡乱相信网上的资讯，要以一种科学态度去看待。孤独症治疗主要是行为训练，与生活秩序建立有一定的关系。孤独症的治疗最重要的是家长能够陪伴孩子全程参与，提高治疗的效果。随着数字化和科技的发展，专家学者尝试用数字化技术和软件技术，加快孤独症儿童对周边环境的认知，帮助他们最终融入社会。

后　　记

厦门集美，一个名字就充满诗意和美好的地方，山海湖田，四季如春，这里不仅自然风光旖旎，更有着深厚的人文底蕴。厦门大学、集美学村的美轮美奂，与善良、富有爱心的厦门人相得益彰，共同构筑了一个让人心生向往的圣地。在这里，人们生活得富有人文、幸福、美好，心情特别放松、开心、舒畅。集美之所以如此吸引人，不仅因为它的外在美，更因为它特别适合心理建设、心灵成长。这里的自然环境、人文氛围、教育理念等都为人们的心理健康和心灵成长提供了得天独厚的条件。而集美区委宣传部、集美大学心理咨询中心、厦门市集美区心理学会等对心理服务工作的重视，更是为这片"心灵绿洲"注入了源源不断的活力。

心理学，一门探索人类心灵奥秘的学科。它关注人的情绪、情感、认知、行为等方面，旨在帮助人们更好地理解自己，更好地与他人相处，更好地应对生活中的各种挑战。广播，这个伴随着无数人成长的传媒方式，其影响力与普及度是不可估量的。从2015年开始，集美区通过《心灵绿洲》广播这种传播方式，成功地将心理健康知识普及到了更广泛的人群中，在一定程度上，不仅提升了整个社会的心理健康水平，也为构建和谐社会奠定了坚实的基础。

本书集结了24位心理学领域的专家学者的智慧，他们不仅拥有丰富的学术背景和实践经验，更有着对心理学深入骨髓的理解和热爱。他们将从各自的专业领域出发，深入浅出畅聊心理学的方方面面，带领读者一起探索心灵的奥秘。无论是对于心理学爱好者，还是对于想要提升自己心理素质的普通人，这本书都是一本不可多得的佳作。它用通俗易懂的语言，将深奥的心理学知识讲得生动有趣，让人在轻松愉快的阅读中收获满满。

最后，我想说，厦门集美这片"心灵绿洲"，因为有了大咖们的加入，而变得更加璀璨夺目。他们的智慧和热情，将为更多的人带来心灵的滋养和成长。让我们一起在这片绿洲中感受心灵的和谐与美好。

特别感谢以下心理学专家们给予集美的帮助与支持。他们是清华大学彭凯平、樊富珉、李焰、张丹、赵昱鲲等；北京大学苏彦捷、周晓林、刘海骅、徐凯文、何瑾等；中国科学院心理研究所张侃、傅小兰、韩布新、张建新、高文斌、高路、张莉、时勘、王咏、王利刚等；北京师范大学方晓义、伍新春、陈秋燕、聂振伟、蔺秀云、张英俊等；首都师范大学蔺桂瑞、岳晓东等；中国儿童研究中心梅建；北京胡亚美医学研究院王廷礼；中国社会工作联合会林平光；浙江大学马剑虹、马建青等；第四军医大学肖玮；天津师范大学白学军、杨海波、吴捷等；华南师范大学李红等；四川大学格桑泽仁、肖旭等；南京大学傅宏、桑志芹等；上海体育大学贺岭峰；上海精神卫生中心徐勇；上海大学程明明；苏州大学附属第一医院吴爱勤；浙江师范大学刘宣文等；中南大学唐海波、吴大兴等；海南师范大学肖少北；大连理工大学胡月；北京交通大学鲁小华；国际关系学院李胜强；北京印刷学院贾煊；兰州大学彭贤等；福建师范大学连榕、孟迎芳、程利国、严由伟、黄爱玲、张锦坤、高华、王东宇、彭新波、林荣茂、陈坚、郭明春、曾宪霖、尹彬等；香港、台湾的心理专家们……他们都来到集美，对集美心理工作进行专业指导或授课。感谢厦门大学、集美大学、华侨大学、厦门医学院、厦门仙岳医院的心理专家们以及集美许多基层干部和志愿者们，他们用一颗真诚的爱心积极推动集美心理工作。在此，我们表示诚挚的谢意！

同时，也特别感谢集美大学学生钟晨洋、金玮鑫、黄素梅、蒋再鑫、蔡智宁、黄雯婷、林逸玲、陈紫晗、陈海宁、吕佳含、亓若雨、肖艺旋、李姗、陈泽浩、邹瑶琴、宋乐、吴梓宜、黄佳蕙、李静洁、杨雪莲、赖莉、王佳慧、林伟康、曾舒翊、赖晓婷、胡宇洁、王淑莹、李欣桐、陈保宏、陈锦芸、吴贤沁、吴丹丹、曾婧琦、杨炜玲、佘敏敏、艾大武、陈保宏、汤志华、陈静怡、熊文聪、林韩雪、方宏宇、陈芊羽、黄嘉蕾、林翠珍、谢秀钧、马颖、林晨灵、黄闽登和集美区心理健康服务总站的陈舒虹、黄雅婧、姚泽洪老师等积极参与本书前期的文字校对、"心灵绿洲小课堂"整理等工作，特此致谢。

林赞歌

2024 年 5 月 25 日